河北省
乡村振兴
发展报告
2023

主　　编：康振海　刘宝岐
执行主编：张　波　伍建光
副 主 编：耿卫新　闫永路

中国财经出版传媒集团

经济科学出版社
Economic Science Press
·北 京·

图书在版编目（CIP）数据

河北省乡村振兴发展报告.2023／康振海，刘宝岐主编.
--北京：经济科学出版社，2023.11
ISBN 978 - 7 - 5218 - 5171 - 7

Ⅰ.①河…　Ⅱ.①康…②刘…　Ⅲ.①农村 - 社会主义
建设 - 研究报告 - 河北 - 2023　Ⅳ.①F327.22

中国国家版本馆 CIP 数据核字（2023）第 179726 号

责任编辑：宋艳波
责任校对：杨　海
责任印制：邱　天

河北省乡村振兴发展报告（2023）
康振海　刘宝岐　主编
经济科学出版社出版、发行　新华书店经销
社址：北京市海淀区阜成路甲 28 号　邮编：100142
编辑部电话：010 - 88191469　发行部电话：010 - 88191522
网址：www. esp. com. cn
电子邮箱：esp@ esp. com. cn
天猫网店：经济科学出版社旗舰店
网址：http：//jjkxcbs. tmall. com
固安华明印业有限公司印装
787 × 1092　16 开　18.75 印张　360000 字
2023 年 11 月第 1 版　2023 年 11 月第 1 次印刷
ISBN 978 - 7 - 5218 - 5171 - 7　定价：85.00 元
（图书出现印装问题，本社负责调换。电话：010 - 88191545）
（版权所有　侵权必究　打击盗版　举报热线：010 - 88191661
QQ：2242791300　营销中心电话：010 - 88191537
电子邮箱：dbts@ esp. com. cn）

前言
Preface

习近平总书记在 2022 年中央农村工作会议中强调，"全面推进乡村振兴、加快建设农业强国，是党中央着眼全面建成社会主义现代化强国作出的战略部署。"① 强国必先强农，农强方能国强。没有农业强国就没有整个现代化强国；没有农业农村现代化，社会主义现代化就是不全面的。要铆足干劲，抓好以乡村振兴为重心的"三农"各项工作，大力推进农业农村现代化，为加快建设农业强国而努力奋斗。

农业强国是社会主义现代化强国的根基，满足人民美好生活需要、实现高质量发展、夯实国家安全基础，都离不开农业发展。党的十八大以来，以习近平同志为核心的党中央坚持把解决好"三农"问题作为全党工作的重中之重，全面实施乡村振兴战略和精准扶贫战略，带领全国各族人民打赢了人类历史上规模最大的脱贫攻坚战，推动农业农村发生历史性变革，取得了历史性成就。2022 年以来，面对复杂多变的国际环境及艰巨繁重的国内改革发展稳定任务，中国保持战略定力，扎实推进"三农"各项工作，全国粮食产量连续 8 年稳定在 1.3 万亿斤以上并实现高位增产，脱贫攻坚成果持续巩固，乡村振兴取得阶段性重大成就。

---

① 习近平在中央农村工作会议上强调 锚定建设农业强国目标 切实抓好农业农村工作 [N]. 人民日报，2022 - 12 - 25.

2023 年是全面贯彻落实党的二十大精神的开局之年，也是加快建设农业强国的起步之年，抓好"三农"各项工作意义重大。河北省作为农业大省、农村大省，地理位置重要，做好"三农"工作更具有特殊重要意义。2022 年以来，河北省统筹疫情防控和农业农村发展，稳住了农业"基本盘"，夯实了"三农"压舱石，为经济社会发展提供了有力支撑。粮食和重要农产品供给保障能力稳定提高，农业发展质量明显提升，脱贫地区和脱贫群众内生发展动力进一步增强，乡村建设行动深入实施，农村重点领域改革深入推进，乡村治理效能持续改善，农村社会继续保持和谐稳定。2023 年，河北"三农"工作将围绕全面推进乡村振兴这个主题，坚持农业农村优先发展，坚持城乡融合发展，强化科技创新和制度创新，坚决守牢确保粮食安全、防止规模性返贫等底线，扎实推进乡村发展、乡村建设、乡村治理等重点工作，建设宜居宜业和美乡村，为加快建设经济强省、美丽河北提供有力支撑。

《河北省乡村振兴发展报告（2023）》是继《河北省乡村振兴发展报告（2022）》后，第四部系统展示河北省乡村振兴总体形势与发展趋势的学术著作。通过在河北省典型乡村进行实地调查，面向涉农部门、乡镇、村庄、企业、合作社和农户开展深度访谈，基于年度统计和问卷调查数据，分析河北省乡村振兴发展总体态势，展示河北省各地基层探索典型实践，既有对当前发展的梳理也有对今后探索的建议，既有专家视角的研究也有对具体实践的剖析。该书框架结构与前三部保持了连贯性，分成总报告、分报告和典型县调研报告三个部分。河北省乡村振兴发展总报告：梳理总结河北省实施乡村振兴战略最新进展情况和存在的问题，并提出今后一个时期乡村振兴的重点任务，同时提出针对性较强的政策建议。分报告一：河北省农业现代化进程评价与加快推进对策研究，总结河北省农业现代化建设进展情况，利用 11 个指标体系对河北省农业现代化建设进行分析评价，剖析现阶段农业现代化建设中存在的问题并提出相应对策建议。分报告二：河北省宜居宜业和美乡村建设困境及对策研究，总结乡村振兴战略实施以来河北省乡村建设取得的成就，分析制约河北省乡村建设的矛盾和问题，针对问题提出河北省建设宜居宜业和美乡村的思路与政策建议。分报告三：河北省县域经济高质量发展研究，从理论层面论述县域经济高质量发展的内涵及影响因素，分析河北省县域经济高质量发展现状，剖析存在的问题并提出推动河北省县域经济高质量发展对策和建议。分报告四：河北省新时代乡风文明建设研究，在全面总结2018~2022年河北省第一阶段乡风文明建设成就的基础上，结合农民群众感知度调查，系统分析乡风文明建设阶段性特征，借鉴典型案例经验，提出以新时代文明实践活动为助推器，开启新时代乡风文明建设新篇章的若干建议。分报告五：加快推进河北省乡村治理体系和治理能力现代化路径研究，结合针对农户和村干部的调查问卷，总结河北省乡村治理体系和治理能力现代化建设推进情况，分析乡村治理体系和治理能力现代化建设成效，在总结现代乡村治理体系建设典型案例经验的基础上，提出扎实推进河北省乡村治理体系和治理能力现代化的实现路径。分报告六：河北省乡村人才振兴研究，从论述乡村人才振兴的重要性入手，分析河北省乡村人才基本现状，总结河北省在推动人才振兴方面的举措及取得的成果，剖析乡村人才资源面临的问题及成因，提出推动人才资源助力乡村振兴的思路建议。分报告七：河北省数字乡村建设与发展研究，概括总结河北省数字乡村建设的现状和发展状况，探讨数字经济对河北省农业经济发展的影响，以及数字乡村建设对农村经济和社会发展的促进作用，针对河北省数字乡村建设的现状和问题，在借鉴美国、欧盟、英国、日本及国内数字乡村建设典型经验的基础上，提出推动数字乡村建设的政策建议。分报告八：促进农民增收实现农村农民共同富裕的路径及对策研究，利用统计数据对城乡工资性收入、经营性收入、财产性收入、转移性收入的差距以及农村农民内部收入差距进行详细分析比较，运用统计软件对1500份农户调查数据进行统计分析，剖析农村居民经营性收入影响因素，提出实现共同富裕、缩小城乡收入差距、"熨平"农村内部差距的路径和对策建议。分报告九：河北省城乡融合发展新形势新问题与思路对策研究，分析新时代10年中国城乡关系面临的新转变，在新型城镇化战略和乡村振兴战略协调推进背景下，提出城乡融合发展面临的新问题，立足河北城乡关系历史方位与战略定位，从四个战略方向，提出三方面战略举措，加快推进河北城乡融合发展。典型县调研报告：河北乡村振兴典型县调查，选择阜平县、盐山县、隆化县、定州市、魏县、冀州区、固安县、北戴河区、井陉县、丰南区、辛集市、宁晋县、怀来县13个县（市、区），考察乡村振兴的最近进展和成效，总结提炼典型经验和做法，为全面推进乡村振兴提供有益借鉴。

本书作为河北省社会科学院哲学社会科学创新工程推出的研究成果，由河北省社会科学院与中共河北省委农村工作领导小组办公室、河北省农业农村厅合作开展，河北省社会科学院农村经济研究所、河北省社会科学院城乡发展研究中心承担专项研究和撰写工作，河北省发展和改革委员会、河北省农村调查总队等单位给予了大力支持，在此一并表示感谢！

河北省社会科学院党组书记、院长　康振海

2023 年 8 月

目　录
CONTENTS

I

总 报 告

河北省实施乡村振兴战略形势分析与战略举措

总报告

【摘要】2022 年是全面推进乡村振兴的关键之年。河北省作为农业大省、农村大省，全面落实党中央、国务院关于"三农"工作决策部署，统筹推进、重点突破，乡村振兴各项任务有力有序推进，农业农村发展保持稳中向好、稳中向优的良好态势，粮食等重要农产品供给保障能力稳步提升，脱贫攻坚成果得到有效拓展巩固，乡村产业得到进一步发展，乡村建设扎实推进，乡村治理水平得到显著提升，农村人居环境得到明显改善，农村重点领域改革不断深化，农业农村优先发展政策得到进一步强化。与此同时，全省在乡村产业发展、农村资源利用、农民人均可支配收入等方面仍存在不足，需以"坚持一个主题、守牢两条底线、抓好四项任务、强化双轮驱动"为重点任务，持续推进乡村全面振兴。

2022 年是实施"十四五"规划承上启下之年，也是乡村振兴全面展开的关键之年，做好农业农村工作特殊而重要。河北作为农业大省，既是粮食主产省份，也是首都农产品重要供应基地，把农业的潜力挖出来、优势发挥好，为加快建设经济强省、美丽河北提供支撑，为加快建设农业强国、服务全国大局作出贡献，是必须扛起的重大责任。2022 年以来，河北省在推动巩固拓展脱贫攻坚成果同乡村振兴有效衔接取得重要阶段性成效，粮食生产实现总产、面积、单产"三增加"，乡村产业发展注入新动力，乡村面貌发生新变化，乡村治理能力得到新加强，农民收入水平实现新提升，为高效统筹疫情防控和经济社会发展提供了重要保障。

一、河北省实施乡村振兴战略最新进展

2022 年以来，河北省认真学习贯彻习近平总书记重要讲话和对河北工作重要指示精神，全面落实党的二十大精神和中央农村工作会议部署要求，以实施乡村振兴战略为总抓手，牢牢守住保障国家粮食安全和不发生规模性返贫两条底线，着力推进乡村发展、乡村建设、乡村治理等重点工作，农业农村发展保持稳中向好、稳中向优的良好态势，有效发挥了"基本盘""压舱石"的战略作用。

（一）粮食等重要农产品供给保障能力稳定提升

一是粮食生产实现面积、单产、总产"三增加"。严格落实粮食安全党政同责，实施粮食生产专项行动，以全程精细化管理为关键，全力抗灾夺丰收，粮食播种面积 9665.67 万亩，单产 399.88 公斤，总产 773.01 亿斤，超额完成国家下达的目标任务。二是全力做好"菜篮子"稳产保供。落实"菜篮子"市长负责制，全年蔬菜、肉类、禽蛋、牛奶、水产品等产量全面增长，圆满完成冬奥会农产品供应保障任务。三是全面加强耕地保护建设。实施最严格的耕地保护制度，按照全国"三区三线"划定规则，落实耕地保护目标和永久基本农田保护任务，健全县乡村三级"田长制"责任体系，全面完成 360 万亩高标准农田年度建设任务。四是强化农业基础支撑。推进种业振兴，全省良种覆盖率稳定在 98% 以上，生产用种自育率达到 86.2%。提升装备水平，小麦、玉米综合机械化率分别达到 99.7%、92% 以上。

（二）脱贫攻坚成果巩固拓展

健全防止返贫动态监测和帮扶机制，将有返贫致贫风险和突发严重困难的农户全部纳入监测范围，做到早发现、早干预、早帮扶，2022 年以来未发生返贫致贫问题。一是倾斜支持重点帮扶县发展。将原 45 个国定贫困县、原 17 个省定贫困县全部确定为省级乡村振兴重点帮扶县。2022 年下达 62 个重点县省以上财政衔接资金104.9 亿元，占资金总量的 92.6%；发行专项债券 301.08 亿元，支持实施公益性项目 440 余个。继续实行城乡建设用地增减挂钩节余指标省内交易政策，专项安排原45 个国定贫困县新增用地指标 2.7 万亩。二是巩固提升"三保障"和饮水安全成果。教育帮扶方面，2022 年全省共安排各类资助资金 109 亿元，资助家庭经济困难学生 298 万人。健康帮扶方面，脱贫人口和监测对象全部参加基本医疗保险，2022年脱贫人口就医 118.99 万人，落实待遇 36.24 亿元。住房安全方面，通过危房改造等方式解决 4952 户低收入群体新增住房安全问题。饮水安全方面，安排农村饮水工程维养资金 1.85 亿元，农村生活水源江水置换工程受益人口 715 万人。兜底保障方面，将全省农村低保平均标准提高到每人每年 6141 元，增长 10.4%。三是做好疫情灾情应对。河北省政府印发扎实稳定全省经济运行的一揽子措施及配套政策，从落实财税金融政策、保基本民生等方面，最大限度降低疫情对经济社会发展特别是脱贫人口及易致贫人口的影响。加强灾害预警，深入开展排查，2022 年全省没有发生因疫因灾导致的返贫致贫问题。四是持续巩固脱贫成果。抓好脱贫劳动力就业指导，全省脱贫人口及防贫监测对象务工规模 92.02 万人，完成年度目标任务110.32%。深化易地搬迁后续扶持，330 个集中安置区配套公共服务设施 2162 个，建成各类后续产业设施 606 个。全省脱贫地区农民人均可支配收入 15425 元、同比增长 8.1%，高于全省农民人均可支配收入增速 1.6 个百分点。

（三）乡村产业进一步发展壮大

一是做大做强特色优势产业。坚持集群、园区、项目一体推进，集中打造强筋小麦、设施蔬菜、高端乳品等 15 个优势特色产业集群，实施农业产业项目突破年行动，农业签约招商项目 496 个、引资额 1976.8 亿元，完成农业项目建设投资 873.1亿元，引进同福、伊利、正大、新发地等一批领军企业在河北落户。二是推动产业融合发展。推动农产品加工企业向产地下沉、向园区集中，新增年产值超 10 亿元的农产品加工集群 13 个，全省达到 100 个，国家级、省级重点龙头企业分别达 81 家、964 家，创建 57 个国家级产业强镇。三是提升农业绿色发展水平。大力发展农业节水，新增农业压采任务 2.41 亿立方米。化肥农药使用量继续负增长，畜禽粪污、秸秆资源化利用率保持在 81%、97% 以上。强化农产品质量安全监管，农业标准化生产覆盖率达 74%，农产品抽检合格率保持在 98% 以上。四是加快发展新产业新业态。大力发展农村电商，打造 284 个淘宝镇、734 个淘宝村，分别位居全国第三、第五位。实施乡村休闲旅游提升计划，乡村旅游接待人数达 8100 万人次、总收入240 亿元。全年农村居民人均可支配收入 19364 元、增长 6.5%。

（四）乡村建设扎实推进

一是强化农村规划建设管理。加快推进乡镇国土空间总体规划和村庄规划编制，推进片区镇村国土空间规划编制试点，启动第一批 6 个乡镇级片区、18 个村级片区省级试点，持续完善 38 个省级"多规合一"村庄规划试点成果，制定出台省级地方标准《村庄规划技术规范》，为村庄规划编制提供技术支撑。二是整治提升农村人居环境。强力推动问题厕所"歼灭战"，整村排查、乡级审核、县级验收、市级复核，逐户逐厕彻底整改，实现改厕信息化、精准化、动态化管理，得到国家农业农村部和乡村振兴局充分肯定。城乡一体化生活垃圾收运处理体系实现全覆盖，具备条件的村庄生活污水无害化处理能力实现全覆盖。三是改善农村基础设施和公共服务水平。完成 700 万农村居民生活水源江水置换。建设改造农村公路 8560 千米、10 千伏及以下电力线路 1.9 万千米。新改扩建义务教育校舍 40 万平方米。组建 82 个紧密型县域医共体，覆盖 737 个乡镇卫生院和 33 家社区卫生服务中心。

（五）乡村治理明显加强

一是强化县级党委抓乡促村责任落实。深入实施"领头羊"工程，派强用好驻村第一书记和工作队，开展基层干部"万人示范培训"，省级重点培训 4720 名村（社区）党组织书记，市县实现村（社区）党组织书记培训全覆盖。二是健全党组织领导的村级组织体系。"五位一体"村级组织体系实现全覆盖，"一肩挑"比例达99.9%，全面推广"四议两公开"制度，探索推行村级组织协助政府工作事项"准入制"，有效减轻村级组织负担。三是深化平安乡村建设。"综治中心＋网格化＋信息化"基层社会治理体系实现全覆盖，农村扫黑除恶斗争常态化推进，"星级平安村（社区）"创建扎实开展。四是抓好农村精神文明建设。深入开展"听党话、感党恩、跟党走"教育活动，巡回宣讲 1426 场次。县级新时代文明实践中心、所、站实现 100% 全覆盖。推广道德银行、积分制等做法，持续推进移风易俗，县级及以上文明村镇占比分别达 69% 和 90%。

（六）农村人居环境持续得到改善

一是加快实施重点工程。印发《河北省 2021 年推进农村生活垃圾处理体系全覆盖工作实施方案》，对各地收集点、转运站及收运车辆等设施设备清单进行梳理完善，推进农村垃圾处理体系全覆盖。全省 99.47% 的村庄纳入"村收集、乡镇转运、县集中处理"生活垃圾处置体系，所有行政村建立日常保洁机制，配备保洁人员21.69 万名，基本实现收集、转运全覆盖。建立处理体系，统筹新建扩建 57 座垃圾焚烧发电项目，增加垃圾焚烧处理能力 5 万吨/日，农村生活垃圾综合治理效率效益大幅提升。二是农村厕所革命全面铺开。截至 2021 年底，累计完成农村户厕改造 1093.76 万座，卫生厕所普及率提高到 81%，建成农村厕所粪污处理站 3690 座，覆盖村庄 41132 个，厕所粪污处理率达到 83%，实现农村厕所粪污与生活灰水一体化处理的村庄达到 17326 个，一体化处理率达到 35%。三是农村生活污水治理有序推进。截至 2021 年底，全省累计 17326 个村庄完成农村生活污水治理，生活污水治理率由 28% 提高到 35%。四是村容村貌得到有效整治。深入开展村庄洁净有序提升行动和全域示范县创建，2019～2021 年，迁西县等 15 个县（市、区）被评为"全国村庄清洁行动先进县"。大力推进森林乡村建设，全省新评价认定 1276 个省级森林乡村，其中国家级森林乡村 332 个。县级及以上文明乡镇占比达到 78%、文明村占比达到 59.1%。累计创建美丽庭院 934 万户、精品庭院 207 万户。五是打造美丽乡村升级版。截至 2021 年底，全省累计建成美丽乡村 5000 个，其中 2021 年新建 2341 个，到 2025 年计划累计建成美丽乡村 1.3 万个，占全省行政村总量（48681）的 26.7%，累计完成村庄绿化面积 101.2 万亩。

（七）农村重点领域改革不断深化

高质量完成第二轮土地承包到期后再延长 30 年试点的第二批国家级试点任务。4 个宅基地制度改革试点完成基础信息调查，建立数据库和管理信息平台，形成制度文件 64 项。开展清理规范农村集体经济合同专项行动，集体经济收入 5 万元以下的村基本清零，10 万元以上的村达到 50% 以上。推广"龙头企业＋合作社＋基地＋农户"生产经营模式，新认定省级示范社 484 家、示范家庭农场 180 家，新发展社会化服务组织 1100 家，创建省级示范农业产业化联合体 266 个。

（八）农业农村优先发展政策进一步强化

把农业农村作为一般公共预算优先保障领域，累计落实支持农业农村发展资金 1366.57 亿元，全省土地出让收益用于农业农村比例达到 60.84%。推行农村金融服务专员制度，精准解决经营主体融资难问题，全省涉农贷款余额 2.27 万亿元，同比增长 16.36%。各市安排 10% 新增建设用地指标，重点保障乡村产业项目。开展新型农业经营主体能力提升等五大培训行动，培训高素质农民 1.02 万人，完成农民技术培训 142 万人次。

二、河北省实施乡村振兴战略的主要问题

着眼"农业强省"建设目标要求，河北省乡村振兴仍存在以下几方面问题。

（一）乡村产业发展水平有待提高

乡村产业发展要素活力不足，乡村产业稳定的资金投入机制尚未建立。乡村第一、第二、第三产业融合程度不高，产品转化能力不足；非农产业割裂，"农业＋"模式尚未得到广泛有效应用；乡村产业融合过程中侧重经济功能，生态、文化等其他重要功能拓展不够。乡村产业发展机制有待完善，产品同质化，发展速度较慢，效益不高。乡村基础设施薄弱，产地批发市场、产销对接、鲜活农产品直销网点等设施落伍，物流经营成本高。在当前第一与第二、第三产业的科技创新、技术利用率差距较大，农业科技总体创新能力有待进一步提升，农业科技创新成果转化不足。

（二）农村资源环境约束依然存在

全省水资源紧缺且利用率不高。河北省水资源严重匮乏，人均水资源量不足全国人均的1/8，水资源供需矛盾极为突出。根据全国第三次水资源调查评价，河北省多年平均水资源量为176.3亿立方米，按第七次全国人口普查数据计算，人均水资源量仅为237立方米，不足全国人均水平2003立方米的12%。作为粮食大省，虽然近年来大力实施大中型灌区现代化改造，农田灌溉水有效利用系数达到0.676，保持全国领先水平，但是耗水量高的小麦主要分布在冀中南地下水超采区，传统的种植结构和灌溉方式与水资源承载能力严重不匹配。

（三）河北省农民人均可支配收入仍有较大的上升空间

一是全省城乡居民人均可支配收入差距依然较大。2013～2021年河北省城乡居民人均可支配收入差额呈现扩大趋势。2013～2021年河北省农民人均可支配收入由9187.7元增加到18178.9元，与城镇居民人均可支配收入的差额由13039元增加到21612.1元，差额增大（见表1）。二是与全国平均水平相比仍存在差距。2013～2021年河北省农民人均可支配收入均低于全国平均水平，差额由2013年的241.9元增加

到 2021 年的 752 元，差距逐年扩大。三是与沿海发达省份相比存在明显差距。2021 年江苏、浙江农民人均可支配收入为 26790.8 元、35247.4 元，分别是河北省的 1.47 倍和 1.94 倍，差距明显。

表 1　2013～2021 年河北省及全国城镇、农村居民人均可支配收入　单位：元

年份	城镇居民人均可支配收入	农民人均可支配收入	全国城镇居民人均可支配收入	全国农民人均可支配收入
2013	22226.7	9187.7	26467	9429.6
2014	24141.3	10186.1	28843.9	10488.9
2015	26152.2	11050.5	31194.8	11421.7
2016	28249.4	11919.4	33616.2	12363.4
2017	30547.8	12880.9	36396.2	13432.4
2018	32977.2	14030.9	39250.8	14617
2019	35737.7	15373.1	42358.8	16020.7
2020	37285.7	16467	43833.8	17131.5
2021	39791	18178.9	47411.9	18930.9

资料来源：2014～2022 年《中国统计年鉴》。

（四）农村人居环境仍需进一步改善

河北省自 2022 年实施农村人居环境整治提升五年行动实施方案以来，取得显著成效，但仍存在一些不足需进一步改进。一是农村人居环境整治相关体制机制不完善。人居环境的治理政策从制定到实施是一种自上而下的过程，这一过程忽视了农民的民意诉求。二是农村基础设施规划不合理，存在重复投入、闲置浪费现象。三是治理方式缺乏专业性和长效性。农村人居环境整治工作是一项多元主体协同治理的工作，不同主体扮演着不同角色、发挥着不同作用。在整治过程中会面临着复杂多样的问题，专业的问题应交由专业的第三方解决，政府部门不应该大包大揽。

（五）农村基层治理水平有待进一步加强

一是农村基层党组织建设过程中面临着班子软弱涣散、组织威信缺失，服务意识淡薄、群众基础薄弱，队伍建设失衡、人才支撑流失，组织活力不足、号召能力减弱等一系列挑战。二是农村集体经济势单力薄，国家支农帮扶体系相对薄弱，城乡间的要素流动机制也有待健全。缺乏强有力的农村集体经济，那么农村基础设施的完善将成为一句空话，村民自治过程中将难以吸引并留住优秀年轻人才，乡村法

治建设会因为资源短缺而受到严重制约，村民参与乡村治理往往是"心有余而力不足"。2021 年河北省当年经营收益 5 万元以下的村仍有 1.8 万个，占全部村的37.53%。三是乡村法治不健全。突出表现在：农村普法力度不够，村民法治意识淡薄，农村基层干部依法办事没有形成常态，纠纷调解机制尚未健全，农村公共法律服务体系也有待完善。

三、河北省实施乡村振兴战略的重点任务

今后一个时期，河北省乡村振兴重点任务可概括为"坚持一个主题、守牢两条底线、抓好四项任务、强化双轮驱动"。

"坚持一个主题"，就是全面推进乡村振兴这个主题，坚持以习近平新时代中国特色社会主义思想为指导，全面贯彻落实党的二十大精神，围绕深入谋划推进中国式现代化河北"三农"场景，强化科技创新和制度创新，推进农业农村现代化，建设农业强省、宜居宜业和美乡村，为加快建设经济强省、美丽河北提供有力支撑。

"守牢两条底线"，一是全力抓好粮食生产和重要农产品稳产保供。扛起农业大省、粮食生产大省的政治责任，坚决完成国家粮食任务目标。加快实施大豆油料和食用植物油产能提升工程，稳定净作大豆面积，推广大豆玉米带状复合种植，因地制宜发展特色油料作物。同时构建完善多元化食物供给体系，加快发展现代设施农业，全面推进奶业、肉类、禽蛋、水产等产能稳定提升，坚决守牢保障国家粮食安全的底线。二是进一步巩固拓展脱贫攻坚成果。坚持"早宽简实"，完善落实监测帮扶机制，切实做到早发现、早干预、早帮扶。围绕持续提升脱贫地区和脱贫人口内生发展动力，强化产业就业帮扶，推动脱贫地区帮扶政策落地见效，统筹巩固拓展脱贫攻坚成果同乡村振兴有效衔接，坚决守牢不发生规模性返贫的底线。

"抓好四项任务"，一是加快推进乡村产业高质量发展。聚焦粮油、蔬菜、果品、中药材、奶业、畜禽养殖等农业六大主导产业，集中力量推进奶业、中央厨房、蔬菜、中药材、精品肉类等五大千亿级产业工程，一体化推进集群、园区、项目建设，全面提升产业规模和产品质量。全力实施农产品加工业提升行动，做大做强农业头部企业，引导带动农村第一、第二、第三产业融合发展，进一步增强河北农业质量效益和竞争力。二是着力拓宽农民增收致富渠道。坚持把增加农民收入作为"三农"工作的中心任务，通过强化农民工就业服务保障，引导农民返乡创业创新，稳定就业规模，同时持续健全完善利益联结机制，着力赋予农民更加充分的财产权益，多途径帮助农民增收致富。三是扎实推进宜居宜业和美乡村建设。强化村庄规

划建设，扎实做好农村改厕、生活垃圾和污水治理等人居环境整治提升任务，持续加强乡村基础设施和公共服务建设，高标准开展和美乡村示范区创建，确保乡村建设取得扎实成效。四是健全党组织领导的乡村治理体系。坚持以党建引领乡村治理，突出大抓基层的鲜明导向，强化农村基层党组织政治功能和组织功能，健全村级组织体系，全面夯实基层基础，进一步完善拓展农村网格化服务、精细化服务功能，推进平安乡村创建，加强农村地区精神文明建设，持续提升乡村治理效能。

"强化双轮驱动"，一是强化科技创新。坚持产业需求导向，强化农业关键核心技术攻关和成果应用，加快推进种业振兴步伐，加强现代农业产业技术体系创新团队建设，畅通科技孵化转化渠道。全面提升农机、水利、农业灾害防御等基础设施设备装备水平，进一步夯实农业发展基础支撑。二是强化制度创新。深化拓展农村土地制度、集体产权制度等农村重点领域改革，进一步盘活农村资源要素，推动各类新型农业经营主体高质量发展，不断激发农业农村发展活力。

四、新阶段全面推进乡村振兴政策建议

（一）千方百计增加农民收入

有效应对新冠疫情和经济周期下行影响，瞄准农民收入四部分构成，有针对性地采取措施，确保农民收入稳定增长。要大力发展县域经济，培育壮大龙头企业，支持发展农产品加工业集群，为农民提供更多就地就近工作岗位，提高农民工资收入水平。要深化农业供给侧结构性改革，提高农业综合生产能力，支持特色优势产业做大做强，增强农业发展质量和效益，促进经营净收入再上新台阶。要"双管齐下"增加农民转移性收入，在能力允许范围内，逐步加大财政直接补贴农民的力度，积极与京津等劳务输入重点地区沟通对接，为农村剩余劳动力乡外务工提供更多信息和服务。要切实提高农业转移人口市民化质量，通过深化宅基地、承包地、集体产权制度等重点领域改革，盘活农村资源资产，进一步增加农民财产性收入。

（二）着力提升农业质量和效益

要加强京津冀农业科技协同创新平台建设和能力提升，进一步强化雄安新区国家农业科技创新中心建设，打造河北对接京津桥头堡，并创新平台建设和管理机制，激发企业、高校、科研机构合作动力，提升各类科技创新平台聚焦资源、集成创新、成果转化能力。要充分挖掘河北区域资源优势、文化优势和产业优势，鼓励政府、协会、企业合作创建区域品牌，加强品牌运行管理，通过各种媒体和信息技术，加强品牌宣传，提升品牌市场价值，鼓励产业龙头企业创建驰名、著名品牌，提升品牌市场知名度。聚焦产业发展关键问题，对标各类工程和行动实施任务和目标，固根基、扬优势、补短板、强弱项，促进提升各类工程和行动任务提质增效。

（三）加大村庄规划引导力度，激发乡村发展活力

充分利用全省正在编制完善县乡两级国土空间规划的有利契机，将全部行政村和有条件的自然村纳入国土空间规划范畴。加大国土空间规划宣传教育，将全民国土开发利用活动要符合国土空间规划的常识传达普及到农村社区，规范国土开发利用行为。综合考虑乡村演变规律、集聚特点和现状分布，高效配置生产、生活、生态空间，完善农村基础设施，提升公共服务水平，打造美丽乡村。

（四）加快建立生态资源价值市场化交易机制

抓住国家碳达峰、碳中和战略机遇期，发挥燕山—太行山生态资源优势条件，积极争取国家碳汇交易试点，在承德、张家口、保定、秦皇岛等地市的森林、草原大县搭建碳汇交易平台，拓宽市场交易敞口，完善交易平台载体，为建立全省统一的生态资源价值市场交易机制创造条件。

参考文献

［1］丑晓燕．乡村振兴背景下农村人居环境整治困境与对策研究［J］．农家参谋，2023（2）：7－9.

［2］河北2022年20项民生工程确定［EB/OL］．（2023－01－11）［2023－05－05］．http：//www. gov. cn/xinwen/2022－01/25/content_5670308. htm.

［3］【河北】深入谋划推进中国式现代化河北"三农"场景，为加快建设经济强省美丽河北提供重要支撑［EB/OL］．https：//nrra. gov. cn/2023/01/11/ARTI-Go7q BmGSsVBPOvJPIOpf230111. shtml.

［4］加快建设农业强省 推进乡村全面振兴：访河北省农业农村厅党组书记、厅长刘宝岐［J］．河北农业，2023（1）：12－13.

［5］康振海. 河北省农业农村经济发展报告（2022）［M］. 北京：社会科学文献出版社，2022.

［6］李然，熊娟. 乡村振兴背景下健全乡村治理体系研究［J］. 农家参谋，2023（8）：7 – 9.

［7］李英英. 河北省水资源现状及优化配置利用研究［J］. 清洗世界，2023，39（1）：149 – 151.

［8］省政府新闻办召开"河北省2023年全面推进乡村振兴重点工作"新闻发布会［EB/OL］.（2023 – 03 – 22）［2023 – 05 – 05］. http：//fp. hebei. gov. cn/2023 – 03/22/content_8969032. htm.

［9］张子元，张博雄，周普松. 河北省水资源开发利用存在的问题及建议［J］. 水资源开发与管理，2022，8（11）：12 – 17.

II

分 报 告

河北省农业现代化进程评价与加快推进对策研究

【摘要】2022 年中央一号文件提出要推动农业农村现代化迈出新步伐。河北省贯彻落实中央一号文件精神，积极抓好粮食生产和重要农产品供给，强化现代农业基础支撑，推动乡村产业高质量发展，河北农业现代化建设迈出了新步伐，取得了显著成绩。与《河北省乡村振兴战略规划（2018—2022 年)》确定的河北省现代农业建设目标相比，耕地保有量、农作物耕种收综合机械化率、粮食综合生产能力、农业标准化生产覆盖率、畜禽粪污综合利用率等指标完成规划目标。但农产品加工业、休闲观光业发展缓慢，新型农业经营主体质量有待提高，科技创新支撑能力有待加强，农业品牌知名度有待提升，一二三产业融合有待增强，生态与资源环境有待改善。为此，应促进农业提质增效，增强农业科技创新支撑能力，提升农产品品牌价值，推动产业深度融合发展，加快农业绿色发展，持续推动农业现代化。

2022 年，是《河北省乡村振兴战略规划（2018—2022 年)》收官之年，河北省省委一号文件《关于做好2022 年全面推进乡村振兴重点工作的实施意见》对河北农业农村现代化建设进行了战略部署，提出了抓好粮食生产和重要农产品供给、强化现代农业基础支撑、推动乡村产业高质量发展等重点任务，有力推动了全省农业现代化步伐。

一、河北省农业现代化建设进展

（一）农产品有效供给水平提高

1. 粮食安全得到巩固

2022 年，严格落实粮食安全党政同责，实施了粮食生产专项行动，将粮食生产任务分解落实到具体地块和经营主体，逐村选派科技专员，逐地块精准指导，全省粮食实现面积、单产、总产"三增加"（见表 1-1）。2022 年，全省粮食播种面积644.38 万公顷，比上年增长 0.24%，比国家下达年度任务多 3.51 万公顷；单产399.9 公斤/亩，比上年提高 0.81%；粮食总产量 3865.06 万吨，比上年增长 1.05%；全省粮食总产量已连续 6 年稳定在 3500 万吨以上，居全国第六位。

表 1-1　　　　　2016～2022 年河北省粮食生产情况

年份	播种面积（千公顷）	单产（公斤/亩）	总产（万吨）
2016	6327	364.6	3460
2017	6191	377.8	3508
2018	6539	377.3	3701
2019	6469	385.3	3739
2020	6389	396.1	3796
2021	6429	396.7	3825
2022	6444	399.9	3865

资料来源：2016～2022 年《河北省国民经济和社会发展统计公报》。

2. 大豆油料稳步发展

2022 年，继续加大耕地轮作补贴和产油大县奖励力度，加强高油酸花生标准化生产基地建设，扩大玉米大豆带状复合种植面积，大豆油料产业稳步发展。一是花生播种面积稳中有增。2022 年，花生播种面积 371.2 万亩，比上年增加 0.3 万亩。特别是优质花生发展势头迅猛，涌现出枣强、新乐等一批种植大县，全省高油酸花生种植面积达 180 万亩，其中规模化种植基地由 2017 年的 10 万亩发展到 95 万余亩。二是大豆稳步扩种。强力推进大豆玉米带状复合种植，全省大豆种植面积

106.6 万亩，超国家任务 6.5 万亩；大豆玉米带状复合种植面积 102.3 万亩，超国家任务 2.3 万亩。按照国家统计局河北调查总队依据大豆和玉米实际占地面积测算办法，全省大豆种植总面积 154.6 万亩，超国家任务（135.1 万亩）19.5 万亩，比 2021 年增加 54.5 万亩。三是夯实大豆玉米带状复合种植机具保障。加强机具创新研发，加大政策扶持力度，对购置适用于大豆玉米带状复合种植机具优先补贴、应补尽补，补贴比例由 30% 提升到 35%。全省新增大豆玉米带状复合专用播种机 1098 台，调整改造播种机 1074 台，先后投入大豆收获机 3639 台，玉米收获机 4781 台，玉米大豆带状复合种植综合机械化率超过 85%。

3. "菜篮子"产品保障水平提升

各地落实"菜篮子"市长负责制，着力打造标准化、规模化生产基地，"菜篮子"产品供给保障能力进一步增强。筛选确定了应急保供基地 258 家和京津"菜篮子"产品生产供应基地 117 家，与北京市共建环京周边蔬菜生产基地 63 家。圆满完成冬奥农产品供应保障任务，供应蔬菜、畜禽、水果等产品 54.5 吨。向上海市、吉林省紧急捐赠 2450 吨"菜篮子"产品，为全国抗疫大局贡献了河北力量。

蔬菜保障能力稳步提升。2022 年，蔬菜播种面积 838.7 千公顷，比上年增长 3.0%；蔬菜总产量 5406.8 万吨，增长 2.3%。其中，食用菌（干鲜混合）产量 196.7 万吨，增长 9.0%。新建改造设施 11.6 万亩，其中新建设施 6.2 万亩，近十年增长最快。环京津设施蔬菜产业集群成功入选国家集群建设。

果品供给提质增效。2022 年，河北园林水果产量 1139.7 万吨，比上年增长 7.7%；食用坚果产量 72.5 万吨，增长 12.8%。梨果产业继续领跑全国，完成梨园改造升级 4.46 万亩，成功打造威县、晋州等 4 个示范园区，示范带动基地 13 万亩。威梨、晋州鸭梨、辛集黄冠梨、泊头鸭梨等 4 个区域公用品牌优势逐步显现，品牌梨果产地收购价同比增长 50% 以上。晋州长城建成全国单体规模最大、最先进的鲜梨智选中心，成为梨产业高质量发展的标杆。苹果精品化发展步伐加快。着力打造了内丘富岗、信都浆水等 10 个千亩高标准苹果示范基地，把浆水苹果、承德国光等 10 个高端精品推向市场，保定苹果、青龙苹果等 5 个区域品牌基本形成。葡萄种植模式不断优化，葡萄新建改造提升基地 8000 亩，其中发展阳光玫瑰、蜜光、宝光等优新品种 2200 亩，建成 5 个千亩示范基地。加快改造老旧果园，重点推广 L 形、T 形、H 形、改良 Y 字形等树形新模式，怀来县、威县等打造 5 个千亩高标准示范基地，怀来县、威县建设 2 个种苗繁育基地。

畜禽产品稳定供给。2022 年，猪牛羊禽肉产量 475.4 万吨，比上年增长 3.1%。其中，猪肉产量 273.4 万吨，增长 2.9%；牛肉产量 58.1 万吨，增长 4.0%；羊肉产量 36.9 万吨，增长 8.9%；禽肉产量 107.0 万吨，增长 1.3%。禽蛋产量 398.4 万吨，增长 3.0%。

奶业加快振兴。制定印发了《奶业竞争力提升行动方案》，明确了奶业振兴十大任务。河北省政府印发了《关于进一步强化奶业振兴支持政策的通知》，明确了十五项支持措施。大力推动奶牛家庭牧场升级改造、环京津奶业集群建设等项目建设。组织奶业招商行动，伊利集团 152 亿元沧州奶业项目、"认养一头牛" 6 亿元乳制品加工项目、君乐宝家庭牧场项目等均在推进实施。2022 年，牛奶产量 546.7 万吨，增长 9.7%。

水产品供给快速增长。加强渔业资源养护，在渤海海域和内陆大中型湖库放流各类海淡水品种 30 亿单位。新建海洋牧场 1 个，投放人工鱼礁 10 万空立方米。重点打造唐山特色水产集群，建设绿色养殖示范基地 5 个。推动唐山、承德、张家口、衡水等市建设大水面生态渔业示范基地 5 个。支持建设省级休闲渔业示范基地，推动渔业产业融合发展。2022 年，水产品总产量（不含远洋）108.2 万吨，比上年增长 4.9%。其中，海水养殖 58.0 万吨，增长 6.2%；淡水养殖 27.4 万吨，增长 5.4%。海洋捕捞 19.1 万吨，增长 0.5%；淡水捕捞 3.8 万吨，增长 11.8%。

（二）现代农业基础支撑增强

1. 耕地保障水平明显提升

落实"长牙齿"的耕地保护硬措施。实行耕地保护党政同责，实施耕地保护专项行动，制定印发了《2022 年河北省耕地保护专项行动方案》。按照耕地和永久基本农田、生态保护红线、城镇开发边界的顺序，统筹划定落实三条控制线，把耕地保有量和永久基本农田保护目标任务足额逐级分解下达。建立"田长制"等制度，加快建立完善耕地保护责任体系，确保实现耕地保有量和永久基本农田保护目标。

推进高标准农田建设。河北省政府办公厅印发了《关于切实加强高标准农田建设的通知》，联合河北省财政厅印发了《河北省高标准农田建设评价激励实施办法》《河北省高效推进高标准农田建设十项措施》等文件，全面推行项目管理信息化，将任务分解、项目申报、立项评审、实施进度、竣工验收等数据全部纳入农田建设监测监管平台。探索吸引金融和社会资本投入新模式，支持河北省供销社依托社属企业（省农服公司）通过"先建后补"方式组织实施高标准农田建设任务 30 余万亩，支持保定市定兴县依托县农投公司，集中流转土地 7.4 万亩，通过三种模式推动万亩生态智慧农场建设，启动农田新基建模式。引入冀粮公司，由其按照亩均投资 4000 元标准，全资建设智能节水灌溉 1.2 万亩，建成集土壤墒情监测、物候监测、农情监测、自动集雨、自动灌溉于一体的立体数据监测与管理网络。指导各地选取相对集中连片的地块，重点在高效节水灌溉、耕地盐碱化改造等方面进行高标准设计，着力打造高标准农田示范性、标杆性工程。2022 年，河北省高标准农田建设实际落实 370 万亩，比国家下达建设任务多 10 万亩。

提升耕地质量。加强耕地质量监测，对全省 1000 个长期定位监测点耕地质量年度变化进行监测，编制印发《河北省 2021 年度全省耕地质量监测报告》。开展耕地质量等级评价，编制《年度耕地质量评价与资产负债表》。加强新增补充耕地的质量建设与管理，组织试点县对新增补充耕地进行质量等级评价，制定了《补充耕地符合性评定与质量等级评价技术规程》等。开展耕地质量提升试点示范，在全省轻、中度盐碱地集中连片地区，开展退化耕地治理项目 10 万亩。在全省永年、藁城、曲阳、冀州、围场分别建立 5 个千亩耕地质量保护提升示范区，并指导各市根据各地特点分别建设 400 亩示范区，示范展示耕地质量保护提升的技术模式。

2. 科技支撑水平显著提升

加快搭建农业科技园区、农业创新驿站、星创天地等创新创业平台，壮大河北现代农业产业创新团队，增强科技创新创业平台和人才支撑。

搭建农业科技创新创业平台。积极推动农业科技园区高质量发展，新建省级园区 8 家，省级以上农业科技园区达 152 家，其中国家农业科技园区 15 家，居全国前列，农业科技园区已经成为农业科技创新高地和现代农业建设引领者。推进农业创新驿站建设。新建 77 个省级创新驿站，省级驿站总数量达到 300 个。借助创新驿站平台，示范推介优质绿色高效技术模式 136 项，转化推广农业新品种 207 个、新技术新成果 142 项，辐射人数 8 万人以上。提升星创天地创业服务能力。新备案省级星创天地 98 家，省级以上星创天地达 795 家，其中国家级星创天地 71 家，为创新创业提供了综合服务平台。

壮大农业科技创新团队。聚焦河北优势种质资源，组建了小麦、大豆、花生等 20 支现代种业科技创新团队，建立了"首席专家负责制"，制定了《河北省现代种业科技创新团队项目管理规程》，形成了种业长效攻关机制，通过产学研合作，培育了一批突破性品种。聚焦河北优势特色产业，组建了油料、蔬菜、梨、奶牛等 23 支现代农业产业技术体系创新团队，每个创新团队设置了岗位专家和综合试验站长，形成了覆盖育种、栽培、防治、加工、销售等全产业链的团队，有力支撑了全省现代农业发展。

全力推进种业振兴。2022 年是推进河北种业振兴的开局之年，依托种业创新团队，统筹整合优势创新资源，从种质资源保护利用、攻克种源'卡脖子'技术、良种选育、优势企业培育、优良品种推广应用等方面，提升种业实力，启动了马铃薯、谷子、甘蓝 3 个国家级和 23 个省级育种联合攻关，培育出高油酸花生、双高大豆、强筋小麦、优质蔬菜种苗、特色杂粮、马铃薯等一大批高产高效、生态节水新品种，全省主要农作物良种覆盖率已连续十年稳定在 98% 以上，良种在农业增产中的贡献率达到 43% 以上。畜禽种业基础进一步夯实。完成研究分析深县猪、阳原驴等 4 个地方畜禽遗传资源的数字基因，提升保种能力。开展了畜禽品种选育行动，支持 8 个国家畜禽核心育种场、1 个种公牛站和奶牛 DHI 测定中心开展生产性能测定工作，支持 6 个主要畜禽品种供种企业开展提档升级和品种选育提升。加快深县猪、太行鸡、高产蛋鸡和肉鸽、肉羊等 8 个新品种（配套系）培育进程。全省畜禽养殖良种覆盖率 100%，主要畜禽种源自给率提高到 80% 以上，蛋鸡、肉鸡供种量分别达到全国的 40% 以上和 50% 以上。加强水产供种繁育基地建设，建成红鳍东方鲀种质资源场，支持 16 家省级原良种场种业能力提升，加州鲈、毛蚶本地化规模繁育实现突破，培育转口加州鲈苗种 54.4 万尾、毛蚶稚贝 9325 万粒，2 家被评为第一批中国水产种业育繁推一体化优势企业，上榜企业数量居全国第三位，位居山东、广东种业强省之后。全省年繁育各类水产苗种 700 多亿尾，同比增长 110% 以上。

强化产业共性关键技术攻关。大力推动"华北麦玉两熟区生物障碍消减与健康土壤培育技术模式及应用""特色干果产业关键技术研究与应用示范"等部省联动项目，对接国家重大战略部署和河北省产业发展重大需求，借助国家农业科技创新力量，推进河北省提升耕地质量保障粮食安全，提升特色干果精深加工技术水平助力食品产业升级，提升河北省项目团队和企业的创新能力与水平。组织实施乡村振兴技术创新专项，在农业机械化集成技术提升、农产品加工及质量安全、绿色高效种养、节水农业、农业面源污染治理、农村环境整治等重点领域，加大关键共性技术攻关和科技创新力度，支持 179 项重点研究计划项目实施。创新农业科技创新组织方式，采用"揭榜挂帅"方式，支持"荷斯坦牛特色基因编辑与核移植生产种用胚胎技术""大马力拖拉机智能混动双流耦合动力传动控制技术"等项目实施，引进了中国农业大学、北京理工大学、长三角研究院等国家创新团队揭榜，参与河北农业科技创新。以推动高质量发展为主题，围绕现代都市型农业和特色高效农业发展需求，在征集企业、高校、科研院所和各市科技局农业科技成果转化需求基础上，推动农业科技成果转化，共支持 82 个科技水平高、产业化应用前景广的成果转化应用，支撑河北省农业农村现代化建设。

3. 农机装备支撑水平提高

聚焦优势特色作物生产全环节短板弱项，提升农业机械化水平。2022 年，全省农业机械总动力 8249.08 万千瓦（不包括农业运输车），比上年增长 1.88%。在春耕备播方面，组织调度 100 万台套农机装备，全面推广应用农机深松、精量播种、节水灌溉等农机农艺融合技术。在夏粮收获方面，调度 9.7 万台小麦联合收割机，机收率达到 99.7%。在秋收秋种方面，累计投入大中型拖拉机 32 万台、小麦播种机 21 万台、玉米联合收割机 8.2 万台等各类农业机械 200 多万台套，完成玉米机收面积 3608 万亩，小麦机播面积 1140 万亩，玉米机收率达到 83%，小麦机播率达到 99%。

落实新一轮农机购置补贴政策，优化补贴兑付方式，加大对设施农业小型农机、丘陵山区农机装备、大田智能农机、深松深耕及畜牧水产养殖装备的补贴力度，全省落实补贴资金 11.7 亿元，补贴各类机具 9.66 万台，受益农户 7.66 万户。持续扩大报废更新补贴实施覆盖面，已补贴报废农机具 1828 台，受益农户 1567 户。持续推行"智能监测 + 第三方质检"双重监管和省市县三级督查，累计投入农机深松耕机具 8000 多台套，落实深松补助资金 1.455 亿元，完成农机深松耕作业 468 万亩。

实施农机化产业项目。推动全程机械化示范县创建，在 18 个县开展粮食作物全程机械化关键环节示范推广，新增玉米籽粒收获面积 30 万亩以上，新增烘干能力 100 万吨以上；在 7 个县开展特色优势作物全程机械化试验示范，新增马铃薯机收面积 25 万亩、机采棉面积 1 万亩以上；在 2 个县开展畜牧养殖全程机械化试验示范，饲料生产加工、精准饲喂、消杀防疫等环节取得突破。大力推动无人农场建设，在雄安新区、辛集市建设精准作业智能农机"无人农场"示范基地，推进先进适用智能农机、智慧农业等协同发展。

（三）优势特色产业集群发展

1. 加快发展现代都市型农业

瞄准京津冀市场需求，按照抓龙头、促园区、建集群的思路，制定了《河北省特色优势产业集群 2022 年推进方案》，集中打造强筋小麦、设施蔬菜、高端乳品等优势特色产业集群，年销售收入 10 亿元以上农产品加工产业集群达 100 个，同福、惠康等 7 家中央厨房示范企业率先发展，以相关产品为主的中央厨房企业达到 200 多家，河北省中央厨房产品市场占有率不断提升。实施现代农业园区崛起行动，认定首批 48 个省级现代农业示范园区，馆陶县、雄县被列为 2022 年国家现代农业产业园创建单位。

2. 培育壮大新型农业经营主体

积极培育农业产业化龙头企业，全省国家级、省级龙头企业累计发展到81家、964家；省级龙头企业销售总额达5085亿元。年销售额100亿元以上的企业9家，年销售额10亿元以上的企业78家。省级以上龙头企业为社会提供了34万个就业岗位，带动农户超过1300万户，农业产业化龙头企业共创建860个农业产业化联合体，其中省级示范农业产业化联合体266个。

加快培育家庭农场。支持有发展意愿的种粮大户、种养专业户等登记注册家庭农场，新发展家庭农场4000家。强化家庭农场名录管理，全省注册家庭农场已达7.3万余家。大力扶持典型示范，树立了2022年度家庭农场"十佳典型案例"，评选100家左右省级示范家庭农场，累计达到1800家，充分发挥典型引领作用。择优推荐100家县级以上示范家庭农场开展赋码试点，推动家庭农场规范运营。

提升规范农民合作社。新增省级示范社484家、总数达到1788家，推荐申报国家示范社76家。评选了2022年度全省"十佳农民合作社"，累计达到50家，打造全省农民合作社发展样板。

创新农业生产托管服务机制。指导5个试点县、4个试点托管服务组织积极探索创新服务业态、服务模式、服务机制。大力推行以"农户+农村集体经济组织+托管服务组织+银行保险机构"的形式开展社会化服务，因地制宜推广全产业链托管、菜单式多环节托管、股份合作分红、股份托管并行、专业化托管、供销社为农服务六种服务模式和中化MAP"6+1"模式，全省托管服务组织发展到3.3万家，托管服务面积达到2.3亿亩次。

3. 推进农村一二三产业融合发展

发挥农业产业化联合体的载体作用，推进一产标准化、二产集约化、三产多样化发展。选育在农业全产业链建设中起主导作用的龙头企业担任"链主"，牵头构建农业产业化联合体，把联合体打造成为全产业链经营的功能综合体。积极发展新业态，全省认定了30个休闲农业精品园区，认定了71个省级美丽休闲乡村。以"春观花、夏纳凉、秋采摘、冬农趣"为主题，推介了120条休闲农业景点线路、25条休闲农业精品线路。联合阿里巴巴、京东等线上平台以及中粮、首农、物美、北国等3000家国内知名客商组建了河北省农业品牌采购商大联盟。举办"河北农产品品牌万里行"（广州站）活动签约30.5亿元；组织2022年农民丰收节金秋消费季活动，与北京广播电视台共同举办"京津冀农货嗨翻天"抖音带货直播等活动。

二、河北省农业现代化建设分析评价

（一）建设指标分析评价

《河北省乡村振兴战略规划（2018—2022年)》（以下简称《规划》）确定了耕地保有量、农作物耕种收综合机械化率、农业综合生产能力等11个河北现代农业建设指标体系。2018年以来，认真贯彻落实党中央、国务院和省委、省政府决策部署，把"三农"工作摆在突出位置，按照《规划》部署，统筹涉农资源，狠抓推动落实，现代农业建设取得重要进展。到2022年，《规划》确定的各项指标完成情况良好，11项指标中，耕地保有量、粮食综合生产能力、农业标准化生产覆盖率等7项指标顺利完成，农业劳动生产率1项指标无法统计，"三品一标"产品数量由于国家政策调整，无法统计评价；农产品加工产值与农业总产值比及休闲农业和乡村旅游接待人次数指标受疫情影响未完成。具体指标完成情况如表1-2所示。

表1-2 河北省现代农业建设指标完成情况

序号	主要指标	单位	2017年基期值	2022年目标值	2022年数值	完成情况
1	耕地保有量	万亩	9778		9051	
2	农作物耕种收综合机械化率	%	77.2	80	85.0	完成
3	粮食综合生产能力	亿斤	>670	>670	773	完成
4	农业劳动生产率	万元/人	2.4	5.5	—	无法统计
5	农业科技进步贡献率	%	57.0	61.5	62.0	完成
6	农业灌溉水有效利用系数		0.672	0.677	0.677	完成
7	"三品一标"产品数量	个	2441	3600	—	无法统计
8	农业标准化生产覆盖率	%	50	72	74	完成
9	农产品加工产值与农业总产值比		1.8	2.35	2.2	未完成
10	休闲农业和乡村旅游接待人次	亿人次	1.1	3.0	0.8	未完成
11	畜禽粪污综合利用率		65	78	81	完成

1. 耕地保有量

《规划》确定 2022 年耕地保有量达到国家下达任务的约束性指标。据河北省第三次全国国土调查数据，河北省有耕地 9051.26 万亩，完成了国家下达的目标任务。

2. 农作物耕种收综合机械化率

《规划》确定 2022 年农作物耕种收综合机械化率达到 81%，比 2017 年提高 3.8 个百分点。2020 年，河北省耕种收综合机械化率为 83.05%，高出阶段目标值 3.05 个百分点，高出 2022 年目标值 2.05 个百分点，提前 2 年完成目标任务。

3. 粮食综合生产能力

《规划》确定 2022 年粮食综合生产能力保持在 670 亿斤以上的约束性指标，与 2017 年基期持平。2020 年，河北省粮食总产量为 759.2 亿斤，完成阶段目标任务。2021 年，全省粮食总产量为 765 亿斤，2022 年全省粮食总产量 773 亿斤，连续十年保持在 700 亿斤以上，顺利实现粮食综合生产能力目标。

4. 农业劳动生产率

《规划》确定 2022 年农业劳动生产率达到 5.5 万元/人，比 2017 年提高 3.1 万元/人。该项指标因统计口径和计算方法调整，目前无法提供数据进行分析评估。

5. 农业科技进步贡献率

《规划》确定 2022 年农业科技进步贡献率达到 61.5%，比 2017 年提高 4.5 个百分点。2020 年，河北省农业科技进步贡献率为 60.5%，高出阶段目标值 0.5 个百分点，超额完成阶段目标任务。2021 年，全省农业科技进步贡献率为 61%，比 2017 年提高了 4 个百分点，年均提高 1 个百分点，2022 年全省农业科技进步贡献率 61.5%，如期完成预定目标任务。

6. 农田灌溉水有效利用系数

《规划》确定 2022 年农田灌溉水有效利用系数达到 0.677，比 2017 年提高 0.005。2020 年，河北省灌溉水有效利用系数为 0.675，完成阶段任务目标。2021 年灌溉水有效利用系数为 0.676，2022 年预计可达到 0.677，完成任务目标。

7. "三品一标"产品数量

《规划》确定 2022 年"三品一标"产品数量达到 3600 个，比 2017 年增加 1159 个。

2019 年国家停止无公害产品认证工作并统一将无公害产品证书到期自然退出，"三品一标"变为"两品一标"，2017 年基数变为 968 个，2021 年"两品一标"产品数量为 1367 个，2022 年"两品一标"产品数量达到 1400 个，增速达 44.62%，超过目标增速。

8. 农业标准化生产覆盖率

《规划》确定 2022 年农业标准化生产覆盖率达到 72%，比 2017 年提高 22 个百分点。2020 年，河北省农业标准化生产覆盖率为 70%，完成阶段目标任务。2021 年，全省农业标准化生产覆盖率为 72%，提前 1 年完成目标任务。

9. 农产品加工产值与农业总产值比

《规划》确定农产品加工产值与农业总产值比达到 2.05，比 2017 年提高 0.55。按照新统计口径，该指标 2017 年基数由 1.8∶1 调整至 1.04∶1，2020 年为 2.0∶1，2021 年为 2.05∶1，2022 年达到 2.2∶1，绝对值增量达到 1.16，远高于原统计口径的 0.55 增幅水平。

10. 休闲农业和乡村旅游接待人次数

《规划》确定 2022 年休闲农业和乡村旅游接待人次数达到 3.0 亿人次，比 2017 年增加 1.9 亿人次。2019 年全省乡村旅游接待游客达 2 亿人次，已达到 2020 年阶段目标。受新冠疫情影响，2020 年全省乡村旅游接待人数为 0.75 亿人次，2021 年为 1.15 亿人次，与 2017 年基期值基本持平未达到预期目标。

11. 年畜禽粪污综合利用率

《规划》确定 2022 年畜禽粪污综合利用率达到 78% 的约束性指标，比 2017 年提高 13 个百分点。2020 年，河北省畜禽粪污综合利用率为 77%，高出阶段目标值 2 个百分点，超额完成目标任务。2021 年，全省畜禽粪污综合利用率为 79%，提前 1 年完成目标任务。

（二）主要建设任务分析评价

《规划》提出了着力做强科技农业、加快打造绿色农业、发展壮大品牌农业、巩固提升质量农业、提高农业综合生产能力、建立现代农业经营体系、推动农村一二三产业融合发展七大任务，为落实规划任务，河北省政府制定印发了《关于持续深化"四个农业"促进农业高质量发展行动方案（2021—2025 年）》，以农业高质量发展为主题，以深化农业供给侧结构性改革为主线，以提高农业质量效益和竞争力为核心，以改革创新思维和举措，着力推动科技农业、绿色农业、品牌农业、质量农业发展，加快构建特色鲜明、规模开发、高端带动、集群发展的新格局，推动传统农业向现代农业转变、农业大省向农业强省转变，为乡村全面振兴提供坚实支撑。

1. 着力做强科技农业

聚焦区域科技资源优势和特色优势产业，实施了京津冀农业协同创新、现代种业提升、绿山富民科技示范、智慧农业建设等农业科技创新"四大"工程，强化京津冀农业科技协同创新，打造重点实验室、技术创新中心、产业技术研究院和产业技术创新战略联盟相互衔接支撑的创新平台，完善激励机制，加快高新技术成果转化，大力发展科技农业，以科技创新引领农业高质量发展。

（1）打造创新平台。加快构建农业创新、成果转化、协同创新平台，完善优化农业科技创新支撑体系，建设农业领域省级重点实验室 28 家、技术创新中心 85 家、产业技术研究院 39 家、产业技术创新战略联盟 54 家。强化京津冀农业科技合作，建设农业领域院士工作站及院士合作重点单位 20 家，联合京津建设重点实验室 1 家、技术创新中心 5 家、产业技术研究院 24 家。积极推进雄安新区国家农业科技创新中心建设，以雄安创新院为平台，积极对接中科院创新资源开展实验室合作共建，在光电子农业、生物基可降解材料等领域建立了实验平台。聚焦环首都特色优势产业，建设京津冀农业协同创新平台 51 个，与首都高校、科研机构和科技型企业联合开展重大技术攻关 20 项，转化农业高新技术成果 111 项，打造了涿州农业硅谷创新高地。

（2）加强科技攻关。不断完善农业领域基础研究支持方式，探索建立长期稳定支持机制。为加强高层次人才建设，努力在前瞻基础研究、引领性原创成果方面取得重大突破，设立了创新研究群体项目，按照"3 年＋3 年"周期支持模式和与评价结果挂钩的动态管理机制，支持 6 个创新研究群体持续开展长期性、系统性、原创性研究。尊重科技人才成长规律，对不同年龄、不同层次青年人才实行全谱系支持和梯次培养，构建资助强度与规模合理的人才和团队支持体系，2018 年以来，共支持青年科学基金项目 256 项、优秀青年科学基金项目 23 项、杰出青年科学基金项目 12 项。为发挥省财政资金引导作用，鼓励企业和社会力量加大对基础研究的投入力度，河北省科技厅、省自然科学基金委、河北农业大学、君乐宝乳业集团有限公司和晨光生物科技集团股份有限公司共同设立"河北省自然科学基金生物农业联合基金"，2022 年共资助项目 38 项。强化农业关键共性技术攻关，围绕农机装备、节水农业、农业面源污染治理、农产品加工等重点领域，加大关键共性技术攻关和科技创新力度，2018～2022年连续实施农业科技攻关专项，共支持研发项目799项。

（3）加快成果转化。不断健全成果转化收益分配机制，激发科研单位与科技人员创新活力。落实科技成果转化收益分配政策，研发机构、高等院校在职务科技成果转化后，按照不低于70%的现金收益或者股权，用于对完成、转化科技成果作出重要贡献的集体和个人的奖励、报酬。深入推进赋予科研人员职务科技成果所有权或长期使用权试点，与河北省发展改革委、省教育厅等8部门印发了《赋予科研人员职务科技成果所有权或长期使用权试点工作指引》，并确定10家高校、院所为成果赋权试点单位，其中涉农单位8家。规范"先赋权后转化"和"先转化后奖励"工作流程，适时总结试点经验，进一步完善职务科技成果转化激励政策和科研人员职务发明成果权分享机制。深化基层农技推广体系改革，强化基层农业技术推广网络。创新了以农业科技创新驿站为平台的新型科技成果转化方式，省、市、县三级遴选打造了1000个农业科技创新驿站，发展基层农技推广机构2624个，农技推广"云平台"注册用户达4.3万人，引进示范了一批新技术、新品种、新装备。深入实施科技"特派员"制度，遴选优秀涉农大学生、乡土专家、农业科技人员，补充基层农技推广力量，引导他们将更多精力放在服务特色产业上。实现全省农业农村领域重要数据信息的融合、共享和利用，以智慧农业一张图平台为基础，通过建立农业农村基础大数据支撑平台和地理空间数据服务支撑系统，实现了与种植业、畜牧业、水产业、农机、农产品质量安全、农村集体产权等业务应用系统的对接，为农业农村政策制定提供数据参考。到2022年，农业科技进步贡献率达到62.0%。

2. 加快打造绿色农业

践行"绿水青山就是金山银山"理念，实施农业绿色发展"六大"行动，综合治理地下水超采，强化资源保护节约，加强农业污染防治，积极探索农业绿色发展模式，创新农业绿色发展机制，推动形成农业绿色生产方式，实现投入品减量化、生产清洁化、废弃物资源化、产业模式生态化，促进农业可持续发展。

（1）综合治理地下水超采。落实《河北省地下水超采综合治理五年实施计划（2018－2022年）》，成立了省长任组长，分管副省长任副组长，省直有关部门主要负责同志为组员的推进华北地下水超采综合治理行动领导小组，建立了"省级抓总、市级协调、县级落实"的地下水超采综合治理工作机制。对照国家行动方案明确的目标任务，以河北省委办公厅、省政府办公厅名义印发了《关于地下水超采综合治理的实施意见》，将相关任务进行了细化分解。先后印发了《关于进一步加强生态文明建设 深入开展地下水超采综合治理的实施意见》等一系列文件，颁布实行了《河北省节约用水条例》，修订了《河北省地下水管理条例》等法律法规，为超采治理工作提供了有力的政策和法规保障。通过"节引调补蓄管"综合施策，大力实施水源置换、农业节水、种植结构调整等项目，依法有序关停取水井，到2021年底，全省累计压减地下水超采量52.3亿立方米，全省深、浅层超采区地下水位同比回升分别为5.12米、1.87米，浅层地下水漏斗中心平均水位与上年同期比较回升3.36米、面积缩小1078.84平方公里，深层地下水漏斗中心平均水位与上年同期比较上升18.85米、面积缩小2303.39平方公里，南宫、枣强浅层地下水漏斗特征已基本消失。

（2）强化资源保护节约。加强农业用水定额管理。河北省市场监督管理局发布了《农业用水定额》，农业用水方面明确了种植业灌溉用水定额，特别是增加了每项用水定额的先进值，制定了"冬小麦＋夏季作物"的灌溉用水定额，确定了不同降水条件下各类灌溉方式的定额值。推动农业水价改革，印发了《关于开展大中型灌区农业水价综合改革工作的通知》，明确了大中型灌区农业水价综合改革重点任务、验收条件和进度安排。选取石津、滦下、八一等3处工程基础措施完善和基层水管组织健全的大中型灌区率先开展农业水价综合改革工作，树立改革典型，积累改革经验，累计实施改革面积268万亩。探索"以电折水"方式推进农业灌溉用水管理，与河北电力、冀北电力两家公司签署战略合作协议，建立了联合工作机制，集中开展电表—机井信息关联摸底排查并建立台账。利用全省已建成的4619处以电折水长期监测站点，组织各地对实测数据进行分析研究，科学复核各地以电折水系数。通过研究耗电量、水电折算系数，进而推测出取水量，破解了农业用水直接计量投入大、管理难的问题。大力发展节水农业，实施季节性休耕、旱作雨养、浅埋滴灌、高效节水灌溉等一批农业节水项目，抗旱节水品种和配套技术推广等农业节水项目覆盖3859万亩以上，实现县域全覆盖，农业用水由2014年的139.2亿立方米减少到2021年的97.1亿立方米，占全社会用水比例由72.2%下降到53.4%。

（3）推进农业循环发展。健全了生产者责任延伸制度、畜禽养殖污染监管制度，深入开展畜禽粪污资源化利用行动，构建粪污收集转化利用体系，形成了农业废弃物回收、再利用循环体系，推进种养结合、农牧结合、养殖场建设与农田建设结合，构建生态农业循环经济产业链，提高农业生产废弃物无害化处理和资源化利用水平。2022年全省畜禽粪污综合利用率达81%，规模养殖场、大型规模养殖场废物处理设施配套装备率均继续保持100%。

（4）加强农业污染防治。加强农业面源污染治理，实施源头控制、过程拦截、末端治理与循环利用相结合的综合防治。加快实施高剧毒农药替代计划，开展农作物病虫害统防统治，到 2021 年底，主要农作物专业化统防统治覆盖率达 50.45%，主要农作物绿色防控覆盖率达 48.41%。推进化肥农药减量增效，深入实施化肥农药使用量零增长行动，集中连片推进科学施肥、精准用药，化肥使用量和农药使用量较 2018 年分别减少 71 万吨、0.75 万吨，到 2021 年底，主要农作物肥料利用率达到 41.2%。推进农膜回收利用，印发了《农膜回收利用工作方案》，在全省布设 304 个农田地膜残留监测点，扶持建设废旧地膜回收网点，支持企业加工利用废旧地膜，到 2021 年底，全省农膜回收率达到 90% 以上。推进秸秆综合利用，制定省级秸秆综合利用支持政策清单，建立了较完善的秸秆还田、收集、储运、运输社会化服务体系，秸秆综合利用率保持在 97% 以上。强化农用地土壤污染防治，在全国率先完成耕地土壤环境质量类别划分，建立全省所有 174 个县（区）域耕地土壤环境质量类别清单、图谱，为精准、分类管控打下基础。在轻中度污染耕地推广安全利用技术，在重度污染耕地实施种植结构调整或退耕还林还草，经第三方评估结果显示，全省所有受污染耕地风险管控措施覆盖率达到 100%。

3. 发展壮大品牌农业

主动适应社会消费提档升级趋势，聚焦京津冀都市农产品市场需求，加快构建以区域公用品牌为核心、企业品牌为支撑、产品品牌为基础的现代农业品牌体系，大力培育冀产品牌农产品，完善品牌服务体系，不断提升河北省农产品的影响力、竞争力和品牌价值。

（1）培育区域公用品牌。围绕小麦、玉米、油料、果品、乳品、肉蛋、食用菌、蔬菜、水产和杂粮等十大优势产业，以完善品牌标准、提升产品质量、精准宣传营销为重点，培育提升区域公用品牌。全省打造了"河北农品百膳冀为先"的整体农业品牌形象，打造了 10 个农业产业集群品牌、60 个省级以上农产品区域公用品牌和企业领军品牌。

（2）提升企业品牌价值。选择规模大、带动强、市场占有率高的农业企业品牌，通过搭建平台、展会宣传、设计包装、渠道拓展等服务，增强品牌优势。全省省级以上企业领军品牌数量达到 80 个，品牌平均溢价水平有了明显提高。举办和参加中国国际农交会、京津冀中药材产销对接大会、梨电商大会、扶贫产品产销推介会、电商助农直播行动等系列活动，拓宽线上线下销售主渠道。

（3）完善品牌服务体系。选择具有河北特色、产品优势突出的梨、板栗、食用菌、葡萄、苹果、小米、红枣、牛奶、牛肉、水产等 10 个系列农产品，实行一个品种、一个方案、一个专业设计团队、一套推广营销策略的办法，强化高端形象设计，组织参加"河北品牌节"及农产品博览会、农贸会、展销会等各类农产品展会和品牌推介活动，面向全国宣传推广，全面强化河北特色农产品影响力。

4. 巩固提升质量农业

坚守安全底线，以质量为导向，加强农业标准体系建设，完善质量安全追溯体系，强化质量安全监督管理，提高农业标准化水平，推进农业标准化生产，全面提升农产品质量安全水平。

（1）提高农业标准化水平。推进农业标准化生产，有效期内省级农业地方标准1276项，农业标准化生产率由2016年的45%提高到2022年的74%。强化标准落地实施，2022年底"两品一标"（绿色食品、有机农产品、农产品地理标志）数量达到1400个。

（2）完善质量安全追溯体系。河北省农产品质量安全监管追溯平台全面建成，10.5万家涉农生产经营主体依托省平台建立电子档案，9170家规模主体实现电子追溯。农产品追溯"六挂钩"机制、承诺达标合格证制度、准出准入机制有效落实，整县域推进农产品追溯工作，打造省级追溯标杆企业，全省"菜篮子"产品规模主体追溯覆盖率达96.7%，农产品监测总体合格率达98%以上。

（3）强化质量安全监督管理。农产品质量安全监管监测体系不断完善，"区域定格、网格定人、人员定责"的县乡村三级监管网格基本建立，形成"层层负责、网格到底、责任到人、全面覆盖"的监管新格局。在全国率先打造"三级五层"农产品检测体系，全省通过"双认证"的检测机构数量达70个。监管工作深入开展，开展"双随机"抽样，实现规模主体和小农户抽样全覆盖，年均定量检测7万批次，快速检测80万批次。全面推动农安县创建工作，全省实现了农安县全覆盖。

5. 提高农业综合生产能力

河北省坚持家庭经营的基础性地位，完善现代农业经营体系，发展特色优势农业，加强永久基本农田保护与质量提升，提升农机装备和农业信息化水平，推动农村一二三产业融合发展，农业综合生产能力稳步提升。

（1）调优做强特色产业。河北省加快构建粮经饲统筹、种养加一体、农牧渔结合的现代农业，特色产业快速发展，农业结构进一步优化升级。持续推进奶业振兴。出台了《河北省奶业振兴规划纲要（2019－2025年）》《河北省人民政府关于加快推进奶业振兴的实施意见》，着力建设优质奶源基地和高品质饲草基地。特色水产集群进一步聚集，十大绿色养殖示范园区产值占全省的1/10，特色水产品产量占总产量的48%。

（2）强化粮食安全保障。河北省坚持把粮食生产作为"三农"工作的头等大事，深入落实"藏粮于地、藏粮于技"战略，层层分解任务，加强督导检查和技术服务，确保面积和产量不降低。严格落实粮食安全省长责任制。制定了河北省粮食安全年度考核工作方案，开发了"河北省粮食安全责任制考核系统"，从严从实开展省市县三级粮食安全年度考核。在粮食生产功能区和重要农产品生产保护区，基本实现优质专用品种和绿色高产高效集成技术全覆盖，节水小麦、强筋小麦育种保持全国领先，良种覆盖率保持在98%以上。

（3）加强耕地保护建设。河北省依据《全国"三区三线"划定规则》，指导各地开展"三区三线"划定工作，确保耕地应保尽保、应划尽划，永久基本农田内全部为可长期稳定利用耕地。印发了《河北省耕地保护专项行动方案》，落实最严格的耕地保护制度，推行县、乡、村三级田长制，实行耕地保护党政同责，开展违法违规占用耕地问题专项整治，坚决遏制耕地"非农化"、防止基本农田"非粮化"。2022年，全省高标准农田达到5222万亩，占耕地面积的58%。

（4）提升农机装备水平。河北省健全农机社会化服务体系，推进农机农艺相融合，农业机械保有量平稳增长，农机装备智能化水平和精准作业能力不断提高。在全省43个县全力打造79个智慧农场，探索建立了以智能化为主导、以精准作业为核心的技术体系，智慧农场实现农机管理信息化、田间作业智能化、生产过程自动化、经营服务网络化。谋划建设了省级农机智能化信息决策管理平台，实现了农机化统计、购置补贴、深松作业、秸秆综合利用、安全监理等方面数据的互联共享和采集分析智能化。

6. 建立现代农业经营体系

河北大力培育新型农业经营主体，加快发展新型农村集体经济，多元化提高小农户合法收益，推动家庭经营、集体经营、合作经营、企业经营共同发展。

（1）培育壮大新型农业经营主体。河北省大力支持龙头企业、合作社和家庭农场等各类新型经营主体发展，推动建设农业大集群、大项目、大基地。着力培育壮大龙头企业，省级龙头企业由720家增加到964家。规范发展农民合作社，省级示范社达到1788家。积极培育家庭农场，出台了针对家庭农场的财政补助、信贷支持、保险保障等政策，家庭农场总量达到7.3万家，其中省级示范家庭农场达到1800家。

（2）多元化提高小农户合法收益。河北省支持龙头企业牵头组建农业产业化联合体，大力推广"龙头企业＋合作社＋基地＋农户"四位一体经营模式。鼓励农业龙头企业参与规模生产基地建设，通过股份合作、订单生产、保底收购、保底分红、利润返还等形式，与新型农业经营主体和普通农户建立关联紧密、分工明确、链条完整、利益共享的联结关系。推动产业化联合体构建内部分工协作、优势互补、联系紧密的利益共同体，促进产、加、销、游全产业链一体化经营，拓展小农户增收空间。

7. 推动农村第一、第二、第三产业融合发展

河北省着力延伸农业产业链条，拓展农业多种功能，发展农业新业态新载体，农业与农村第二、第三产业实现交叉融合发展。

（1）拓展农业多种功能。重点在"三环"（环京津、环雄安新区、环各市城区周边）、"四沿"（沿高速铁路、沿国省干道、沿重点景区周边、沿重要河流）打造100个生态休闲农业示范区。大力培育精品民宿、旅游小镇、康养农业等乡村旅游新业态，利用闲置农宅开发高品质多元化的乡村度假产品，培育发展主题创意农园、观光采摘园、垂钓园、休闲观光精品路线等，共发布"春观花""夏纳凉""秋采摘""冬农趣"特色精品农业休闲观光线路231条。依托特色农产品优势区、现代农业示范园区、产业强镇的稻田、花海、海洋牧场等田园风光，发展了一批多功能、多业态休闲农业。

（2）发展新业态新载体。河北省积极推进科技、人文等元素融入农业，创建了农业科技园区与环首都现代农业科技示范带，在全国率先创立了"河北省农业品牌创新创意大赛"，搭建了集品牌设计创新、文化展示、宣传推介、延伸服务等于一体的综合性平台，提升了品牌形象和企业开拓市场能力。按照国家特色小镇建设要求，推动打造了一批红色旅游小镇、生态旅游小镇、民俗特色小镇、露营休闲小镇、创意田园小镇等，促进了乡村产业、文化、旅游、社区等多功能融合。

（3）激活农村创新创业。河北省推动政策、技术、资本等各类要素向农村创新创业集聚，引导农民创办领办家庭农场、农民合作社、农业企业、农业社会化服务组织等新型农业经营主体。依托各类农业园区、专业市场、农民合作社、规模种养基地等，整合创建农村创业创新园区，形成了创业主体大众化、培育对象多元化、创业服务专业化、建设运营市场化的农业农村众创体系。

（三）存在的主要问题

1. 新型农业经营主体质量有待提高

农业龙头企业整体规模偏小，带动能力弱。964家省级龙头企业中仅有9家年产值超百亿元的企业，省级龙头企业中年销售收入超10亿元的仅78家，占比不到

10%，年销售收入总额占 964 家省级龙头企业的 50% 以上。家庭农场和合作社运营不规范，面临土地难以集中连片经营、盲目追求经营规模、贷款融资难等问题。农户与新型农业经营主体联系不紧密，缺乏稳定的合作机制，各类新型农业经营主体有效衔接小农户，带动农户参与大市场能力不足。

2. 科技创新支撑能力有待加强

河北农业科技进步贡献率达到 62%，但与发达国家 80% 农业科技进步贡献率相比，还相差甚远。目前，财政经费投入力度小、周期短，不适应农业科技创新规模，且市场投入机制不灵活，投入偏少。标志性农产品种子大多由发达国家农业龙头企业垄断，特别是生猪、蛋肉鸡、奶牛良种和高端果蔬品种 90% 以上依赖进口。农业科技创新依然存在企业创新主体创新能力不足、农业科技成果转化率低、科技创新服务平台缺乏等问题，难以适应新时代市场经济和现代农业高质量发展。

3. 农业品牌知名度有待提升

当前，现代农业的发展正处在数量型农业向质量型农业转型阶段，虽然近几年河北加大农业品牌建设力度，培育扶持了一批知名品牌，但区域公用品牌市场运营主体缺失，其市场影响力远没有发挥出来。企业品牌数量大幅增长，但品牌市场价值偏低。农产品品牌知名度和市场影响力偏低，品牌价值仍没有挖掘出来。

4. 一二三产业深度融合有待增强

河北省是农产品生产大省，但不是农产品加工强省，河北省农产品加工业产值与农业总产值之比为 2.2：1，低于河北省乡村振兴战略规划确定的 2022 年达到 2.35：1 的目标，也低于发达国家水平。休闲农业等新业态发展不足，农业的多功能性没有充分挖掘出来，休闲农业特色不鲜明，河北省农业休闲和乡村旅游共接待游客数量远低于河北省乡村振兴战略规划确定的 2022 年目标值。

5. 生态与资源环境有待改善

尽管河北农业在人均耕地资源和水资源不足条件下，实现了农业稳定发展，但农业绿色发展水平不高和人均农业资源不足仍是河北现代农业建设面临的主要约束。化肥、农药、水资源等高投入，造成农业生态环境欠债较多，农业面源污染依然严峻。人均耕地资源不足，导致户均经营规模低，严重制约了农业现代化发展进程。

三、对策建议

（一）促进农业提质增效

坚持质量安全、品质提效，确保粮食安全和重要农产品有效供给，促进农业高质量发展。一是落实"藏粮于地"和"藏粮于技"战略，严守耕地红线，坚决遏制耕地"非农化"，借助部省联动项目，提升粮食生产能力，不断提高粮食综合生产能力，保障粮食安全。二是实施千亿级蔬菜产业提升工程、千亿级中药材产业工程等重大工程，推动精品蔬菜、道地中药材、优势食用菌、沙地梨、优质专用葡萄和山地苹果6个产业集群发展，提升果蔬供给能力。三是实施千亿级奶业工程、精品肉产值倍增工程等重大工程，深入推进奶业产业集群、优质生猪产业集群、肉牛产业集群、肉羊产业集群、优质蛋鸡产业集群建设，推动畜禽产业高质量发展，提升畜禽产品供给能力。

（二）增强科技创新支撑能力

贯彻落实创新驱动国家战略，建立党政同责抓农业科技创新机制和制度，党政齐抓共管，凝聚合力。加强宏观管理和顶层设计，做好农业科技创新环境营造、政策、资金保障等服务性工作。树立大合作、大开放理念，鼓励创建一批科技创新创业平台，通过平台搭建，聚焦优势科技资源，支撑农业优势特色产业高质量发展。聚焦粮食、林果、奶业等优势特色产业，充分发挥紧邻京津和雄安新区的区位优势，借助高新区、农业科技园区等平台，制定优惠政策，引进国内知名产业龙头来冀创办企业。实施创新主体培育工程，培育打造一批科技领军企业、高新技术企业，鼓励其建设重点实验室、技术创新中心等研发平台，组建研发团队，提高企业创新能力，引领产业技术创新方向。谋划实施种业科技创新、特色产业提升、农副产品加工等科技创新工程，培育一批标志性区域优良品种，突破一批特色农业产业绿色高质量发展关键技术，强化现代农业科技支撑。建立产学研对接机制，推动科技创新与农业产业发展精准对接。建立常态化技术需求征集制度，挖掘企业技术需求，组织开展专家"企业行"和企业"院所行""高校行"等活动，推动企业与科研院所的精准对接和深度融合。健全农业科技成果转移转化体系，充分挖掘紧邻雄安和京津的区位优势，以农业科技园区、现代农业园区、创新驿站等为重点，打造承接京津雄成果转移转化的载体平台，依托技术转移服务机构，加快科技成果转移转化和资本化、产业化。大力发展科技服务业，建设技术转移机构，培育技术转移公司，提升技术转移、专利服务、技术合同认定登记等服务水平。

（三）提升农业品牌价值

实施优质农产品生产基地建设、农产品品质提升、优质农产品消费促进、达标合格农产品亮证四大行动，高质量推进国家现代农业全产业链标准化示范基地、省级绿色优质农产品全产业链标准化基地建设，健全完善河北农业标准体系，构建以产品为主线，产前、产中、产后全程质量控制为核心的现代农业全产业链标准体系，产管并举、产销联动，不断提高农产品质量品质，夯实提升农产品品牌价值基础。强化品牌创意塑造，借助国际农交会等各类展会、京津冀品牌产销对接等系列活动、农民丰收节等平台，综合利用公交、新媒体、短视频等加强农业品牌展示和宣传推广。举办河北农业品牌万里行、京津冀品牌农产品产销对接活动；在北京举办多场专题宣传推介活动，持续推进河北农产品在京进市场、进超市、进社区、进饭店、进食堂、进餐桌"六进工程"，与京东、阿里、抖音等全国一线重要电商平台合作，联合开展专题电商促销、线上助农等活动，全方位宣传提升农产品品牌价值。

（四）推动产业深度融合

实施乡村产业融合工程，发挥农业产业化联合体的载体作用、农业产业化强镇的平台作用，统筹推进一产标准化、二产集约化、三产多样化的产业融合发展。选育一批在农业全产业链建设中起主导作用的龙头企业担任"链主"，牵头构建农业产业化联合体，把联合体打造成为全产业链经营的功能综合体，强化政策引导，吸引龙头企业和配套经营主体向全产业链集中。挖掘农业农村文化传承、生态支撑等功能，支持引导发展休闲农业、体验农业、乡村旅游等新产业、新业态、新模式，促进农村产业深度融合发展。以订单合同为纽带，鼓励发展"农超对接""家庭农场＋合作社＋龙头企业""龙头企业＋合作社＋基地＋农户"等多种形式的订单农业模式，促进各主体形成紧密利益联结机制，推动龙头企业、合作社、家庭农场开展联合与合作，实现农产品产加销一体化发展。

（五）加快农业绿色发展

大力发展节水农业，稳定季节性休耕面积，扩大旱作雨养种植规模，积极发展滴灌、水肥一体等高效节水灌溉。实施高标准农田改造提升工程，强化高标准农田节水灌溉设施建设，提升农田节水灌溉设施水平。持续实施化肥农药减量行动，借助信息技术，推动化肥农药精准使用，提高利用率，继续保持化肥、农药使用量负增长。推动畜牧业绿色发展。深入推进畜禽粪污资源化利用整县推进，开展规模养殖场粪污处理设施装备提档升级行动，推行因地制宜的畜禽粪污资源化利用模式，重点发展堆沤发酵、就近还田模式，畅通粪肥还田通道，推进畜牧业走种养结合、农牧循环绿色可持续发展之路。加强农业绿色发展先行区建设，集成推广农业绿色技术，加快培育生态农场等农业绿色主体，创新农业绿色发展机制，探索构建农业绿色政策支持体系，大力发展农业循环经济，引领农业现代化建设。

参考文献

［1］陈学军 . 新时代促进我国农业高质量发展的对策［J］. 中国集体经济，2022（33）：24 - 26.

［2］陈元刚，张玉欢 . 我国传统农业向现代农业转型的路径探讨［J］. 重庆理工大学学报（社会科学院），2021（8）：105 - 117.

［3］杜志雄 . 农业农村现代化：内涵辨析、问题挑战与实现路径［J］. 南京农业大学学报（社会科学版），2021，21（5）：1 - 10.

［4］黄季焜，解伟，盛誉，等 . 全球农业发展趋势及 2050 年中国农业发展展望［J］. 中国工程科学，2022（24）：29 - 37.

［5］蒋永穆 . 推进高质量发展必须突破的卡点瓶颈［J］. 中国党政干部论坛，2023（1）：12 - 16.

［6］李开宇，杨宁，冯良山 . 我国农业高质量发展过程中存在问题及发展对策［J］. 农业经济，2023（3）：32 - 33.

［7］魏后凯 . 加快推进农村现代化的着力点［J］. 中国农村经济，2021（4）：8 - 11.

［8］张涛，李承健 . 中国农业高质量发展面临的挑战和解决途径［J］. 重庆理工大学学报（社会科学），2022，36（3）：11 - 21.

河北省宜居宜业和美乡村建设困境及对策研究

【摘要】中国要美，农村必须美。党的二十大报告指出，统筹乡村基础设施和公共服务布局，建设宜居宜业和美乡村。近年来，河北省积极贯彻落实国家关于乡村建设的政策意见，统筹推进农村人居环境整治、农村基础设施建设、农村公共服务水平提升和城乡融合发展，农村生产生活条件显著改善，乡村面貌发生历史性变化，乡村建设水平迈上了一个新台阶。但由于乡村建设是一项复杂的系统工程，在建设过程中出现了要素供给不足与利用效率不高等问题和矛盾，亟须进一步理顺体制机制，补齐短板。河北省建设宜居宜业和美乡村应以逐步让农村基本具备现代生活条件为主攻目标，通过加强村庄的规划管理、大力改善农村基础设施建设、持续改善农村人居环境、增加农村公共服务供给、完善乡村建设资金保障、加强人才队伍建设等措施扎实推进乡村发展、乡村建设、乡村治理，让农民就地过上现代文明生活。

新时代以来，党中央把乡村建设摆在社会主义现代化建设的重要位置，2020 年党的十九届五中全会首次作出实施乡村建设行动的重大部署；2022 年 5 月，中共中央办公厅、国务院办公厅印发的《乡村建设行动实施方案》指出，"乡村建设是实施乡村振兴战略的重要任务，也是国家现代化建设的重要内容"；党的二十大报告也明确提出，要全面推进乡村振兴，统筹乡村基础设施和公共服务布局，建设宜居宜业和美乡村。在全面开启社会主义现代化建设的新征程中，建设宜居宜业和美乡村是党中央在"三农"领域的重大政策创新，是全面实施乡村振兴战略的又一重大举措，是未来一段时间农村工作的重要抓手，需要进一步研究、谋划、贯彻落实。

近年来，河北省一直把乡村建设摆在"三农"工作的重要位置。2020 年底国家部署乡村建设行动后，河北省积极行动，于 2021 年制定了《河北省美丽乡村建设行动实施意见（2021—2025 年）》，提出要扎实有效推进乡村建设，深入抓好农村"厕所革命"，加快补齐水电气路讯暖等基础设施短板，完善农村基本公共服务体系，扎实推动农村人居环境整治提升，连线成片打造生态宜居的美丽乡村，广大农村正在成为宜居宜业的幸福家园。河北是农业大省，同时也是全国唯一兼有高原、山地、丘陵、平原、湖泊和海滨的省份，地貌复杂多样，农村人口众多，乡村建设工作任务艰巨，因此，在乡村建设过程中也面临诸多问题和"瓶颈"，亟须进一步理顺体制机制，补齐短板，推动乡村由表及里、形神兼备的全面提升，让农民能够尽快过上现代文明生活。

一、河北省乡村建设历程

随着国家对乡村建设的日益重视，河北省紧追其上，紧跟国家关于农村改革发展的理念，不断对农村生产生活环境进行改善提升，从社会主义新农村建设，到美丽乡村建设，再到新时代宜居宜业和美乡村阶段，河北省不断与时俱进，因地制宜的调整规划农村面貌。根据不同时期乡村建设政策文件及运作方式、整治措施与实践活动等要求，河北省乡村建设总体经历了三个发展阶段。

第一，社会主义新农村建设阶段（2005～2013 年）。

改革开放后，中国经济驶入高速发展的快车道，由于城市化的发展速度与规模不断加快和扩大，我国对城市的环境问题关注程度要远高于对农村的关注度，农村地区成了城市转移高污染企业的庇护所，"生活垃圾靠风刮、污水靠蒸发"的现象在农村地区十分普遍和明显。党的十六届五中全会提出以"生产发展、生活富裕、乡风文明、村容整洁、管理民主"为内容的新农村建设，乡村建设第一次被提升到国家发展焦点的高度。

河北省在"十一五"规划期间，认真贯彻落实中央会议精神，建设社会主义新农村，其中对农村新民居建设作了重大规划，对 1000 个农村进行示范村建设。从 2008～2011 年河北省在全省 11 个地市开展了"三年大变样"工程，在广大农村开展了 20 户以上农村"村村通"工程，到 2012 年村村通水（洁净饮用水）、通电（农用电）、通路（混凝土路或沥青混凝土路）、信息网、无线广播的目标实现，生态环境明显改善，教育、医疗、社会保障、文化建设等社会事业不断发展。2008 年河北省在农村实行"一事一议"政策，通过财政补贴、村民集资、社会帮助的方式为新农村建设筹集金融资本，"一事一议"政策为农村面貌改进提升提供了较大的财富支持，提倡农民参与农村建设。在这段时期，河北省农村基础设施建设有了显著提高，从内涵建设到形象建设，从城乡一体化建设到新农村建设，从经济建设到社会建设都取得了显著的成效，河北省广大农村的变化日新月异，城乡面貌发生了巨大变化。

第二，美丽乡村建设阶段（2013～2017 年）。

2013 年中央一号文件提出建设"美丽乡村"；2015 年中央一号文件表明"中国要美，农村必须美"，同年中央发布《美丽乡村建设指南》。2017 年党的十九大报告提出要走中国特色社会主义乡村振兴道路，美丽乡村建设仍然是国家发展战略的重点。在中央文件指引下，各地相关部门开展了美丽乡村建设的实践。河北省的美丽乡村建设从 2013 年 6 月正式启动，省政府印发了《2015 年河北省农村面貌改造提升行动环境美化和村民中心建设实施方案》，提出围绕河北省委、省政府《关于实施农村面貌改造提升行动意见》，打造"环境整洁、设施配套、田园风光、舒适宜居"的美丽乡村。针对农村不同方面的建设提出了 15 件具体事宜，按照集中连片、突出特色的原则，以美丽乡村建设为导向，加强农村环境综合治理，搞好农村环境美化和村民中心建设，把全省农村面貌提升行动提高到一个新水平。

第三，新时代宜居宜业和美乡村阶段（2018 年至今）。

在农村老龄化日趋严重，农村劳动力、人才不断流失，乡村文化日渐衰落的背景下，2017 年 10 月，党的十九大提出"产业兴旺、生态宜居、乡风文明、治理有效、生活富裕"的实施乡村振兴战略总要求。党的十九届五中全会提出实施乡村建设行动，强调把乡村建设摆在社会主义现代化建设的重要位置。党的二十大进一步提出"建设宜居宜业和美乡村"。乡村建设的重点从以往的城镇化、城乡统筹发展转变为乡村发展内生动力的培育，乡村活力的恢复，城与乡的融合发展。河北省扎实落实中央精神，2018 年至今，相继出台了《河北省农村人居环境整治三年行动方案（2018—2020 年）》《河北省农村人居环境整治提升五年行动实施方案（2021—2025 年）》《河北省"十四五"农村厕所革命实施方案》《河北省美丽乡村建设行动实施意见（2021—2025 年）》等政策文件，大力推动河北省乡村建设迈上新台阶。在政策文件的引导下，全省各地把公共基础设施建设重点放在农村，持续改善农村生产生活条件，使农村垃圾、污水、面源污染等问题得到进一步解决，提升了村容村貌，农村人居环境得到了极大改善，乡村综合治理体系有效提升。

二、河北省乡村建设取得的主要成效

实施乡村振兴战略以来，河北省统筹推进农村人居环境整治、农村基础设施建设、农村公共服务水平提升和城乡融合发展，农村生产生活条件显著改观，乡村面貌发生历史性变化，乡村建设水平迈上了一个新台阶。

（一）农村人居环境实现明显改善

2018～2020年，河北省以农村厕所革命、农村生活垃圾治理、农村生活污水治理和村容村貌提升为工作重点，大力实施了农村人居环境整治"三年行动"。"三年行动"圆满完成后，于2021年又开始实施农村人居环境整治提升"五年行动"，全省农村面貌得到显著提升。

1. 农村生活垃圾得到进一步治理

开展农村生活垃圾专项清理行动，主要解决"垃圾堆、垃圾沟、垃圾坡"等问题。全面推广"村收集、乡镇转运、县集中处理"模式，通过购买第三方服务，由专业保洁公司实施。截至2021年底，全省99.47%的村庄纳入"村收集、乡镇转运、县集中处理"生活垃圾处置体系（见表2-1），所有行政村均建立了日常保洁机制，配备了保洁人员。

表2-1　　　河北省农村生活垃圾处理的行政村比例　　　单位：%

项目/时间	2017年	2021年	与2017年相比
生活垃圾处理率	76	89.18	13.18
开展生活垃圾无害化处理的村占比	60	99.66	33.66

2. 农村无害化卫生厕所普及率明显提高

河北省整县、整村推进农村卫生厕所改造工程，卫生厕所普及率显著提高，探索出厕所粪污和生活污水一体化处理模式，农村厕所革命取得阶段性成效。截至2021年底，累计完成农村户厕改造1093.76万座，卫生厕所普及率提高到81.1%，建成农村厕所粪污处理站3690座，覆盖村庄41132个，畜禽粪污综合利用率达到79%，实现农村厕所粪污与生活灰水一体化处理的村庄达到17326个，一体化处理率达到35%（见表2－2）。

表2－2　　　　　　　河北省农村厕所改造情况　　　　　单位：%

项目/时间	2017年	2021年	与2017年相比
卫生厕所普及率	35.3	81.1	45.8
畜禽粪污综合利用率	74.1	79	4.9

3. 农村生活污水实现基本管控

因地制宜确定农村污水治理技术路线和治理模式，确保处理方式简便、适用、有效。具备条件的村庄接入城市污水管网实现一体化处理，或建成集中或分散的生活污水处理设施。截至2021年底，累计有17000多个村庄完成农村生活污水治理，有效治理率由2017年底的11%提升到2021年的35%，所有农村完成黑臭水体治理。

4. 村容村貌显著提升

实施村庄清洁行动，清理农村生活垃圾、村内塘沟、畜禽养殖粪污等农业生产废弃物、残垣断壁、杂物等；对清理出的场地规划建设小游园、小菜园、小果园；改变影响农村人居环境的不良习惯。截至2021年底，行政村主街道硬化基本实现全覆盖，累计完成村庄绿化88.7万亩，98.2%的村庄实现公共照明达标，基本实现所有村庄环境干净、整洁、有序，村民清洁卫生文明意识提高（见表2－3）。

表2－3　　　　　　　河北省农村村容村貌提升情况

年份	村庄绿化覆盖率（%）	县级及以上文明乡镇占比（%）	县级及以上文明村占比（%）	省级美丽乡村数量（个）	美丽庭院数量（万户）
2017	32	51	27.89	1112	45
2021	35	78	59.1	5000	934

（二）农村基础设施建设取得显著成效

近年来，河北省委、省政府加快补齐农村基础设施短板，大力建设高标准农田，发展现代化设施农业，建好"四好农村路"，农村生产生活条件得到有效改善。截至2021年底，已累计建成高标准农田4862万亩，占全省耕地面积的53.7%。农田基础设施不断完善，农业生产条件逐步改善，农业防灾抗灾减灾能力不断增强，粮食综合生产能力得到巩固和提升。全省自然村通硬化路率达到97.1%，乡镇通三级及以上公路比例达到97.1%；县城30公里范围内农村客运班线公交化运行率达到95.3%；拥有19个"四好农村路"全国示范县和112个"四好农村路"省级示范县，"四好农村路"建设实现高质量发展。

（三）农村公共服务均等化水平持续提升

近年来，河北省委、省政府围绕创新破解农村教育发展、医疗卫生、养老保障等领域重点难点问题，加快补齐发展短板，优化服务供给、质量、布局，农村公共服务均等化水平持续提升。

1. 义务教育向优质均衡加速转型

近年来，河北省根据经济社会发展状况、城镇化进程和人口变化趋势，实施"校安工程""全面改薄"及农村中小学校舍安全保障长效机制、"两类学校"建设、能力提升等工程项目，持续改善农村学校基本办学条件，有序扩大城镇学位供给，全省城镇农民工随迁子女在公办学校接受义务教育比例提高到88.7%，教育资源配置均衡化程度进一步提高。

2. 农村医疗及健康事业快速发展

全面启动基层医疗机构标准化建设、乡镇卫生院与村卫生室一体化改革，基层医疗卫生服务能力得到有效提升。基层综合性文化服务中心覆盖率超过95%。围绕"基本医保＋大病保险＋医疗救助"保障功能，着力破解农村居民"看病难、看病贵"问题。实施基本医保全民参保计划，持续优化医保服务供给，减轻农村居民就医负担，推动农村医疗及健康事业加快发展。政策体系进一步健全。全额资助贫困人口城乡居民医保个人缴费部分，实现建档立卡贫困人口参保动态全覆盖，"基本医疗有保障"问题得到彻底解决。贫困人口应保尽保。盯住脱贫群体和低收入群体，全省脱贫人口实现动态管理和应保尽保。加快减轻就医负担。持续优化医保服务供给，广大群众就医负担进一步减轻。实施高血压、糖尿病门诊用药集中带量采购，13个中选药品平均降价69%。"4＋7"药品集中带量采购8批240种，医用耗材9批15类，药品平均降价62%，医用耗材平均降幅74%，累计节约资金234.34亿元。2510种非集中带量采购药品挂网价格平均降幅32.5%，最高降幅93.37%，大幅度减轻了群众就医和用药负担。

3. 农村养老服务保障能力显著提升

近年来，全省加快健全政策法规体系，加强养老基础设施建设，健全老年福利制度，农村养老服务保障能力显著提升。围绕居家养老、老年人权益、养老服务体系、农村留守老人、空心村养老服务设施等，制发法规政策文件30余份，形成较完备的制度体系。截至2021年底，全省农村共建有养老机构763家，167个县（市、区）均分别建成1所县级养老服务指导中心，省级筹措4.2亿元资金，改造提升特困人员供养服务设施（敬老院）267家，农村养老服务保障能力显著提升。167个县（市、区）建立了80岁以上高龄津贴制度，7个县（市、区）建立了60岁以上老龄津贴制度。享受高龄津贴的总人数达140余万人，年度发放高龄津贴近6亿元。

三、河北省乡村建设面临的主要问题

乡村建设是一项复杂的系统工程，涉及的主体多、环节多、地域广，投资大、周期长、见效慢、收益低。当前，制约河北省乡村建设的矛盾和问题主要集中在要素供给不足与利用效率不高两个方面。

（一）财政资金供给不足且结构不尽合理

河北省农村地区基础设施建设滞后，公共服务供给不足，需要大量的资金投入和财政支持。随着乡村振兴战略的深入实施，农村基础设施的建设标准越来越高、规模不断加大，资金需求也逐年增加，但涉农资金投入增长不足，2019年省级财政农业农村专项资金投入340.76亿元，同比仅增长2.7%，低于省级一般公共预算收入1.7个百分点，资金缺口问题已经成为制约乡村振兴有序推进的突出"瓶颈"。例如，打造一个标准的美丽乡村，需要资金500万～1000万元，而衡水市2021年平均打造一个美丽乡村财政投入仅72万余元，资金缺口巨大。在农村公路建设和养护过程中，县级政府作为投资主体，多数财力不足且筹资困难，部分日常养护资金还不能足额落实到位，"以建代养"现象一直存在。由于财政投入不足，难以长期保障村医工资待遇，部分乡镇卫生院的医疗设备缺乏或者陈旧老化，医疗服务能力较低，基层医疗机构的门诊和住院率逐年下降。义务教育财政保障水平相对较低，据统计，全省小学、初中生均一般公共预算公用经费支出分别为2353元、3407元，在全国分别位于第24、第27位，比全国平均水平分别低31.02%、31.31%，经费投入不足导致农村学校办学条件落后、师资保障不到位，教育水平不高，迫切需要进一步加强建设。此外，资金投入与需求还不均衡，"锦上添花"的多，"雪中送炭"的少，经济条件好、产业发展快、知名度较高的村获得的支持较多，条件较差的村获得的支持相对较少。

（二）村集体经济薄弱，"造血"功能差

当前河北省城乡差距最直观的是基础设施和公共服务差距大，而制约农村公共服务和公益事业的最大问题是村集体无钱办事、有心无力。解决这些问题，靠转移支付资金仍显不足，解决公共财政投入不足问题最现实最有效的途径就是发展壮大村级集体经济，增强基层组织自身造血功能，激活农村发展内生动力。但河北省很大一部分地区农村缺乏产业支撑，村集体收入较少，虽然全省在2021年所有行政村实现了集体经济零收入村全部"清零"，但农村集体经济普遍薄弱、质量不高、动力不足以及发展不平衡问题仍然突出，特别是5万元以下薄弱村仍占15.5%，难以保障对乡村建设的持续投入。据统计，村庄绿化、亮化、硬化、美化、污水设施管护等项目后期管护费用年均5万元以上，对于集体经济薄弱的村庄来说难以保障后续运营，如果后续运营费用仍依赖财政资金支持，无疑会对财政支出造成更大压力。例如，衡水市阜城县为国家级贫困县，共610个村庄，村集体收入在10万元/年以上的仅占16.7%，污水治理费用主要依靠财政资金，特别是项目投入使用后，年运维资金480万元基本由当地财政承担，县级财政压力巨大，运维的可持续性堪忧。

（三）社会资本参与乡村建设意愿不足

社会资本是乡村发展不可或缺的重要力量，它不仅带来资本的下乡，也会带动智力和管理的下乡；特别是目前河北省乡村振兴战略的推进面临庞大的资金缺口，仅依靠财政、村集体和个人投入难以解决，因此吸引社会资本投资乡村就变得格外重要。但由于农业农村领域投资成本高、回报周期长、经营收益低、融资困难等原因，社会资本参与乡村振兴的意愿普遍不高。例如，河北省美丽乡村建设资金政府投资约占75%；村企共建村庄只占2.7%；农村人居环境整治提升工作仍主要依赖于财政资金单一投入，多渠道投入机制尚未建立，社会资本投入力度不足；数字乡村建设资金也主要以涉农财政资金和倾斜项目资金为主，社会资本参与意愿总体不强；在农村养老服务领域，河北省实际面向农村一般老年人的养老机构仅有348家，占全省养老机构总数的19.6%，即便农村养老服务需求潜力巨大，因其高风险、高

投入、低收入的原因，社会资本参与意愿也不高。

（四）农村人居环境整治技术模式选择不尽合理

在农村人居环境整体改观、整治行动总体奏效的局面之下，河北省部分人居环境领域的治理不充分、技术模式选择不合理等现实问题依然存在。目前，全省有80.1%的农村生活污水未得到集中处理，部分村庄未建任何污水处理设施，户厕改造未全面实现，52.3%的农户没有用上无害化卫生厕所，且粪污的资源化利用比较滞后。农村人居环境整治的模式和技术类型选择与乡村区位、地理气候条件和人口经济构成等息息相关，一些地方不加选择推崇某些模式经验，未充分考虑当地的适宜条件，选择的治理技术模式难以满足不同地区的需求。以农村生活污水治理为例，有的县不分平原、山区、丘陵，在模式选取上一律铺设管网，建设污水处理设施，导致建设成本和后续运维成本较高；有些地区治理设施参照城镇污水处理模式，片面追求高标准的达标排放，存在"过度治理"现象，既增加了治理成本，也给地方财政带来了压力；在推进农村厕所粪污与生活灰水一体化处理工作中，有的地区技术模式与当地气候条件不适应，如坝上高寒地区，处理设施防冻措施不到位，影响冬天正常使用。

（五）农村人才总量匮乏且分布不均

乡村振兴，人才是关键，只有解决好了人的问题，乡村才能真正振兴。长期以来，河北省乡村中青年、优秀人才持续外流，人才总量不足、结构失衡、素质偏低、老龄化严重等问题仍然存在，乡村人才总体发展水平与乡村振兴的要求之间依然存在差距。一方面是人才总体数量不足。在调研中发现，农村各行各业普遍反映人才十分缺乏，断层与流失现象严重，人才"引不进、留不住"已经成为制约乡村发展的突出短板。现在的乡土人才大部分是自然成长起来的"土专家""田秀才"，靠的是多年的实践积累，而学历较高且掌握一定的农村实用技术、真正具有专业技术职称的年轻人才可谓凤毛麟角。另一方面是农村人才在各村镇、各行业也分布不均。区位优势明显、集体经济发展好的村庄对青年人才具有较大吸引力，但在一些经济发展滞后的偏远乡村，既缺乏带富能力强的领头人，又缺乏农村经济发展急需的科技人才，无论是搞特色产业还是集体经济，优秀村级人才的缺失都成为阻滞乡村振兴进程的重要掣肘。在农村基层医疗、教育、养老、数字乡村建设、建筑规划等领域，人才缺失问题也已经成为重要制约因素。农村公办幼儿园师资总量也不足，专任教师和保育员数量与国家配备标准仍有差距；数字乡村建设中同样缺乏大量专业人才，目前从业者数字素养普遍不高，使用新型智能设备、智能系统的能力较弱，严重阻碍了数字乡村的建设和发展。由于村镇建设专业技术人员短缺，专业施工队伍不多，住房缺乏整体规划和科学设计，农村住房建设水平普遍不高。

（六）乡村发展不平衡，中间村陷入资源"洼地"

河北省村与村之间发展不平衡问题较突出。资源禀赋、区位优势较好的村如城郊村、产业型村和资源型村等，不仅经济相对发达且有着较强的"造血"能力和发展动力，走在了乡村振兴的前列；而地处偏远山区、发展落后的贫困村，通过精准扶贫，不但实现了脱贫，之后还要按照"四不摘"要求继续巩固脱贫成果，并统筹纳入乡村振兴战略，下一步发展仍具有较强的资源和政策保障；而夹在两者之间的"中间村"，既没有明显的区位、产业和资源优势，又不是贫困村而缺乏一系列政策扶持和保障，陷入了乡村发展的资源"洼地"。例如，富裕的乡村一直是美丽乡村建设的典范，能够获得更多奖励支持资金；贫困县统筹整合涉农资金力度较大，美丽乡村建设效果明显；而非贫困县可统筹用于美丽乡村建设的资金较少，基础设施建设还不够完善。"中间村"是河北省乡村中的大多数，其发展与提升很大程度决定着河北省乡村发展的质量和全面建成小康社会的成色。如何破解"中间村"发展的难点与痛点，应当成为重点命题提上日程，加快推进。

四、河北省建设宜居宜合和美乡村思路

第一，坚持坚持实事求是、因地制宜原则。从乡村建设结果看到，不同的资源条件、交通区位、经济产业等因素造就了不同地区乡村发展的差异性。因此，在建设和美乡村之时，必须坚持实事求是，不能盲目推崇一些地方的成功模式，而要全面、科学、系统分析这些模式成功的原因，特别是推广这些模式应满足的条件，以及可能会出现的一些新问题，并做好相应的预案。在国家相关政策要求及方案框架内，立足河北省各地区域实际，科学确定和美乡村建设应关注的重点领域，针对不同类型乡村，制定差异化政策，引导乡村建设有序、合理开展。

第二，宜居宜合和美乡村建设主力群体保障应为"农民主体—多元参与"。和美乡村建设除了必要的政策支持外，必须坚持农民建设乡村的主体地位，调动村集体与村民对乡村建设的参与度，通过发挥农民建设乡村的主体地位，确保和美乡村

建设；在构建共建共治共享格局的过程中，坚持不同社会主体参与和美乡村建设的多重路径，充分发挥新乡贤群体在乡村教育、乡村文化建设方面的突出作用，知识分子提供先进理念倡导、引导、陪伴乡村建设；社会组织促进城乡对接，市场资本发挥加大乡村投资、促进乡村产业振兴方面的突出优势。将农民主体与多元参与有效结合起来，才能为新时期的和美乡村建设提供主力群体保障。

第三，从城乡融合角度探索乡村高质量发展路径。过去乡村经济增长乏力、空间衰败、社会空心化等问题的产生源于城乡发展关系失衡，乡村振兴必然需要从城乡关系调整中寻求解决方案。从当前乡村建设结果来看，乡村建设的开展有效地提升了城乡一体化水平，也增强了城乡居民的获得感和幸福感。新时期高质量发展目标和乡村振兴战略的实施，更加要求宜居宜业和美乡村建设不能局限于"就乡村论乡村"，需要从城乡现代化的角度构建新型城乡工农关系，促进乡村地区的高质量发展。

第四，建设宜居宜业和美乡村应以突出乡味、体现乡韵为特色所在。村庄集生产、生活、生态功能于一体，村庄风貌各具特色。建设宜居宜业和美乡村不能简单照搬城市做法，不能千村一面。需要立足乡村地域特征，与自然生态融为一体，统筹考虑产业发展、人口布局、公共服务、土地利用、生态保护等，科学合理规划农村生产、生活的空间布局和设施建设；需要保留优秀传统乡土文化、赓续红色文化、传承农耕文明、保留民族特色等，发掘乡村多元价值，推动乡村自然资源增值，促进传统乡土文化与现代文明融合发展，让乡村文明展现出独特魅力和时代风采。

五、河北省建设宜居宜业和美乡村的政策建议

建设宜居宜业和美乡村应以具备基本现代生活条件为主攻目标，对接全面建设现代化国家，聚焦农业农村现代化需要在点上突破。进一步建立健全城乡要素双向流动和平等交换机制，在资金投入、要素配置、基本公共服务、人才配备等方面优先保障宜居宜业和美乡村建设发展，通过大力改善农村基础设施建设、建设优化乡村治理体系、丰富农民物质文化生活、开发乡村多元价值，让农民的生活条件跟上现代化生活步伐。

（一）加强村庄规划建设管理

坚持县域规划建设一盘棋，结合现实基础，顺应未来发展趋势和规律，优化调

整村庄布局形态，提升农房建设质量和安全水平，依法有序推进乡村建设。

1. 优化县域村庄布局

在分析评价区位交通、人口经济、设施配置等因素基础上，确定县城、中心镇、一般镇、中心村、基层村五级县域镇村等级结构。统筹基础设施和公共服务设施用地布局，综合考虑行政村管辖范围、人口规模、设施服务能力和村民实际需求等因素，合理确定村民中心、幼儿园、小学、卫生室、村民广场、养老院等必要的公共服务设施布局原则和配置标准，明确农村居民点道路、给水、排水、供热、电力、通信、燃气、垃圾收集、厕所改造等设施建设要求。

2. 加强村庄分类指导

根据村庄资源禀赋、发展现状，按照城郊融合类、集聚提升类、特色保护类、搬迁撤并类、保留改善类等5种类型，分类编制村庄规划，确保规划详略得当、不贪大求全。

3. 塑造景观风貌特色

强化村庄风貌设计，明确村庄屋顶形式、建筑高度等整体风貌，规范沿街立面、道路铺装、街巷风貌及主要景观节点风貌。加强规划实施管理，建筑的新建、改建、扩建要严格落实规划确定的村庄风貌管控要求，依照规划建设，促进风貌协调统一。

（二）加强农村基础设施建设，提升农村生活便利度

补齐农村基础设施建设短板，重点加强水电路气讯等与人民群众生活密切相关的配套设施建设，加快形成"覆盖全面、保障有力、运转高效"的基础设施网络体系，全面改善乡村建设"硬环境"。

1. 提升农村道路建设管护水平

统筹用好中央财政衔接推进乡村振兴补助资金、涉农资金、债券资金、"一事一议"等资金支持农村公路发展，合法合规吸收金融机构、社会力量参与农村公路建设。加快实施2000人以上建制村通双车道公路建设，有序推进过窄农村公路拓宽改造或错车道建设，提升农村公路通行能力。开展公路安全设施和交通秩序管理精细化提升行动，严格落实新建、改建农村公路的交通安全设施与主体工程同时设计、同时施工、同时投入使用"三同时"制度，提升农村公路安全水平。

2. 加强建设运行通畅的乡村水网

统筹推进中小型水源工程建设和抗旱应急能力提升，有序开展大中型灌区续建配套改造和现代化建设，全面加强水库垮坝、中小河流洪水、山洪灾害风险防范，支持遭受严重干旱灾害区域兴建应急抗旱设施。在有条件的地方积极推进城乡一体化和规模化供水，更新改造一批老旧供水工程和管网。强化水源保护和水质保障，健全农村集中供水工程合理水价形成机制。

3. 加快建设农村现代流通服务体系

面向农产品优势产区、重要集散地和主要销区，布局建设一批大型冷链物流仓储设施、产地批发市场、冷链集配中心，建立健全冷链物流骨干基地—物流园区—分拨中心—配送网点四级节点布局体系。加强县域商业建设，健全县乡村三级物流配送体系，改造提升县域综合商贸服务中心和物流配送中心。深化交通运输与邮政快递融合发展，提高农村物流配送效率。

（三）持续改善人居环境

以农村厕所改造、生活污水治理、垃圾处理和村容村貌提升为重点，巩固拓展农村人居环境整治三年行动成果，全面提升农村人居环境质量，加快建设美丽乡村。

1. 健全城乡一体化生活垃圾收运处置体系

全面落实"村收集、乡（镇）转运、县集中处理"的生活垃圾治理长效机制，强化保洁队伍建设，实行农村垃圾、农村公厕日扫日清。有序推行农村生活垃圾分类和资源化利用，因地制宜选择垃圾处理方式，根据经济发展水平、地质地貌特点确定适宜的垃圾处理方式。

2. 持续推进农村污水治理，提高治理水平

明确农村生活污水处理规划、立项、设计、施工、财政支付、移交、运维、监管等重点环节各部门分工职责，建立农村生活污水处理统筹工作机制，确保农村厕所粪污与生活污水一体化处理各环节顺利实施。积极探索市场化运营模式，由第三方机构对农村污水处理设施进行运维管护，实现"管理标准化、队伍专业化、运作市场化、机制常态化、发展产业化"。加强污水转运管理，推行与治理设施一体化运维＋统一平台监管模式，同步监督检查和绩效考核，防止出水超标和污水随意倾倒处置现象。

3. 推动厕所革命再升级

要科学确定厕所革命的模式，因地制宜选择适宜模式；要创新厕所革命的推动方式，依据不同区域的气候特点及资金下拨时间，科学确定工程验收的时间节点，确保工程质量并发挥实效。

4. 持续开展村容村貌环境整治

持续开展爱国卫生运动和村庄清洁行动，全面清理村前村后、房前屋后、公共场所和河道、铁路、高速公路两侧垃圾堆、柴草堆、粪堆等，全面拆除私搭乱建、残垣断壁，全面整治闲置宅基地和破旧院落、废旧厂房，彻底清脏治乱。鼓励农村居民对庭院及周边进行绿化、美化，增加绿地面积。分别利用村庄内部腾退出的闲置土地，统筹规划、合理布局，建设小菜园、小果园、小游园和公用停车场等。实施乡村清洁工程，将村容村貌的改善从单一的平面化转向立体化，将空中无规则、散乱的各种电线、网线等进行认真梳理，改善空中景观，实现村容村貌的立体化改观。

（四）推动建设数字乡村

建设发展数字乡村，是催生乡村发展内生动力、推进乡村治理转型、提升乡村生活服务水平的现实需求，也是实施乡村振兴的战略需求，对筑牢数字中国根基、拓宽农民增收渠道、保障改善农村民生、促进城乡融合发展意义重大。河北省应加快推进数字乡村建设，充分发挥财政资金引导作用，支持数字乡村重点项目建设。加大农村信息基础设施建设力度，加快构建高速智能的信息网络，推进5G网络在重点行政村有效覆盖，加快千兆光纤网络建设部署，不断提升网络综合承载能力，逐步缩小城乡数字发展差距。继续搞好益农信息社网点的建设和维护，进一步完善信息采集制度，努力扩大信息来源，提高信息质量，增强信息传递的时效性。鼓励开展政企合作，推动社会力量广泛参与数字乡村发展，探索数字乡村发展新模式、新路径。

（五）增加农村公共服务供给，持续改善农村民生

聚焦解决农村教育、医疗、养老等民生领域突出问题，推动农村公共服务扩面提标，促进城乡基本公共服务均等化，全面改善乡村建设"软环境"，让农民群众

更好分享改革发展成果。

1. 优先发展农村教育，提升农村义务教育学校办学水平

大力提高农村学前教育发展水平，以县为单位完善城乡幼儿园布局规划，满足适龄儿童就近入园需要。严格落实公办幼儿园和普惠性民办园在园幼儿资助政策，科学合理动态调整公办幼儿园收费标准、普惠性民办园最高收费标准。办好乡（镇）公办中心幼儿园，充分发挥乡镇中心幼儿园的辐射指导作用，探索实施乡（镇）、村幼儿园一体化管理，带动乡（镇）内各类幼儿园办园水平整体提升。提升农村义务教育学校办学水平，合理规划乡村学校网点布局，保留和办好必要的乡村小规模学校，缓解"城镇挤""农村空"的问题。加大义务教育财政投入力度，进一步改善乡镇、农村公办初中、小学的办学条件，加强教资力量，强化集团化办学、城乡结对帮扶、强校带弱校等工作措施，提升教育教学质量。

2. 加强农村医疗卫生服务

积极完善农村医疗卫生体系，加快推进紧密型县域医共体建设，深化村卫生室和乡（镇）卫生院一体化管理，配齐配强乡（镇）卫生院诊疗设施设备，构建基层首诊、双向转诊、急慢分治、上下联动机制，建设标准化村级卫生室，加强乡村医疗卫生队伍建设，提升医生综合素质和服务能力，落实乡村医生待遇，保障合理收入，完善培养使用、养老保障等政策，尽快实现乡（镇）卫生院、卫生室标准化建设全覆盖。健全农村常态化疫情防控体系，所有乡（镇）卫生院配备不少于2间独立观察室和1辆负压救护车，村卫生室设置临时留观室（点）。进一步完善重特大疾病医疗救助机制，深入实施全民参保计划，确保脱贫人口、农村低收入人群、残疾人等特困群体100%参保。持续加强医保防贫监测预警，优化完善医保政策，确保待遇不降低，防止因病致贫返贫。持续完善农村养老服务体系。

3. 提升农村养老保障能力

加强养老保险、最低生活保障、新型农村合作医疗、特困救助等制度的衔接，针对不同类型、不同年龄的农村老年人建立多层次养老、医疗、救助政策体系。深化公办养老机构改革，在满足特困人员集中供养需求的前提下，其余床位允许向社会开放。发展公办、民办养老机构的扶持优惠政策向护理型养老床位倾斜。加强对投资农村养老服务设施建设的财政支持，采取建设补贴、运营补贴等形式缓解社会资本投资运营农村养老服务设施的资金压力。加强对养老机构服务人员的培训，开展养老护理员职业技能等级认定，提升养老服务人员专业服务水平。鼓励农村基层

组织组建养老服务志愿者队伍，引导志愿服务组织和志愿者与农村困难、留守老年人结对帮扶，定期提供家政保洁、精神慰藉、心理疏导等养老服务。

（六）完善乡村建设资金保障体系

在科学制定乡村建设行动实施方案的基础上，对乡村建设行动的资金需求做一个系统科学的匡算，根据乡村建设行动的资金需求，确定财政投资规模提升财政资金的使用效率与成效，确保乡村建设行动中相关硬件设施建设质量，并发挥作用及实现其可持续性。建立政府与有效市场充分结合的体制机制，在财政资金、项目用地、金融服务、人才资源等政策支持方面更多向农村倾斜，全面激发乡村建设各类参与主体的活力。通过设立专项资金、奖补、贴息、担保等多种资金扶持方式，引导工商资本、社会资本下乡。要盘活土地资源，鼓励开展城乡建设用地增减挂钩，利用节余的指标收益和复垦土地收益建设美丽乡村。完善盘活农村存量建设用地政策，预留一定比例建设用地机动指标，重点用于村民住宅、公共设施、公益事业建设及乡村旅游发展。有效盘活宅基地资源，鼓励建立宅基地使用权流转推介交易平台，通过村集体和合作社流转盘活利用闲置老民居和闲置宅基地资源，引进专业化公司发展民宿和康养事业。探索推动"农地入市"同权同价，吸引市场主体进驻村庄开展乡村酒店、创业园区、农产品加工等项目建设。

（七）加强人才队伍建设

乡村建设，关键在人。一是要建强党员干部队伍。选派优秀年轻干部到基层挂职锻炼，把新乡贤吸纳进村党委班子，选准选强基层党组织带头人，注重提拔使用实绩优秀的基层一线干部。借鉴脱贫攻坚战包联工作经验，由省、市、县、乡各级部门选派优秀干部，帮助和指导村庄站在全省乃至全国的角度，认识村庄、定位村庄。二是加快培养生产经营人才。要深入实施职业农民培育计划，利用网络教育资源和培训基地分别进行线上线下教育培训，鼓励参加职称评审、技能等级认定。三是加快培养公共服务人才。对乡村教师、乡村医生、乡村旅游、乡村规划等人才，要尽快落实好职称评审、收入待遇、在岗培训等倾斜政策。借助省内外科研院所和高校人才优势，通过提供实践基地、挂职锻炼、名誉顾问等多种形式，吸引乡村规划师、建筑师、艺术、管理等各类人才下乡。四是加快培养乡村治理人才。加强乡镇党政人才队伍、村党组织人才队伍、法律人才队伍的建设，鼓励大学生到基层就业。

参考文献

［1］程玉英．河北省美丽乡村建设问题研究［J］．江苏商论，2019（3）：137 – 138，141．

［2］郭岩峰，张春艳．乡村振兴战略视域下美丽乡村建设的行动路径探析［J］．农业经济，2023（2）：66 – 67．

［3］胡春华．建设宜居宜业和美乡村［J］．中国农业文摘（农业工程），2023，35（2）：3 – 6．

［4］李佳佳．中国共产党百年乡村文化建设：实践历程、显著成就及基本经验［J］．河南牧业经济学报，2021，34（5）：8 – 14．

［5］吴春宝．新时代乡村建设行动中的农民主体性功能及其实现［J］．长白学刊，2022（1）：124 – 131．

［6］于法稳，胡梅梅，王广梁．"十四五"时期乡村建设行动：路径及对策［J］．农业经济，2022（6）：3 – 5．

［7］朱启臻．如何建设宜居宜业和美乡村［J］．农村工作通讯，2022（24）：35 – 36．

河北省县域经济高质量发展研究

【摘要】河北县域面积大、人口多，县域经济是推动全省经济社会发展的重要力量，也是实现高质量发展的薄弱环节和潜力所在。推动县域经济高质量发展，不仅是适应社会主要矛盾变化、适应城乡区域协调发展的必然要求，也是全省深度融入京津冀协同发展、补齐区域发展短板、加快建设经济强省、美丽河北的现实需要。近年来，河北省县域经济发展态势总体稳定，在全省高质量发展大局统筹谋划和安排部署下取得了明显成效，但与发达地区相比，河北省县域经济还存在诸多短板，经济强县少、弱县多，发展质量不高、后劲不足等问题仍然突出。本报告在深入分析县域经济高质量发展特征和发展规律基础上，结合河北省县域经济发展实际，从创新发展、协调发展、绿色发展、开放发展和共享发展等五个方面进行了分析研究，发现问题，提出建议。

县域是深入实施乡村振兴战略、加快推进新型城镇化和全面解决发展不平衡不充分问题的"主战场"。县域经济是农村经济和城市经济以及一二三产业的综合体，是城乡融合发展重要载体和工农互补的最佳"桥梁"，其发展的方略方式、速度力度、效果效益等事关全省高质量发展全局。河北县域面积大、人口多，县域经济是推动全省经济社会发展的重要力量，也是实现高质量发展的薄弱环节和潜力所在。推动县域经济高质量发展，不仅是适应社会主要矛盾变化、适应城乡区域协调发展的必然要求，也是全省深度融入京津冀协同发展、补齐区域发展短板、加快建设经济强省、美丽河北的现实需要。

一、县域经济高质量发展内涵

在新的发展阶段，高质量发展是县域经济发展的必然选择，县域经济高质量发展应具有新的时代特征。

（一）从规模速度向质量效益转变

进入高质量发展阶段，县域经济发展要告别过去过度注重数量、规模、速度和片面追求经济效益增长的粗放式发展模式，转而追求质量和效益的全面提升，在保持经济稳定增长的前提下，由过度依赖投资转向投资与消费并重，更加注重产业结构的优化和综合效益的提高。从近十年来全国各省份县域经济发展进程来看，随着新型城镇化建设撤县设区的推进，县域经济增长速度相对城市经济明显放缓，占生产总值比重呈下降趋势。由此可见，从省、市级层面来看，县域经济发展的规模和速度已经不能用来衡量一个省、市县域经济发展的优劣，而是要按照新发展理念和高质量发展要求从县域经济本身的质量效益来衡量县域经济发展。从质量效益的角度来看，县域经济高质量发展，意味着更加合理的产业结构、更加有效的经营管理模式及更可持续的发展方式。

（二）创新成为县域经济新引擎

创新是引领发展的第一动力，是壮大县域经济的重要途径。县域经济高质量发展的重要体现之一，就是从要素驱动向创新驱动的转变。让创新成为发展的新引擎，不仅更加注重科技进步和创新在发展中的作用，体现在科学技术的进步、产业的更新换代，更体现在思维方式的转变、政策制度的突破，以及创新人才等资源的储备等各个方面。一个县（市）如果能够依托现有资源和区位条件，推动"无中生有、有中生新"，在生产方式、发展模式等方面实现新的突破，就具备了创新发展的能力，就代表着高质量发展的基本特征。

（三）协调引领县域经济主基调

县域经济是城市经济和农村经济的综合体，是一个完整的经济体系，同时也与周边其他县域有着千丝万缕的联系。因此，县域经济的协调发展包括内部协调和外部协调。从内部协调来看，县域经济的高质量发展，意味着城乡统筹一体化发展：一方面，新型城镇化建设加快，能够为县域经济发展带来巨大的投资需求、消费需求以及强大的人口、资本等资源要素聚集效应，为县域经济发展注入强劲动力；另一方面，乡村振兴能够全面激发乡村发展动力，同时促进城乡要素、资源、产业等方面的深度融合，不断提高城乡基本公共服务均等化水平，为县域经济高质量发展奠定坚实基础。从外部协调来看，县域经济的高质量发展，意味着县域合作加强，产业发展梯度有序，各县之间能够扬长避短、优势互补、差距逐步缩小。

（四）绿色奠定县域经济新底色

绿色发展是县域经济高质量发展的底色，也是底线。习近平总书记多次强调，要深入贯彻"绿水青山就是金山银山"的理念，走一条生态和经济协调发展、人与自然和谐共生之路。从可持续发展的角度来看，县域经济高质量发展，意味着更加注重生态保护和资源可持续利用，"高投入、高消耗、高污染"的生产模式将难以为继，落后产能、散乱污等企业将逐步淘汰，传统产业将通过技术改造实现超低排放、绿色生产，产业结构和生产方式以科技含量高、资源消耗低、污染环境少的高新技术产业和循环经济为主。同时，城乡生态环境逐步改善，大气、水、土壤等环境污染得到有效治理，实现天蓝、地绿、水清的生态环境。

（五）开放凝聚县域经济新动力

在以国内大循环为主体、国内国际双循环相互促进的新发展格局下，开放对县域经济的引领作用更加突出，开放的格局能够使一个县（市）站得更高、看得更远，能够用更宽阔的视野和高度来谋篇布局，打造更高层次的发展平台，集聚更高水平的生产要素，推进更高质量的生产和发展。因此，从开放的角度来看，县域经济高质量发展，意味着开放的发展战略和开放的发展平台，政策上开放包容、灵活不死板，让市场"法无禁止即可为"，充分发挥市场的主动性和创造性；以开发区为主的开放平台能够充分发挥聚集作用，以更优的营商环境吸引国内外先进生产要素持续落地，为县域经济高质量发展提供重要支撑。

（六）共享成就县域经济新未来

高质量发展的根本目的是满足人民群众对美好生活的向往，不断提高人民群众的获得感、幸福感、安全感和满意度。因此，从共享的角度来看，县域经济高质量发展，意味着通过经济实力的提升带动城乡居民生活水平的提升，促进城乡居民实现充分就业，收入水平大幅增加，水电路气讯等基础设施逐步完善，人们生活出行更加便利，医疗、教育、文化、体育等公共服务水平逐步提高，人们能够最大程度享受经济发展红利。

二、县域经济高质量发展的影响因素

由于各县资源条件和发展基础千差万别，每个县（市）高质量发展也有显著的差异性，影响县域经济高质量发展的因素较多。

（一）行政区划和地理位置

不同县（市）位于不同的地理位置，受不同的发展政策制约和影响。例如，北京周边的县（市）在发展过程中更多地考虑为首都服务的因素，要为北京提供安全的政治和生态环境，做好首都"护城河"。地理位置的不同在一定程度上也影响着一个县（市）的交通等基础设施和公共服务水平，山区县在这方面大多不如平原县（市）发展条件好。

（二）自然资源和历史文化

矿产、土地、山水等自然资源及历史文化对一个县（市）的发展会产生深远影响。矿产资源丰富的县（市）一般会经历因矿而兴也因矿而衰的过程，因此对矿产资源的合理科学地开发利用对县域经济的发展至关重要。土地资源的多少和土地性质会直接影响产业项目用地需求是否能够满足。山水等自然环境及历史文化的保护和开发利用则关系到当地旅游产业的发展。

（三）产业结构

一般来说，工业是县域经济发展的主导力量，工业经济发展越好的县，经济实力越强。产业现代化水平越高，经济效益越高。按照高质量发展要求，县域产业结构调整非常重要，战略性新兴产业、高新技术产业是县域产业发展重点，同时传统产业的升级改造也是高质量发展的重要体现。

（四）创新能力

县域的创新能力不仅是科技创新，还包括思想观念创新、制度创新等各个方面。科技创新涉及企业生产设计、包装运输、资源使用等各个方面，科技创新水平提高，可以实现资源的节约利用、生产效率的提高和产品附加值的增加，对本地经济产生直接的影响。思想观念的创新和制度的创新则会从发展战略、发展方向以及政策制定等重大方面影响整个县（市）经济发展路径。开放、包容、灵活的发展思路有利于充分调动县域资源，促进要素流动、增强发展活力。

（五）城镇化水平

较高的城镇化水平，往往代表着较高的基础设施和公共服务水平，这是吸引企业、凝聚人才的重要条件。只有生产所具备的人才、资金等生产要素愿意落户，县域经济才有了良好发展的基础。县域经济发展中，县城的带动引领作用非常重要，它是县域经济发展的龙头，县城的综合承载能力越强，越能吸引更多的人才、资金、项目等生产要素聚集，产生庞大的规模效应后，还可以向周边地区辐射，带动更大范围的快速发展。

（六）发展环境

从软环境来看，企业的营商环境对一个地区发展至关重要。对于企业而言，时间就是金钱，如果审批、备案等行政手续繁杂、耗时较多，则会直接影响企业项目落户意愿。同时招商引资政策和措施也会成为企业落户的重要影响因素，对企业的优惠政策越多，帮扶力度越大，越可能吸引更多更优质的项目。从硬环境来看，一个地方的交通是否便利，市政设施能否满足生产生活需要等，都是影响生产要素是否落地的重要因素。此外，随着高质量发展要求和人们对更高质量生活的要求的转变，生态环境也成为一个地区是否具有吸引力的重要因素。

三、河北省县域经济高质量发展现状

近年来，河北省高度重视县域经济发展，把县域经济高质量发展纳入全省高质量发展大局统筹谋划和安排部署，制定了一系列重大政策，实施了一系列重大举措，全省县域经济高质量发展取得了明显成效。县域成为全省经济社会发展的主阵地。

（一）基本情况

截至 2022 年底，全省共 118 个县（市），包含县级市 21 个、县 91 个、自治县 6 个，县域总面积 15.94 万平方公里、常住人口 4820.86 万人，分别占全省的 84.4% 和 64.7%。2022 年全省县域经济总量达 2.3 万亿元、占全省比重为 55.4%，增速 3.9%，高于全省 0.1 个百分点。其中，第一产业增加值 3622.3 亿元，同比增长 4.4%，对经济增长的贡献率为 17.8%；第二产业增加值 9293.0 亿元，同比增长 4.4%，对经济增长的贡献率为 41.4%；第三产业增加值 10538.3 亿元，同比增长 3.4%，对经济增长的贡献率为 40.8%。118 个县（市）中 GDP 超百亿元的 92 个、占比 78%，其中超 200 亿元的县（市）35 个，迁安市突破千亿元大关，达到 1281.1 亿元。一般公共预算收入 1547.1 亿元，其中超 10 亿元的县（市）55 个，迁安、正定、三河 3 个县（市）超 50 亿元。

（二）产业发展情况

全省特色产业集群总数达到 291 个，实现县域全覆盖，其中省级重点产业集群 107 个，打造了南和宠物食品、固安电子信息、香河家具、安平丝网等一批有影响力的特色产业集群。绿色化智能化转型不断加快，43 家集群企业获评国家级绿色工厂。省级重点特色产业集群两化融合高于全省平均水平。品牌影响力持续提升，全省培育创建特色产业名县名镇 90 个，发布特色产业指数 14 个，培育中国驰名商标、国家地理标志产品等 295 项。11 个集群产品国内市场占有率超 50%，滦南钢锹、安平丝网、河间再制造等产业集群国内市场占有率超 80%，市场占有率和话语权得到大幅度提升。印发《河北省县域特色产业集群"领跑者"企业培育行动方案》，实施企业上市、科技赋能、产业升级、强链补链、金融助力、冀有特色六大行动，认定并授牌了首批 137 家集群"领跑者"企业。

（三）创新发展情况

河北省实施了县域创新跃升计划，建立了县域科技创新监测评价制度和竞争机制，支持各县（市）完善科技服务体系，加大科技创新投入，建设产业共性创新平台。各县（市）对科技创新的重视逐步提高，科技投入逐步增加，大部分县（市）科技投入超过1000万元，其中，固安县、定州市和大厂回族自治县科技投入超过1亿元。正定县、固安县通过科技部创新型县（市）验收。在2022年度全国科技创新百强县市中，河北省迁安、辛集、任丘、武安、香河、滦州、定州等7县（市）上榜，分别位居第20、第42、第76、第78、第85、第87和第89名。

（四）协调发展情况

全省各县（市）国土空间总体规划均已完成，城乡建设进入新的发展阶段。市政基础设施不断完善。2022年，全省新增城市公共停车位23.1万个，其中县级完成新增11.5万个；17座生活垃圾焚烧厂建成，126座生活垃圾填埋场全部完成治理任务。居住社区品质加快提升，老旧小区改造、棚户区改造、城中村改造安置房建设持续推进。县城环境容貌持续优化，在全省城市和县城深入实施绿化、亮化、净化、美化工程，新建成口袋公园1049个；建设改造亮化节点501个，城区道路装灯覆盖率达到100%，城区主要道路水洗机扫能力实现全覆盖。乡村振兴战略深入实施，省市县乡村同向发力，问题厕所排查整改清仓见底。各县（市）城镇化率逐步提高，其中，三河市和香河县城镇化率分别达到70%以上，城镇化率在50%~70%的县（市）达到50个。2022年新型城镇化质量百强县中，河北省迁安（第9名）、辛集（第55名）、任丘（第60名）、香河（第86名）、涉县（第87名）、定州（第92名）、滦州（第94名）等7个县（市）上榜。

（五）绿色发展情况

近年来，河北加强生态环境治理，认真践行"绿水青山就是金山银山"理念，大力实施太行山燕山绿化、坝上地区植树造林和草原生态修复、雄安新区千年秀林和雄安绿博园建设、白洋淀上游规模化林场等重点工程，着力推进"森林城市"创建，推动52个县（市、区）积极创建国家级森林城市，102个县（市、区）创建省级森林城市[①]。印发了《河北省城市及县（市、区）环境空气质量通报排名和奖惩问责办法》，以空气质量综合指数和PM2.5平均浓度为基础，建立了对所有县（市）的月度考评体系，督促各地严格落实大气环境管理属地责任，大气、水、土壤污染防治和生态环境修复深入推进，县域生态品质和环境质量显著提升，截至

---

① 资料来源：河北省相关厅局提供。

2022 年底，全省所有设区市全部退出全国重点城市空气质量排名"后十"，PM2.5 年均浓度持续下降，河流水质持续改善，固体废物处置能力逐步提升，土壤生态环境得到有效保护。2022 年绿色发展百强县中，河北省迁安（第 36 名）、香河（第 64 名）、定州（第 75 名）、任丘（第 76 名）、辛集（第 79 名）、固安（第 81 名）、乐亭（第 87 名）等 7 县（市）上榜。

（六）开放发展情况

开发区作为县域产业发展、开放合作及创新创业的重要平台和载体，是县域经济发展高地，在聚集龙头企业和利用外资等方面发挥了重要作用。辛集皮革产业园、高碑店门窗产业园、清河羊绒产业园、安平丝网产业园等依托本地特色产业集群，逐步实现产城有效融合发展。随着国家"一带一路"倡议的实施，县域对外拓展国际市场能力不断增强，对外开放水平整体提升，辛集皮革、安国中药材、安平丝网、高阳毛巾、清河羊绒等一些县（市）特色产业在国际市场占有份额日益增多，出口产品结构和质量不断提升，如安平丝网的高技术产品出口份额占到外贸出口总额的 40%。

（七）共享发展情况

随着县域经济的持续发展，县域人民生活水平也显著提高，城乡居民人均可支配收入持续增加，2022 年河北城镇居民人均可支配收入为 41278 元，同比增长 3.7%；农村居民人均可支配收入 19364 元，增长 6.5%。城乡居民收入比由 2021 年的 2.189∶1 缩小为 2.132∶1，城乡收入差距缩小。县域教育医疗水平持续提升，受教育程度普遍提高，医疗卫生体系更加完善，就医条件持续改善。社会保障扩面提质，建立了统一的城乡居民基本医疗保险制度，最低生活保障制度不断健全，农村低保平均标准达到 6141 元/年。实施了一批老旧小区、城中村、农村危房改造等工程，城乡居住条件得到改善，文化娱乐生活更加丰富多彩，民生福祉不断增强。

四、河北省县域经济高质量发展存在的主要问题

（一）整体实力和竞争力不高

河北的县域经济发展特色突出，高质量发展有了很好的基础，但受行政区划、

地理位置、资源禀赋、经济基础等因素影响，河北省经济强县少、弱县多，大部分县（市）处于相对落后水平，进入全国百强县数量较少。根据2022年赛迪顾问县域经济研究中心发布的百强县榜单，江苏、浙江、山东百强县表现出强省强县特征，分别占25席、18席和13席，与上年进入百强县名单数量持平，百强县前10名中江苏省独占6席，并包揽前4位。河北省仅有迁安1市上榜，位列第39名，百强县数量较上年减少1个。

（二）区域发展不平衡不充分

县域经济高质量发展要求不断缩小区域差距，促进区域协调可持续发展。在河北省内部，经济强县和弱县还存在较大差距，区域发展不平衡不充分问题较为突出。整体来看，河北省县域经济强县主要分布在环京津和沿海地区，或拥有良好的区位优势，成为京津辐射带动和生产要素聚集的首选地；或具有良好的产业基础，同时抓住了京津冀协同发展、"一带一路"建设等重大国家机遇，实现了持续稳定的发展。落后县则主要分布在燕山—太行山区、坝上地区和黑龙港流域，这些地区县（市）大部分属于相对贫困地区、革命老区、资源枯竭型地区、老工业城市和生态退化地区等特殊类型地区，由于历史原因在发展中面临着特殊困难，是县域经济发展的短板，也是全省区域发展不平衡不充分不协调的集中体现，经济发展水平、基本公共服务水平、对外开放水平、市场化水平较低，人才、技术和资金等优质生产要素长期处于流失和缺乏状态，极大地制约着自我发展能力的培育。

（三）产业发展质量和效益不高

1. 产业结构不优

河北县域经济大多以传统产业为主，第一产业占比较高，2022年全省县域三次产业结构为15.5∶39.6∶44.9。有的县（市）第一产业比重高达40%以上，与第二、第三产业相比，第一产业经济效益明显不高，对县域经济拉动作用有限，产业转型升级的任务艰巨。工业产业结构依然偏重，资源消耗大，环境代价高，传统重化工业产值和高能耗产业占规上工业的比重依然偏高；多数产业处于价值链中低端，发展质量和效益偏低，规模以上工业企业营业收入利润率低于全国平均水平；新兴产业培育难度大，结构调整任务艰巨；一些县（市）产业单一，受经济下行和疫情双重影响，增长乏力，特别是外贸依赖性较大的企业，面对经济发展中的不稳定不确定因素增多，工业产品市场需求大幅下降，企业库存量增大，产品出口的风险及成本显著上升，导致工业生产持续低迷。第三产业发展缓慢，生产性服务业总体缺乏，生活性服务业水平不高，新兴服务业仍处于起步阶段，不稳定性较大。

2. 特色产业集群基础薄弱

107 个省级重点县域特色产业集群，是河北解决县多县小问题、培育壮大县域经济的重要基础。河北省虽然特色产业集群众多，有些也形成了一定的规模和影响力，但是大部分县域特色产业仍然是以传统产业为主，以中小企业为主，经营分散，实力较弱，缺少位于产业链中高端的大企业、好企业。2022 年全省 280 个县域产业集群平均营业收入仅 84 亿元，超百亿元集群只有 76 个。大部分企业产品科技含量低，采矿、钢铁、玻璃、陶瓷、家具、箱包、管件、建材等初级产品加工和中低端产品较多，同质化现象严重，存在同业恶性竞争，抵御市场风险的能力较低；特色产业集群存在群体大、单体小等问题，龙头企业少，带动作用不明显，集群效应尚未充分释放。

3. 项目投资水平不高

增强县域经济支撑力，既要抓产业项目，也要抓基础设施建设。项目建设是县域经济发展的最大抓手和强劲引擎，投资体量大、产业带动能力强、综合效益好的重大产业项目是经济效益的动力源泉，没有项目建设，县域经济发展则无从说起。受各方面因素影响，企业投资意愿降低，投资决策趋于保守，新开工项目有所减少，企业投资项目大多体量不大，投资额较小，大项目、创新型项目相对较少，部分在建项目工程建设迟缓，加之用工成本增加，市场需求不足，融资难度进一步加大，项目投入产出率不高，经营效益总体下滑。

4. 民营经济抵御市场风险能力较弱

县域民营经济中小企业偏多，主要依赖低工资成本、低环境成本、低资源成本竞争和个体分散竞争，对人才、资金等创新要素的引入困难，研发投入不足，企业自主创新水平较低。中小企业大多没有建立现代企业管理制度，管理水平不高，一些企业缺少长远发展的战略眼光和思路，只做生产，不做品牌；重技术设备，不重人才培养；重短期利益，缺乏可持续发展能力，面对企业转型和资源环境压力，出现困惑和迷茫，缺乏应对举措，抵御市场风险能力不足。

5. 科技创新人才缺乏、动力不足

河北县域人才资源总量不足，高层次人才聚集程度不高，人才待遇较低，高端

人才严重外流，难以吸引外来优秀人才，处于人才洼地的不利地位。科研教育机构少，科研投入低，科技创新能力弱，研究与试验发展经费投入强度低于全国0.8个百分点，每万人口发明专利拥有量只有全国平均水平的28.7%。高新技术产业、战略性新兴产业虽增速较快，但规模和比重偏小，高新技术产业增加值占规模以上工业增加值比重只有19.5%，短期内难以弥补传统动力的衰减，新动能尚未形成强大支撑，新旧动能转换亟须加力。

（四）城乡融合发展水平不高

1. 以县城为载体的城镇化建设不足

县城是县域经济发展的龙头，对整个县域经济发展具有重要的辐射带动作用。河北省县域城市大多规模小，城镇化水平低，县城多为Ⅱ型小城市，目前主城区人口超过20万人的Ⅰ型小城市有17个，达到50万人以上的中等城市只有定州和任丘2个。县城建设和管理水平较低，"脏乱差"问题在一定程度存在，商务中心、高端酒店等配套设施不够完善，教育、医疗、文化等公共服务水平有待提升，综合承载能力较弱，产业聚集度和产业层级不高，吸引投资能力不强，产城融合互动发展格局尚未形成，对县域辐射带动作用不够明显。城市承载力和吸引力不强，成为制约县域经济发展的主要瓶颈之一。

2. 农村发展和居民生活水平不高

农村是县域经济发展的短板，农业生产虽然正在向规模化、机械化、现代化迈进，但总体来看粮食生产成本不断增加，生产效益持续下降；河北省水资源匮乏，地表水严重不足，资源环境对农业发展的约束更加明显；农业基础设施不完善，高标准农田占耕地总面积的比重较低，全省1000多万亩耕地没有排灌设施，干旱、洪涝等灾害天气对农业生产仍有重大影响；农产品精深加工不足，附加值较低；乡村工业以传统低端产品为主，受土地和环境制约较大，转型升级压力大、动力不足；乡村服务业多以个体工商户形式经营，规模小，经营分散，现代化水平不高。

农村地区生活水平整体相对较低，经营环境较差。交通路网不畅，不仅影响农产品上行和工业品下行，也影响农村居民日常出行；供水、供电及仓储物流设施不足，限制了农村经济发展；科教文卫等公共服务不完善，对人才、资金、技术等生产要素的吸引力较弱。城乡差距加速了农村剩余劳动力向城镇转移，农村人口数量减少，高素质职业农民缺乏，农村居民的收入和生活水平与城镇还有较大差距。2022年，河北省农村居民可支配收入19364元，比全国平均水平（20133元）低

769 元，不足城镇居民（41278 元）的 1/2；农村居民平均每百户拥有家庭汽车数为40.79 辆（2020 年数据），比城镇少 12.94 辆，计算机、空调、热水器、排油烟机等代表较高生活水平的家用耐用品数量也与城镇居民有较大差距。

（五）发展环境有待进一步改善

1. 营商环境不优

河北省的营商环境整体来看还是县域经济发展的主要短板，市场主体的满意度和获得感不高。有些政策可操作性不强，无法解决实际问题，有些政策由于公开渠道不畅，宣传不到位，市场知晓度不高，影响了政策红利的效应；有些部门执行力度不够，主动服务意识不强，个别政府部门领导和工作人员形式主义、官僚主义仍然突出，行政效能和服务质量亟须提高。例如，有的县（市）在环保执法领域还存在"一刀切"现象，对企业的正常经营产生较大影响；有些县（市）"互联网＋政务服务"建设有待提升，政务部门的互联互通与信息共享不足，办理审批事项还需要多个平台反复录入材料，企业和群众到不同部门办事反复提交材料的现象依然存在。营商环境不优最根本的原因在于思想的不解放和体制机制的不灵活，缺乏创新突破的勇气和胆量，不能以更加开放包容的态度推进经济社会发展。

2. 生态环境质量不高

生态环境优美、经济发展健康可持续是县域经济高质量发展的重要体现。以牺牲生态环境换取经济发展的道路是行不通的。目前河北县域环境污染防治任务依然艰巨，污染物排放总量依然处于高位，资源环境承载能力已经达到或接近上限，生态退化依然严重，大量生态空间被挤占，优质生态产品供给能力不足。虽然近几年河北加大了对高污染高排放企业的治理，生态环境有所好转，但以钢铁、煤炭为主的传统产业能耗相对较大，产业结构调整与环境治理的矛盾短期内难以有效解决。

3. 基础设施不完善

基础设施是撬动经济发展的有力杠杆，是县域经济的重要物质基础，支撑着现实的发展，体现着未来发展的后劲。经济发达县（市）一定有着良好的交通、市政、环保、水利、能源、通信及公共服务等基础设施，能够承载强大的人口、环境、产业发展需求。河北省大部分县（市）财力较弱，基础设施和公共服务投入严重不足，逐步形成了"投入不足—基础设施和公共服务不完善—缺乏要素吸引力—经济增长缓慢—财政收入不高—投入持续不足"的恶性循环，严重制约了县域经济的健康快速发展。特别是县域公路交通的通达水平较低，公路网密度与发达省市有一定差距，作为县域间更直接、更有效的主要运输方式，交通对县域经济发展的支撑力相对较弱。

五、河北省县域经济高质量发展对策建议

（一）坚持创新发展，增强县域经济内生动力

县域经济进入高质量发展阶段，旧发展动能已经难以为继，创新成为县域经济高质量发展的最强大动力，只有加快新旧动能转换，构建以创新为引领的现代化产业体系，形成以新动能为主导的高质量经济发展格局，才能真正摆脱传统粗放发展模式，从消耗资源型、环境污染型向节约集约型、绿色发展型转变，从规模速度向质量效益转变。

1. 推动模式创新，突出特色发展

充分发挥众多特色产业集群的优势，遵循发展规律，根据新时期高质量发展的新要求，坚持产业特色化、特色产业化发展，争取在产业集群发展、创新发展等方面实现新突破。立足于各县（市）特色主导产业，着力延链补链强链，打造更具竞争力、带动力的产业链。按照"企业集聚、项目集中、产业集群、用地集约"原则，围绕特色产业集聚发展，建设专业化、特色化园区，加快形成规模体量大、专业化程度高、延伸配套性好、支撑带动力强的县域特色产业基地。把项目建设作为加快县域经济发展的重要载体和有力支撑，做大一批产业化龙头项目；抓住京津冀协同发展、雄安新区规划建设等重大机遇，谋划建设一批与本地特色产业相关的"建链、延链、补链、强链"重大项目。充分发挥民营企业主体作用，支持民营企业转型升级。推动信息化与产业化深度融合，将互联网、大数据、人工智能等现代信息技术充分融入特色产业生产设计、技术研发、产品销售等各个环节，变革原有生产模式，重塑产业链、供应链和价值链，推动产品从设计制造到回收再利用全生命周期的高效化和优质化。开展产业集群智能化试点示范，以箱包、丝网、羊绒、自行车、家具、纺织服装、灰铸铁炊具、毛皮皮革等本地特色产业为切入点，开展智能制造专家诊断，推进企业上云，示范推广一批智能工厂和数字化车间，培育一批智能制造、工业互联网、服务型制造等数字经济典型企业。推动县域数字经济发展，抓住河北发展数字经济的新机遇，加强县域新一代信息基础设施建设，支持电

信运营、制造、IT 等行业龙头企业在县域布局，以三河燕郊、固安京南、张北等园区为重点，打造一批特色鲜明的县域数字经济重点园区。

2. 鼓励技术创新，增强发展动能

从省级层面，积极推动以高新区为主的创新平台建设，引导创新要素与县域经济发展实际相结合，鼓励高端科技人才和科技成果在县域应用；实施创新机构倍增计划、县域科技创新能力提升计划等，对取得突出成效的县（市）给予物质和政策奖励；开展"专精特新"中小企业培育行动，鼓励企业自主创新，引导企业加大科研投入，大力发展科技型中小企业；建立县域科技创新引导基金，为企业科技创新活动提供金融服务。从各县（市）层面，要结合本地实际，加强与科研机构、高等院校合作，柔性引进专业技术人才，组建技术中心、研发中心，增强自主创新能力；建立以企业为主体、以特色产业为依托、以市场为导向，"政、产、学、研、金"相结合的技术创新和科技成果转化体制，积极建设研发中心、重点实验室、工程技术研究中心等创新平台；在全县（市）营造重视创新、尊重创新的良好环境，对重大科技创新成果、科技创新带头人予以奖励。全面推动京津冀协同创新，积极吸引京津的人才、资金等创新要素向县域聚集，加强与京津雄科研机构的合作，争取更多的科研成果在河北各县（市）转化。鼓励河北各县（市）企业与京津知名院校开展联合创新，充分利用河北省现有高等院校和职业院校优势，加强本地企业与本地院校开展有针对性的创新合作及创新人才培养。

（二）坚持协调发展，缩小县域城乡差距

城乡面貌是县域综合实力的展示窗口，城乡建设是拉动县域经济高质量发展的重要引擎。走城乡融合发展之路是一项立足当前、着眼长远的重大战略决策，也是提高县域经济发展质量的重要途径。要紧紧抓住新型城镇化和乡村振兴等重大战略机遇，建立城乡融合的体制机制和发展体系，打造县域城乡发展新格局。

1. 增强县城城市功能

拓展城市发展空间，坚定不移实施"小县大县城"战略，以建设繁荣宜居的现代化中小城市为目标，因地制宜，科学规划，统筹推进，完善路网建设，加快旧城改造，拉大城市框架，形成片区式、网络式城镇格局，提高县城在产业聚集、人口流入、公共服务等领域的承载能力。提升县城建设品质，围绕县城面貌改善，加大县城建设力度。优化空间布局，加快县城交通、供热、综合管廊、供水安全、防洪

排污、垃圾收运处理、城市生态绿化等市政基础设施建设，有条件的县（市）高标准规划建设智慧城市、海绵城市、绿色城市。健全和完善公共设施配置，统筹布局建设中小学、幼儿园、医院及养老、文化、体育、便民市场等公共服务设施，逐步提升城市功能。改善县城环境，以生态园林城市为目标，加快城市生态建设，打造生态宜居宜业的品质城市。提升城市管理水平，实施城市精细化管理，重塑街区生态，开展示范街道、社区创建，打造样板工程；开展"15分钟社区服务圈"建设，优化便民商业网点布局，规范城区摊点、市场，倡导各类服务业品牌化、连锁化发展；加快"智慧城市"建设，实施智慧政务、智慧交通、智慧医疗、智慧社区、智慧防灾、智慧人防等示范工程，提升城市管理智慧化水平。推进产城教融合，不断优化产业园区与城市新区、科教功能区的空间布局，妥善处理居民就业、居住、生活、教育之间的关系，引导产业、资本、人口等要素向县城聚集。

2. 培育壮大特色小镇和特色小城镇

推动特色小镇高质量发展。按照新发展理念，本着产业发展"特而精"、功能集成"聚而合"、建设形态"小而美"、运作机制"活而新"的特点，结合各县（市）交通区位、产业特色、自然和人文资源，挖掘文化底蕴，谋划、培育、创建一批特色小镇，打造县域经济增长新高地、产业升级新载体、城乡统筹新平台，促进城乡融合发展。突出重点镇建设，优化行政区划设置，有序推进"撤乡设镇"，推动乡镇升级，重点推动燕郊、白沟等经济发达镇行政管理体制改革扩面提质增效。依托各镇生态、旅游、文化资源和产业基础，积极培育具有发展潜力、产业集群基础、非农就业比重高的小城镇作为重点镇，拓展镇区功能，加快镇区交通道路、广场公园、特色标识等基础设施建设，打造一批特色突出、功能强大的集成型服务中心或聚集区。

3. 加快推进乡村振兴

做优做强现代农业，着力发展特色农业、科技农业、品牌农业、质量农业、绿色农业，切实提升农业质量效益；大中城市周边县（市）要积极发展都市农业、休闲农业，推动一二三产业融合发展；要更加注重农业园区建设，充分利用各种惠农政策，合理利用各类农业资源，积极推动农业特色小镇和田园综合体建设。提升乡村建设水平，把乡村建设摆在城乡融合发展的重要位置，充分借鉴城镇生活体系，以交通便利、生态优美、乡风文明、生活富裕的现代化新农村为目标，加强农村基础设施建设，推进农村人居环境整治，提升乡村治理能力，推进公共服务向农村延伸、农民生活水平向城镇靠拢。增强农村发展活力，持续深化农村重点领域改革，完善农村基本经营制度，加快培育新型农业经营主体；创新集体建设用地和宅基地制度，推进集体产权制度改革，逐步壮大集体经济。着力推动乡村人才振兴，完善人才引进政策，广聚社会各类人才服务乡村振兴。鼓励社会资本向乡村流动，以满足高质量发展对资本的需求。

（三）坚持绿色发展，增强县域发展可持续性

绿水青山就是金山银山，绿色发展不仅是县域经济高质量发展的客观要求，而且正在成为县域经济发展的后发优势，绿色产业将成为新的产业模式和新的经济增长点。县域经济高质量发展就是要统筹好保护与发展的关系，加快生产方式绿色转型、推进生态环境深度治理，实现健康可持续发展。

1. 着力推动绿色生产

全面推行绿色化改造，将绿色生产、绿色供应链、绿色循环利用等理念贯穿于产业发展的全生命周期，打造更清洁的工厂、更环保的企业、更绿色的产业和产品。持续开展"万企转型"行动，创建绿色标杆企业，引导企业向智能化、绿色化、高质量发展，加快推进传统产业向中高端产业跃升。实施绿色制造工程，推动能源利用低碳化、生产过程清洁化、资源利用循环化，加快绿色供应链管理、绿色产品生产和绿色园区、绿色工厂建设。鼓励企业实施关键环节技术改造，降低污染物排放和能源消耗，支持企业技术创新能力建设，加快掌握重大关键核心技术，形成一批节能环保产品品牌和节能环保龙头企业。开展节能环保技术咨询、绿色集成创新、计量标准检测、绿色供应链平台搭建等服务，推行节能环保整体解决方案，组建一批高水平、专业化节能环保服务公司。

2. 切实加强生态保护

把绿色发展作为县域高质量发展和现代化建设的必由之路，以环境改善促进经济高质量发展，以稳定发展增强生态建设和环境保护能力，让人民群众享有更多的绿色福利。大力推进县域生态文明建设，立足全省首都水源涵养功能区和京津冀生态环境支撑区定位，突出精准治污、科学治污、依法治污，坚决打赢蓝天、碧水、净土保卫战，持续推进国土绿化攻坚，着力推进"森林城市"创建，推动环境质量持续改善，创造天蓝地绿水秀的美丽环境，为县域招商引资引智、居民健康生活奠定良好基础。完善生态环境管理制度，严格生态空间管控和环境污染治理，积极推进生态环境执法改革，优化生态环境保护综合执法队伍结构，强化

生态环境监管职责。加大各级财政投入力度，逐步建立常态化、稳定的财政资金投入机制。

（四）坚持改革开放，增强县域经济发展活力

改革开放是推动县域经济创新发展的动力源，是解决县域经济社会发展短板和难题的关键。要通过不断深化改革，逐步破解阻碍高质量发展的制度性障碍，用包容开放的态度积极吸引各种高端要素集聚，为县域经济高质量发展凝聚力量。

1. 持续优化营商环境

把优化营商环境作为推动县域经济高质量发展的"头号工程"，持续深化"放管服""互联网＋政务服务"及行政审批"一窗受理"改革，大力推行网上审批和服务，加快实现一网通办，现场办理事项全部实现"一窗受理、限时办结""最多跑一次"，着力打造透明高效的政务环境。把"三创四建"活动细化落实到具体行动，切实提高行政服务质量，打造"亲""清"新型政商关系。加快社会信用体系建设，一方面倡导企业诚信经营，维护市场公平竞争；另一方面加强政府诚信建设，提升政府公信力，形成全社会守法守规守信守诺的良好氛围。着力推动综合行政执法改革，规范综合行政执法队伍人员管理，为企业生产、经营、运输、销售等提供配套的综合执法保障，减少交叉重叠、过度执法，维护市场稳定。

2. 推进更高水平对外开放

积极融入以国内大循环为主体、国际国内双循环相互促进的新发展格局，充分利用国际国内两个市场、两种资源，打造开放型县域经济。发挥县域外贸优势，实施外贸企业培育工程，推动优势企业建立境外生产加工基地；充分利用河北开往"一带一路"的"轨道丝路"，加强沿线国家贸易往来，拓展县域经济国际贸易领域。以中国（河北）自由贸易试验区建设为契机，在发展航空服务业和航运服务业、开展国际大宗商品贸易等方面探索扩大开放的新路径。强化招商引资，学习苏浙鲁招商引资方式，实施精准招商，依托县域特色产业平台，积极举办相关商品博览会，引进一批科技含量和投资强度高的大项目好项目。鼓励各县（市）之间加强合作，建立长效共建共享共赢机制，实现组团式发展。尤其是推进各县（市）在对接京津、对接雄安中坚持合作共赢的原则，避免恶性竞争和盲目攀比，既要加强省市层面的统筹协调，又要结合各县（市）自身优势实现错位对接、共同发展。

（五）坚持共建共享，增强县域经济发展吸引力

共建共享是县域经济高质量发展的根本要求。将高质量发展成果更多惠及广大人民群众，必须补齐基础设施和公共服务短板，为企业生产和居民生活提供良好的发展环境。

1. 着力改善县域基础设施

围绕县域产业发展、城乡建设等基本需求，按照适度超前、系统谋划的原则，加快以交通、能源、水利、通信等为重点的基础设施建设。以公路交通为重点，着力推进连通重要节点公路建设，基本形成安全、便捷、高效、绿色的现代综合交通运输体系；优化县域内部骨干路网，提高县城与所辖乡镇之间路网连通水平，扎实做好"四好农村路"建设，加快推进农村公路品质提升，推动普通干线公路实现"连县、连重点镇、通园区、通景区"，农村公路实现"外通内联、通村畅乡、客车到村、安全便捷"；推进城乡客运服务一体化，有条件的市县实施农村客运班线公交化改造，发展镇村公交，提升农村客运班线通达广度和深度。以新能源和可再生能源为重点，加快天然气管网建设，完善城市电动汽车充电桩，加快农村电网改造升级等，进一步优化能源供应保障体系。进一步完善水利基础设施，加快重点河流治理，开展农田水利设施改造提升，设施罐区节水改造、田间渠系配套等工程，逐步实现输水系统的管网化、智能化，提高农田抗御旱涝灾害能力。顺应数字化发展需求，加快通信基础设施建设，统筹推进5G基站建设，全面推进铁塔、杆路、管道、光缆等各项电信基础设施的共建共享。

2. 加快提升县域公共服务水平

加快推进城乡基本公共服务均等化，着力于缩小城乡公共服务差距，坚持农业农村优先发展，推动以政府为主导的公共服务各项事业向农村倾斜，进一步改善农村教育、卫生条件，满足农村地区就近上学、就近就医更高需求；完善农村就业服务体系，积极推进农村居民就近就业创业和农村劳动力转移就业；加强养老服务体系建设，实施社区和居家养老工程，加大农村养老服务机构建设；加大农村公共文化基础设施建设力度，积极构建城乡统一的现代公共文化服务体系。推进城乡要素合理化配置。一方面完善人口市民化政策，推动在城市工作的农村籍人口在城镇自愿落户，引导农民有序融入城市；另一方面，打开乡门，制定乡村人才引进政策、优化乡村发展环境，吸引更多人才和劳动力服务乡村，推动更多产业项目向乡村倾

斜，为乡村产业发展和乡村振兴注入新动能。

参考文献

［1］范毅，王茹旭，张晓旭．推动县域经济高质量发展的思路与建议［J］．宏观经济管理，2020（9）：60 – 63．

［2］国务院办公厅关于县域创新驱动发展的若干意见［R/OL］．（2023 – 3 – 1）［2017 – 5 – 24］．https：//www. gov. cn/zhengce/content/2017 – 05/24/content_5196268. htm？gs_ws = tsina_636313087627844244．

［3］2020 年河北省政府工作报告［R/OL］．（2023 – 3 – 1）［2020 – 1 – 15］．https：//kjt. hebei. gov. cn/www/xwzx15/ssyw/szyw71/202416/index. html．

［4］牛芳，牛子琪．山西县域创新驱动发展路径探析［J］．三晋基层治理，2021（4）：96 – 101．

［5］宋咏梅．县域经济发展模式探究［J］．经济与管理科学，2021（2）：144 – 145．

［6］宋志敏．开封市县域经济发展的思考［J］．现代营销，2021（10）：152 – 154．

［7］杨波．河南省县域经济发展水平影响因素的实证分析［J］．价格月刊，2008（7）：26 – 27．

［8］张文征．山东省临沂市县域经济发展研究［D］．长春：吉林大学硕士学位论文，2011．

［9］张毅．县域经济的内涵、特征及作用［J］．调研世界，2009（11）：27 – 29．

河北省新时代乡风文明建设研究

【摘要】在全面总结 2018～2022 年河北省第一阶段乡风文明建设成就的基础上，结合农民群众感知度调查，系统分析乡风文明建设存在区域建设水平不均衡、不良文化仍然不同程度存在、文化事业文化产业协同发展态势趋显等阶段性特征，借鉴典型案例经验提出以新时代文明实践活动为助推器开启新时代乡风文明建设新篇章的若干建议，提出要完善服务资源统筹供给机制，丰富乡风文明建设载体；加强志愿者队伍建设，激发乡风文明建设的主体力量；强化组织、人才和资金"三位一体"保障机制，夯实乡风文明建设的外源支持等举措。

一、河北省乡风文明建设成效

（一）河北省乡风文明建设的工作举措

乡村振兴战略提出以来，河北省深入贯彻落实习近平总书记系列重要讲话精神，坚持以培育和践行社会主义核心价值观为根本，以文明实践、文明创建、文明培育为载体，深入实施乡村文明行动，大力弘扬燕赵优秀传统文化，激发乡村文化创新活力，增加农村公共文化产品供给，多措并举推进乡风文明建设。

1. 强化新时代思想道德引领

加强思想道德建设和公共文化载体建设，弘扬和践行社会主义核心价值观，培树农民道德模范，弘扬主旋律和社会正气，农村思想文化阵地得到进一步巩固，农民群众的思想觉悟、道德水准、文明素养得到进一步提升。

（1）加强社会主义核心价值观教育。以社会主义核心价值观为引领正风化人，强化典型引领，突出实践养成，加强制度保障，在广大农村地区积极培养时代新人、弘扬时代新风。出台《河北省文明行为促进条例》，石家庄、唐山、廊坊、沧州、承德、邢台的文明行为促进条例获河北省人大常委会批准实施。推动各地将社会主义核心价值观融入村规民约，使村民能够自觉遵守践行。依托农村社区"妇女之家"，广泛开办如女讲习所，持续宣讲党的理论、河北省委省政府重大工作部署，让党的创新理论落地生根、深入民心。大力普及健康环保知识，发动群众深入开展农村人居环境整治工作，文明行为得到进一步巩固。开展戏曲进乡村、图书馆进乡村、非遗进乡村等活动，用乡土文化培育乡风文明，传播正能量。

（2）巩固思想文化阵地。全力创建文明村镇，截至2022年7月底，全省县级及以上文明村占比达到59.1%，文明乡镇占比达到78%。推动各地广泛建立新时代文明实践中心、所、站，全省已有162个县（市、区）、2089个乡镇（街道）、38802个村（社区）建成中心、所、站，占比分别为100%、92.9%、74.8%。全省纳入统筹使用、延伸设立文明实践点（基地）12936个，其中文化礼堂（含文明实践广场）9476个，博物馆、展览馆等实践基地3460个，全部用于开展新时代文明实践活动。在5个全国试点县建成乡村"复兴少年宫"629所，9个省级试点县建成149所，带动市级及以下试点县建成1100余所，乡村"复兴少年宫"成为加强农村未成年人思想道德建设的可靠"阵地"，中央文明办简报两次刊发河北经验。

（3）强化道德行为规范。推动各地农村普遍建立村规民约、红白理事会、道德评议会，通过"两会一约"遏制不良风气、弘扬新风正气，全省行政村"两会一约"实现全覆盖。广泛开展"十星级文明户"评选表彰和"好婆婆、好媳妇、好儿女"选树活动，强化家庭成员赡养责任，引导群众孝老爱亲、诚实守信、勤劳致富、无私奉献，激发向上向善的动力。鼓励各级各类道德模范、先进典型当好社会治理监督员、百姓身边信息员、党的政策宣传员，引领文明乡风。深化推进以"五美"为标准的美丽庭院示范创建活动，全面激发妇女参与热情，形成"层层宣传发动、政策措施促动、典型示范带动、载体活动推动、家家户户行动"的良好态势。

2. 打造新时代燕赵优秀文化

以满足乡村居民文化需求和增强精神力量为根本目的，继承创新优秀传统文化，弘扬红色文化精神，展现运河文化精髓，推进文化与旅游等其他产业深度融合，用群众喜闻乐见的文化形式激发农民群众奋进精神。

（1）传承创新传统文化。扶持戏曲文化传承保护和发展。创排推出河北梆子《李保国》《甜水湾》、评剧《秋月》《台城星火》、京剧《少年英雄·王二小》等一批优秀戏曲舞台剧目。其中，河北梆子《李保国》荣获第十六届中国文化艺术政府最高奖——"文华大奖"。实施优秀传统剧目复排计划，支持晋剧《打金枝》、评剧《卖妙郎》等10部传统剧目进行整理复排。支持濒危剧种开展戏曲进校园、进乡村等公益性演出，有力推动了濒危戏曲剧种的传承发展。开展《河北省地方戏曲剧种图典》《中国戏曲剧种全集》等编纂工作。实施戏曲人才、杂技人才培养项目，加快推进人才队伍建设。通过举办2018年全国梆子声腔优秀剧目展演、第十一届中国评剧艺术节等大型品牌活动，组织参加戏曲百戏（昆山）盛典等国家级活动，搭建了戏曲艺术交流、推广与发展平台。

积极推进古村落古民居"活"起来。成功创建了阜平骆驼湾顾家台旅游度假区、井陉于家石头村3A级旅游景区、武安朝阳沟4A级旅游景区等乡村旅游区，打造了蔚县暖泉镇西古堡村、沙河市柴关乡王硇村、安新县圈头乡圈头村等乡村旅游重点村，确保了古旧村落的生态价值和经济文化价值共同实现。鼓励指导村庄建设村史馆、乡村博物馆、乡村文化馆等场馆。建设了平山县李家庄村史馆、信都区前南峪村抗大陈列馆、涉县赤岸村八路军一二九师纪念馆、武邑县贾寺院村乡村记忆馆、阜平县下堡村图书馆等，有力拓宽了农村思想道德教育阵地，满足了新时代农民群众多样化的文化和精神需求。

非遗传承与扶贫紧密结合。在石家庄赞皇县、保定曲阳县等10个区域设立非遗助力乡村振兴省级试点，创新推广丰宁"非遗+扶贫"国家试点工作经验，"非遗+扶贫""中国实践、河北案例"得到联合国教科文组织认可。建设非遗扶贫就业工坊359家，创建167个非遗品牌，吸纳2.68万人就业，带动建档立卡贫困人口7128人从业。2020年"河北非遗购物节"有省内46个国家级贫困县、17家非遗扶贫就业工坊、4810种非遗产品参加活动，实现销售额4460余万元，真正让"指尖技艺"变为"指尖经济"。

（2）继承弘扬红色文化。深入挖掘红色文化资源，推出大批弘扬革命精神、传承红色基因的精品力作。组织创排了话剧《塞罕长歌》，被文化和旅游部列为庆祝中国共产党成立100周年艺术精品创作工程"百年百部"重点扶持作品。推出评剧《相期吾少年》《台城星火》、京剧《少年英雄·王二小》《挂云山》、河北梆子《保定红二师》《歌唱祖国》、豫剧《郭隆真》等十余部红色革命主题剧目，讲好党的故事、革命的故事、英雄的故事。

开发红色文化旅游资源，建设全国红色旅游融合发展示范区。依托丰富的红色资源，打造了一批红色旅游小镇、生态旅游小镇、民俗特色小镇、露营休闲小镇、创意田园小镇等，推动红色旅游与民俗旅游、生态旅游、研学旅游相结合。依托平山、阜平、涉县等红色文化资源富集区，打造了平山西柏坡、阜平天生桥、涉县太行红河谷等一批红色生态旅游精品片区。高质量规划建设塞罕坝国家生态旅游创新示范区，打造了塞罕坝森林生态旅游度假区、"两山"理念践行地、国家红色旅游融合发展示范区。

（3）深入挖掘运河文化。组织创作美术作品描摹运河古今，弘扬运河文化精髓。举办"河北美术家大运河采风、写生、创作展"活动，组织省内美术家走进有代表性的大运河地区，开展采风调研，创作出一大批表现运河文化精神的美术作品。经过专家评审，遴选出160余件主题美术作品展览，以美术的方式对大运河的精神内涵进行解读，同时结合运河文化及运河沿线重要非遗项目进行展出，展现了运河文化的丰富多彩。

开展舞台作品创作，展现新时期大运河文化带瑰丽图景。围绕运河主题，先后组织创排完成现代评剧《秋月》《醒狮传奇》《一船明月过沧州》《大运河记忆》等一批优秀杂技作品。2021年，沧州杂技团组织创排的光影情景杂技秀《大运河记忆》，以光影杂技秀的艺术形式，再现九曲运河的历史记忆，列为第十八届中国吴桥国际杂技艺术节闭幕演出剧目。

（4）培育发展特色文化。实施乡村传统工艺振兴计划。一是组织传统工艺项目调查。挖掘整理，收集代表性实物，建立传统工艺项目档案，对具有独特历史意义的濒危传统工艺项目，加快实施抢救性记录。二是建立传统工艺振兴目录。将具备一定传承基础和生产规模、有发展前景、有助于带动就业的传统工艺项目，纳入省级传统工艺振兴目录，实施动态管理，重点支持。认真组织开展了国家级传统工艺振兴目录推荐工作，推荐18个传统工艺项目列入国家传统工艺振兴目录。三是推动各市开展传统工艺振兴。邯郸、秦皇岛、保定、廊坊、定州等5市已经出台本地传统工艺振兴实施方案。廊坊市创建了花丝镶嵌、景泰蓝制作技艺等一批大师工作室，建立了广阳区传统工艺工作站。保定市举办了传统工艺产品创新发展与转化研培交流活动，创建非遗研学旅游体验基地35个，探索"非遗+研学旅游"促进传统工艺产品品牌宣传推广新模式。定州缂丝改进工艺，自主研发微型缂丝机，登上中央电视台《综艺盛典》栏目。

推动文化与旅游等其他产业深度融合创新发展。打造了环首都、燕山、太行山、张承坝上、大运河、冀中南六大乡村旅游片区。持续开展乡村旅游"百村示范、千村创建"行动，三年累计创建45个国家级乡村旅游重点村镇，191个省级乡村旅游重点村镇，有效引领全省乡村旅游品质化、品牌化发展。实施"文化 + 农业"计划，开发休闲农业、健康养生旅游等项目，形成了田园综合体、生态农庄、牧家乐、渔家乐、农家驿站、特色小镇等多样化的乡村旅游产品体系。组织开展全省乡村旅游暨民宿质量提升交流活动、"二路三区"旅游扶贫推介活动，发布旅游扶贫招商项目，推出了一批康养农业、房车营地、艺术公社、精品民宿等乡村旅游新业态产品。打造环首都乡村旅游游憩带，推出了一批石家庄城郊美食采摘游、唐山迁西滨水度假游、衡水亲子音画艺术游等休闲农业乡村旅游精品线路。

3. 激扬新时代乡村文化风采

统筹推进农村公共文化服务体系建设、强化文化惠民项目与农村群众文化对接、组织开展形式多样的群众文化体育活动，推动更多资源服务向农村和农民倾斜，农民群众的新期待不断得到满足，农村文明不断焕发新气象。

（1）加强载体建设。实施公共文化服务领域改革任务攻坚行动，实现了五级公共文化服务全覆盖、保基本、促公平的目标。积极推进村级综合性文化服务中心建设工作，截至 2022 年 6 月，全省共建有村综合性文化服务中心 47154 个，覆盖率为 99.5%。

印发相关制度文件，强化乡村公共文化设施建设制度保障。2021 年，以省政府办公厅名义印发《关于推动公共文化服务高质量发展的实施意见》。2022 年，制定印发《河北省公共文化服务达标提质行动方案（2022—2025 年)》《河北省农村综合性文化服务中心建设 2022 年工作方案》《河北省农村综合性文化服务中心建设"十四五"工作方案》等政策文件，为乡村公共文化设施建设提供了制度保障。

实施贫困地区文化扶贫项目，贫困人口基本公共文化权益得到保障。严格按照"七个一"标准实施项目，共投入资金 2641 万元，建成 206 个村级文化活动室、206 个文化广场、206 个宣传栏及 206 个村配套体育健身设施。10 个深度贫困县每年享受演出补助共 579 万元，每个乡镇每年 3.6 万元，实现每年 6 场入村演出服务目标，深度贫困地区群众共享文化成果和美好生活，获得感幸福感持续增强。

推进公共文化服务数字化建设，促进全民艺术普及。支持全省 45 个脱贫县，开展全民艺术普及、资源建设与数字化服务，印发《关于做好 2021 年公共数字文化建设项目的通知》《关于支持脱贫县全民艺术普及高质量发展的通知》，推动农村地区公共数字文化服务体系建设，使农民群众便捷获取优质数字文化资源，提升农村地区文化生活水平。

（2）增加产品供给。加大资金支持力度支持文化下乡。争取中央资金 11715 万元、省级补助资金 1952.5 万元，支持公共图书馆、文化馆、美术馆和乡镇综合文化站免费开放，争取 2067 万元中央公共文化服务体系建设资金开展"戏曲进乡村"

活动，为丰富乡村公共文化服务提供资金保障。

推进文化惠民，有效拉动乡村文化和旅游消费。深入实施公共文化设施免费开放、文化惠民"七进"演出、贫困地区公共文化服务提档升级等一系列文化惠民工程。每年开展文化惠民"七进"演出2万场以上，惠及群众千万人次以上。结合党史学习教育深入开展"我为群众办实事"，面向城乡居民发放文化惠民卡32万余张、文化惠民券339万余张，惠及群众上千万人次。

组织实施文化、文艺志愿服务下乡演出等文化惠民活动。积极引导各类文化文艺、科技卫生工作志愿者深入乡村，连续4年组织省"心连心"艺术团等文艺院团深入基层农村演出400余场。开展河北青年讲师团、红领巾巡讲团走基层活动，开展宣讲1700场，覆盖约13万人；发布乡村文明新风、倡导移风易俗文章24篇，阅读总量近150万次，让农民群众在欢歌笑语中与快乐相伴、与文明同行。

创作反映乡村振兴实践的优秀文艺作品。组织创排了扶贫题材的话剧《青松岭的好日子》、情景歌舞剧《太行赞歌——阜平脱贫之路》等文艺作品，激发了群众追求美好生活的内生动力。其中，话剧《青松岭的好日子》入选文化和旅游部庆祝中国共产党成立100周年舞台艺术精品创作工程重点扶持作品。

（3）活跃群众文化。群众性文化活动平台机制不断完善，群众文化活动蓬勃开展。常年组织开展"我们的中国梦——文化进万家""戏曲进乡村进校园""彩色周末""青少年阅知行""燕赵少年读书"等品牌文化活动。围绕庆祝新中国成立70周年、中国共产党成立100周年、脱贫攻坚、北京冬奥会筹办等重大主题，累计创作排演群众文艺作品2万余件，组织举办系列主题性群众文化活动5万余场，组织指导全省农村地区开展广场舞展演、群众大合唱、乡村"村晚"、主题阅读等系列群众文化活动近万场，1000余万人次参与活动之中，较好地满足了人们的精神文化需求，农村地区群众文化获得感不断提升。

乡村全民健身工作取得阶段性成果。一是完善农村体育健身设施。大力实施体育惠民工程，全省建设社区、村庄健身设施10096处，健身设施配置更加合理，健身环境不断改善。二是各类健身赛事活动广泛开展。创新举办足球、乒乓球、羽毛球等十余项联赛，大力开展主席题词日、农民丰收节、全民健身日、重阳节等系列节庆全民健身赛事活动，营造了浓厚的全民健身氛围。三是健身与健康融合持续推进。联合清华大学体育与健康科学研究中心开展了河北省健身与健康公共服务体系试点工作，推动全民健身与全民健康公共服务体系向社区、乡村延伸。

乡村冰雪运动得到推广普及。各市县按照《河北省社区和乡村冰雪运动推广普及方案》要求，积极举办重点社区和乡村冰雪运动推广普及示范活动。省级安排预算资金采购了陆地冰壶、桌上冰壶、陆地冰球、滑雪机、VR滑雪模拟训练器、健身器材套装等"冰雪大篷车"器材装备，并配发至各市和相关县区。组建了一千余辆"冰雪大篷车"，走进所有乡镇和1.6万余个行政村，形成了"上午赶大集、下午进学校、双休日进社区"巡回体验推广模式。实施农村中小学轮滑鞋三年行动计划，为3200多所农村学校配备轮滑鞋十余万双。在全民健身综合服务平台和冀云平台分别开设了"社区和乡村冰雪运动"专栏，将市县相关活动的图文、视频等进行全面展示展播。

（二）河北省乡风文明建设群众感知度调查与评估

为了准确把握河北省乡风文明建设成效，河北省社科学院联合国家统计局河北调查总队，对全省44个县（市、区）231个村231名村干部2201名村民进行了问卷抽样调查，并对抽样结果进行了分析，调查数据显示如下。

1. 农民综合素质显著增强

乡风文明建设以来，各地加快完善公共文化服务基础设施、推动优质文化资源下乡进村，科学保护和利用乡村传统文化，弘扬时代新风，推进移风易俗，培育文明乡风、良好家风、淳朴民风，调查数据显示，76.78%群众感知农民文化素质有所提升，63.2%的群众感知农民知法懂法、违法事件减少，48.34%的群众感知村民纠纷冲突减少，农民综合素质显著增强（见图4-1）。

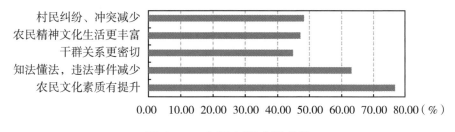

图4-1　乡风文明建设成效

2. 村规民约"规"出文明乡风新颜值

100%的村建立起村规民约，村规民约在弘扬爱国守法、倡导孝老爱亲、调解邻里纠纷、规范移风易俗中发挥着中坚作用，遵守村规民约已成为群众的自觉行动。调查数据显示，22.99%被调查群体自我认为非常遵守村规民约，68.01%的被调查群体自我认为基本遵守村规民约；58.11%的村民曾利用村规民约解决邻里矛盾纠纷。在村规民约的约束动员下，乡亲们自觉做到依法婚育、婚事新办、丧事简办，依靠政策主动走出去谋发展的人变多了，喝酒赌博的"闲人"变少了，老百姓积极参加村容村貌环境整治，人居环境焕然一新。同时将先锋模范人物评选与自治公约相结合，树标杆选典型，倡导以文明家庭、道德模范、最美的人为榜样，乡风文明蔚然成风（见图4-2）。

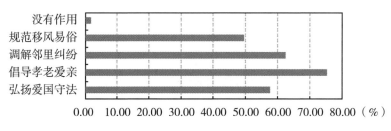

图4-2　村规民约作用

3. 文明实践志愿服务"润"出文明乡风新气象

在以乡村社会为服务阵地的文明实践志愿服务活动中，随处可见由农民群众组成的志愿服务队自发开展的移风易俗、邻里互助、政策倡导、文化宣传等志愿服务活动。各志愿服务队精准对接群众需求，在理论政策宣讲、文明村镇创建、传承优秀传统文化、移风易俗、助老助残、法律服务等方面发挥了积极作用，营造"人人都是志愿者，人人都是参与者"的共享理念。调查数据显示，45.07%的被调查者投身志愿服务（见图4-3）。

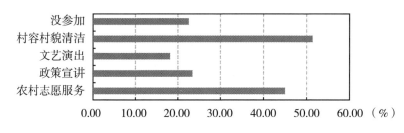

图4-3　群众参与乡风文明建设的主要活动

4. 移风易俗"规"出文明乡风新风尚

扎实推进道德评议会、红白理事会等建设，传承勤劳节俭民族美德，弘扬文明健康新风尚，切实营造"移旧俗、除陋习、尚科学、倡新风"的良好社会氛围，高价彩礼、人情攀比、厚葬薄养、铺张浪费、封建迷信等不良风气得到有效治理。调查显示，被调查者对移风易俗建设情况的满意度达98.28%，其中非常满意和较为满意分别达到21.63%和42.80%。57.43%的被调查者婚丧嫁娶形式按村红白理事会规则新事新办（见图4-4）。

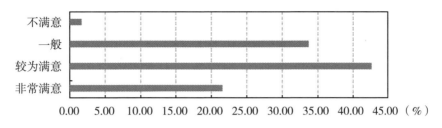

图4-4 移风易俗建设情况满意度

从全省来看，乡风文明建设成效显著，但调查数据显示，仍存在一些问题。33.89%的被调查者认为乡风文明建设的主体动力不足，自愿参与乡风文明建设的积极性还不够；49.7%的被调查者闲暇时间仍以闲聊为主，农民精神文化生活仍然贫乏单调；22.54%的被调查者认为宣传、培训还不到位，选树典型带动形式化严重；33.62%的被调查者认为天价彩礼豪华葬礼等陈规陋习、迷信问题仍然存在；62.47%的被调查者认为农民讲文明、讲礼貌、讲卫生素养还有待提升（见图4-5）。

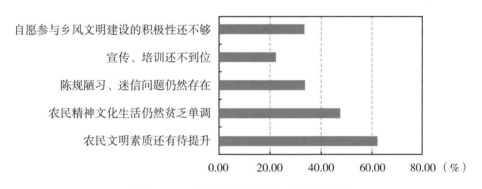

图4-5 乡风文明建设还存在的问题

二、河北省乡风文明建设阶段性特征

1. 乡风文明建设水平仍旧不均衡

在全省深入推进乡风文明建设进程中，受经济社会发展水平影响，乡风文明建设水平呈现不均衡现象，总体来说经济发达地区建设水平高于不发达地区。富裕村村集体经济雄厚，文化需求旺，文化投入多，争取的上级资金投入多，双向叠加，富裕村乡风文明建设成效显著，成为全国、省级乡风文明的典型，示范带动区域乡风文明建设。同时，不同经济社会发展水平地区的群众对乡风文明建设的感知度和满意度差异明显。发达地区的农村更加关注软文化能力建设，更加重视培育良好家风，并切身参与到乡风文明建设中，参加志愿服务活动的主动性和积极性更高。不发达的农村更加关注硬环境的建设，志愿服务的意识和参与度明显更低。

2. 农村不良习气的社会基础仍不同程度存在

河北省立足于提高农村人民精神生活水平和整体素质，扎实推进"移风易俗"，总体成效显著，但通过调查也可以看出农村不良习气、不良风俗依旧未能根治，一定程度上影响乡村的现代化建设。58.19%的被调查群众被天价彩礼豪华葬礼困扰，传统习惯和攀比心理仍然严重。44.43%的被调查群众认为使用纸质轿车、别墅、电器、金银山等封建迷信丧葬用品是一种习俗，可以理解。被调查群众中年均"份子钱"超过1000元的占比超过50%，感觉"人情"消费占总收入的比例趋势呈上升状态的被调查群众达51.43%。闲暇之余仍以聊天为主，对"带钱玩牌"31.62%的被调查群众认为小面额、业余玩玩可以接受。

3. 农文旅融合加速推进农耕文化创新性发展

河北省以农文旅深度融合为着力点，大力推动乡村旅游景区化、规范化、片区化发展，持续开展"百村示范、千村创建"行动。以55个国家级乡村旅游重点村镇、243个省级乡村旅游重点村镇、2100多个旅游村为代表，打造了一批产业兴旺、生态宜居、乡风文明、治理有效、生活富裕的乡村旅游特色样板村。在农文旅深度融合过程中，城乡文明交融，农耕文明优秀遗产和现代文明要素有机结合起来，赋予其新的时代内涵，让历史悠久的农耕文明在新时代展现魅力和风采，在让广大农民就地过上现代生活的同时，优秀传统农耕文化蕴含的人文精神融入现代生活，助力培育文明乡风、良好家风、淳朴民风，提高乡村社会文明程度，改善农民精神风貌，焕发出乡村文明新气象。

4. 文化产业与文化事业同频共振推动乡风文明建设

河北省在推进乡风文明建设中，把农村公共文化服务体系建设和乡村文化产业发展的方针原则、发展目标、主要任务等方面高度统筹起来，在相应的制度措施与政策安排上实现公共文化服务体系建设和文化产业协同发展。利用公共文化空间，充分发挥公共文化服务引领文旅产业，文旅产业涵养公共文化服务的双向驱动作用，让乡村居民能够直接感知文化和融入文化创造当中，让村民在重新建构的文化环境中感受新时代乡风的滋养，既保障了村民享受公共文化服务的权利，又为乡村文化资源的创新性转化、乡村文化产业的壮大提供了基础支撑。

5. 新时代乡风文明实践活动成为乡风文明建设的有效助推器

2018年河北省开展新时代文明实践中心试点工作以来，全省各地认真贯彻落实中央和省委部署要求，推动建设新时代文明实践中心工作取得重要进展，167个县（市、区）、2089个乡镇（街道）、38802个村（社区）建成中心、所、站。各地结合实际，以乡村振兴新时代文明实践中心（站、所）为载体，依托志愿服务队伍广泛开展新时代文明实践活动，以文明实践各类志愿服务活动服务群众、宣传群众、教育群众、凝聚群众，文明实践遍地开花，形成了"人人助我、我助人人"新风尚，有效推动新时期宣传思想文化工作在基层落地生根，党的创新理论"飞入寻常百姓家"，乡风文明根植人心，凝聚起乡村振兴的不竭动力。

三、河北省乡风文明建设的典型案例分析

1. 美丽庭院"小切口"推动乡村文明建设

邢台市把美丽庭院创建着力与社会主义核心价值观、家风家教传承、绿色生态文明等内容有机融合，依托1342名志愿讲师，开展知识培训1105场，推动美丽庭院示范创建高标准开展。通过举办寻找"魅力邢台·十佳百优美丽庭院""我是美丽庭院小小魔术师""美丽庭院·美好生活"摄影、微视频征集等活动，极大激发了广大妇女和家庭参与美丽庭院示范创建的热情，破解了乡风文明建设中群众参与度低的问题。全市已累计创建美丽庭院35802个、精品庭院15314个，不仅助力了村民居住环境的变化和改善，还带动了家风、村风、乡风的良好提升，增强了乡村持续发展的后劲。在美丽庭院创建过程中，将美丽庭院与产业发展相结合，实现了社会效益、经济效益、生态效益同步提升。沙河市柴关乡，将美丽庭院建设与民宿相结合，推动民宿风格差异化，特色菜品创新化，形成一店一风格、一店一招鲜，实现了社会效益、经济效益、生态效益同步提升。美丽庭院示范创建与电商产业相结合，开展系列巾帼电商创业培训班、"美丽庭院"经济助推公开课，通过"美丽庭院我的家·邢襄好物我代言""V观庭院"等活动，带动巨鹿县"豆豆花园"、信都区云清清"民宿小院"、威县土布纺织技艺"非遗小院"等135个特色小院成为网红打卡地，让庭院有"看头"更有"赚头"。

2. "小积分"兑出乡村文明风

保定市蠡县以"尚善美·促振兴"积分制推动乡村文明提升。目前全县13个乡镇已建立36个试点村，"以行动换积分，以积分化新风"的局面逐步形成。"尚善美·促振兴"积分制活动以"尚产兴业、尚才兴教、尚文兴德、尚勤兴美、尚进兴基"为主要量化指标，明确"5＋X"积分评价内容，按照"采集—审核—公示"

程序，采取村民自评、群众互评、干部考评相结合的方式对村民进行量化打分。在实施中必须严格做到过程全公开，实现"出卷人""答卷人""改卷人"均为群众，并由威望较高的老党员、老干部组成积分"仲裁"小组，负责监督评议和维护村民利益。在积分兑换上，该县坚持精神鼓励与物质奖励相结合的方式，推出物质奖励、精神激励、政策助力、善美传递等四大积分"礼遇"。在各类表彰奖励评选中，村民的积分是重要参考。通过充分发挥积分制的激励引导作用，小积分产生了"四两拨千斤"的效能，人人参与、人人受益的善美导向，正在成为蠡县推进乡村振兴的新动能。

3. 移风易俗倡导乡风新气象

河北省邯郸市肥乡区主动回应社会关切，将深入整治农村婚丧事大操大办作为加强和改进乡村治理的重要抓手，在全区大力推进移风易俗，以优良的党风政风带动社会民风，培育新型婚丧嫁娶文化，探索出了一条行之有效的乡村治理的新路子。发挥党员干部示范引领作用，区、乡镇、村三级领导干部都纷纷带头宣誓，签订了"移风易俗、抵制彩礼"承诺书，并接受社会监督。出台《关于党员干部带头移风易俗严禁大操大办婚丧喜庆事宜的通知》，将党员干部报备的操办婚丧事宜列入干部廉洁档案。完善村规民约，推动移风易俗治理。全区275个村依据区里出台的《移风易俗节俭操办红白事参照标准》，制定出了适合本村实际的《红白事操办标准》，各村对操办红白事的席面规模、用车数量、办事天数、待客范围、仪式程序等作出了具体规定，并经村民自治程序纳入了村规民约。建立正向激励机制，区卫健、人社、金融等相关职能部门综合施策，出台了"移风易俗好家庭"成员免费体检、妇女孕期免费健康指导培训、创业担保贷款10万元、金融机构专设窗口优先办理、享受行政审批局代办服务等优惠政策，让倡导乡风文明的典型获得感更强。

4. 村规民约引导乡风新风尚

河北省邯郸市广平县平固店镇大力推进移风易俗工作，坚持制度和民约双管齐下，常态和长效同步同质，把移风易俗作为农村精神文明建设的切入点，充分发挥"村规民约"作用，规范村民行为，营造崇尚文明、勤俭节约的新风尚。该镇结合移风易俗工作，进一步健全"村规民约"规范制定章程、管理办法及队伍建设，充分发挥30个新时代文明实践所的作用，积极开展平固店好人、文明户、"三好"评选，设置红黑榜，建设文明实践角，组建新时代文明实践所志愿者、巾帼志愿者队伍，多样化的"村规民约"活动和积极的宣传报道，确保移风易俗理念宣传到村到户到人，让村规民约潜移默化进入群众头脑，成为群众的自发追求和自觉行动，让该镇成为文明和谐的精神沃土和安居乐业的美丽家园。

5. 文明实践志愿服务打造靓丽风景线

大厂回族自治县是全国第二批新时代文明实践中心试点县，以新时代文明实践中心（站、所）为载体，织密县域志愿服务网，以县级志愿服务总队为中心，组建了横向覆盖各行业系统、纵向贯通县镇村的志愿服务组织体系，组建了理论政策宣讲、文化文艺、助学支教等8支常备志愿服务支队，非遗传承、影视培训、专业人才培训等15支特色志愿服务支队，各村组建志愿服务大队。以"爱上大厂"手机App为依托开发了志愿服务组织管理系统"文明超市"，策划推出一批志愿服务活动，实现群众"点单"、志愿者"接单"。"文明超市"集合了志愿服务资源，也提供了平台让更多的人加入志愿者队伍。有困难找志愿者、有时间做志愿者已蔚然成风，志愿服务精神，带动文明行为，打造乡风文明的美丽风景线。

四、推动新时代乡风文明走深走实的路径选择

（一）以新时代文明实践活动推动乡风文明建设走深走实的现实可行性

1. 新时代文明实践活动为乡风文明建设提供丰富的精神食粮

传统的乡村社会是典型的以群居生活为主的集体性社会，农民群众的精神给养主要基于乡村文化的积累和发展，文化和教育资源相对有限。当前我国乡村社会正朝着乡村全面振兴和实现第二个百年目标奋斗前行。新时代文明实践活动以向基层宣传践行党的科学理论、重大举措，传播党的声音、传承优秀文化、解决乡风文明建设中的热点难点问题等为着力点，通过志愿服务活动稳定持久地用新时代中国特色社会主义思想丰富农民群众的精神世界，为社会主义核心价值观等伟大精神内化为农民群众的精神风貌提供了优质的资源和载体，促使农民群众建立起对爱党爱国的价值追求，推动形成文明乡风、良好家风、淳朴民风，最终外化为助推乡村全面振兴的前进动力。

2. 新时代文明实践活动为优秀传统文化创新性发展提供支撑

中华民族优秀传统文化是中华民族生生不息的文化基因，新时代传承弘扬优秀传统文化必须将中华民族最基本的文化基因以人们喜闻乐见、具有广泛参与性的方式推广开来，把具有当代价值的文化精神弘扬起来。新时代文明实践活动通过开展

灵活多样、内容丰富的文明实践活动，以文明实践探索传统文化的时代形态，以文化浸润展现传统文化的思想精华，焕发出传统文化新时代的价值，成为振兴传统文化的加速器，为新时代社会主义强国建设铸就文明底蕴。

3. 新时代文明实践活动激发乡风文明建设的主体力量

农民群众主体的积极而自觉的作为是实现乡风文明的内在的恒久动力，新时代村民需要将乡风文明内化为自己的价值自信与精神追求。文明实践是新时代群众工作路线的创新之举，新时代文明实践活动以志愿服务为主要形式，通过多样化的志愿服务，引导农民群众切身参与村社综合治理、村规民约制定、乡村产业发展、乡村文化教育等，不仅打通了宣传教育关心联系服务群众的"最后一公里"和"最后一步路"，引导农民群众积极践行乡风文明，更激发起群众乡风义明建设的主动性和能动性，通过切身参与各项志愿活动不断增强农民群众主体爱自己、爱亲人、爱家乡、爱祖国的价值自信和价值共识。

（二）以新时代文明实践活动推动乡风文明建设走深走实的几个着力点

新时代文明实践活动及时敏锐地捕捉并回应了新时代农村群众家庭生活方式和精神文化需求的新变化新特点，以普及性强、参与度广等优势在一定程度上填补了农村群众精神文化生活的空白，显著增加了农民的参与感、归属感、获得感和幸福感，客观上起到了凝聚人心的作用，是乡风文明建设的"助推器"。需要切实发挥好新时代文明实践中心的作用，推动乡风文明建设走深走实。

1. 完善服务资源统筹供给机制

乡风文明建设需要内化于心外化于形，新时代文明实践中心（站、所）建设是基础，实践活动是精髓，推进乡风文明建设要全方位整合资源，促进资源统筹联动，丰富服务供给。一是统筹公共文化服务设施。新时代文明实践中心（所、站）是实践活动的基地，要参考社区公共空间打造的原则，完善服务功能，注重社交功能的发挥，鼓励群众参与设计和使用；同步开发新阵地，要把文明实践活动搞到田间地头、乡舍民居等地，打造"小板凳"课堂，以百姓听得懂、听得惯的方式，广泛开展理论宣讲、榜样说、协商议事等活动。二是进一步加强实践活动智力资源的挖掘与统筹。要完善省市县乡村五级宣讲体系，聚焦党的创新理论与人民美好生活的内在联系，编制乡土教材，让学习贯彻党的创新理论走深走实；因地制宜挖掘本土特色农耕文化，引导文化企事业单位开展志愿服务活动，以"文化"涵养"文明"，增强群众精神力量。三是走出去引进来，用好外埠资源。贯彻落实京津冀协同发展战略布局和工作部署，积极探索创新志愿服务与北京、天津等地跨区域合作，以志愿服务为纽带，搭建京津冀间文明实践交流平台，推进志愿服务资源共享、信息共通。

2. 加强志愿者队伍建设

新时代文明实践中心（站、所）的主体力量是志愿者，主要活动方式是志愿服务。因此建设高质量的志愿者队伍，促使其高效发挥服务力量是新时代文明实践中心发挥作用，助推乡风文明的关键。一要提升志愿服务者的核心素质。新时代文明实践中心最根本的属性是政治性和人民性。加强政治素质是第一位。因此政治素质是志愿者素质和能力的首要标准与根本要求。要加强志愿者政治素质培训，自觉地在思想上政治上行动上与党中央保持一致，进一步提高志愿者的政治判断力、政治领悟力、政治执行力，确保志愿服务活动不跑偏。其次是沟通能力，志愿者工作的成功，很大程度上取决于是否能进行有效沟通，有效沟通是每位志愿者的必修技能。要在学会倾听、如何有效表达等方面加强培训，让志愿服务入心。二要完善志愿服务激励机制。建立对爱心单位、爱心人士等支持方的激励机制，对长期支持志愿服务事业、向志愿服务基金会捐款捐物的单位和个人，给予表彰；建立针对志愿服务组织管理者的激励机制，给予优秀志愿服务组织管理者社会荣誉，在他们遇到困难时积极提供帮助；建立优秀志愿者激励机制，深化志愿服务积分管理制度，探索文明实践志愿服务星级评定、积分兑换、礼遇优待等激励回馈办法，调动群众参与文明实践的积极性。

3. 完善保障机制

新时代文明实践中心建设担负着加强基层思想政治工作和精神文明建设的重大使命，要强化组织、人才和资金"三位一体"的保障机制，提升服务效能。一是加强组织领导。建立新时代文明实践中心（所、站）建设考核管理办法，将新时代文明实践中心（站、所）建设纳入县乡村（市）党政领导班子和领导干部实绩考核内容。二是加强基层人员保障。配强工作力量，尤其是村一级的新时代文明实践站，可以利用"三支一扶"第一书记、政府购买公共服务等政策配备专职工作人员。三是建立多元经费保障机制。进一步加强财政经费支持力度，将志愿服务纳入财政保障体系，根据志愿服务活动内容和服务数量，按照一定标准，每年为志愿者工作拨付定额资金，用于志愿者保险、交通等基本费用。积极探索建立新时代志愿服务基金，畅通个人、企业志愿服务捐助渠道，鼓励企业、慈善基金会提供运作资金和项目资金。

参考文献

［1］高雅.乡村振兴背景下我国乡村文明建设的困境与出路［J］.行政科学论坛，2019（7）.

［2］李彦力.河北省邯郸市："1533"工作机制推进新时代文明实践向纵深发展［J］.党建，2022（2）.

［3］卢雪花，陈汝东.论我国乡村文明话语的新趋向［J］.现代传播（中国传媒大学学报），2019（3）.

［4］秦富.以新时代雷锋精神引领乡村文明新风尚［J］.乡村科技，2020（2）.

［5］谈传生.以乡村文明建设助力乡村振兴［J］.新湘评论，2022（7）.

［6］推进移风易俗 焕新乡村文明［J］.上海农村经济，2023（1）.

［7］王林玉.新时代黔西南州乡村文明建设探析［J］.理论与当代，2020（6）.

［8］王真.乡村振兴进程中现代乡村文明建设的逻辑与理路［J］.农业经济，2020（9）.

［9］张治礼.传承提升乡村文明 助力乡村振兴［J］.今日海南，2019（10）.

［10］郑毅，王慧敏.新乡贤助力新时代乡村文明实践中心建设的必要性与实施策略［J］.乡村科技，2021（18）.

加快推进河北省乡村治理体系和治理能力现代化路径研究

分报告五

【摘要】河北省深入贯彻落实习近平总书记关于基层治理的重要论述和党中央国务院决策部署，坚持党对基层治理的全面领导，强化顶层设计，完善政策体系，高位推进落实，探索出一条符合时代特征、满足人民期盼、体现本地特色的城乡社区治理新路子，居民群众的获得感、幸福感和安全感显著提升。首先，针对农户和村干部的调查问卷分析显示，乡规民约对解决村民矛盾发挥重要作用，乡村不良社会风气正逐步改进，农村移风易俗建设有序推进，但婚丧嫁娶大操大办现象仍然存在。其次，结合实际情况分析河北省乡村治理体系和治理能力现代化建设取得的成效，发现农村基层党组织的战斗堡垒作用不断强化、自治法治德治相结合的现代乡村治理体系不断健全、平安乡村建设体制机制不断完善、乡村治理新动能不断涌现、综合治理信息资源池基本建成。再次，对河北省现代乡村治理体系建设过程中涌现出的典型案例进行了介绍，包括邯郸市武安市、石家庄市鹿泉区、唐山市迁安市阎家店镇、保定市博野县沙沃村和衡水市武强县周窝镇周窝村。最后，分析扎实推进河北省乡村治理体系和治理能力现代化的实现路径，如强化农村基层党组织的战斗堡垒作用、健全完善现代乡村治理体系、壮大乡村社会治理主体和强化典型带动作用等。

乡村治理是国家治理体系的重要组成部分，是乡村全面振兴的关键环节。河北省是农业大省，始终认真贯彻落实党的十八大以来习近平总书记关于推进社会治理现代化的重要论述，重点加强农村基层党组织建设，健全"三治"相结合的乡村治理体系，着力提升乡村自治、法治、德治水平。2023 年河北省一号文件指出，要强化农村基层党组织政治和组织功能，提升乡村治理效能，加强农村精神文明建设，开展高价彩礼、大操大办等移风易俗重点领域突出问题专项治理。河北省积极推广以正定县塔元庄、石家庄市鹿泉区、邯郸市肥乡区等为代表的乡村治理好做法、好经验，坚持和发展新时代"枫桥经验"，完善一站式、多元化矛盾纠纷预防调处化解机制，组织开展乡村治理示范村镇创建，推动乡村社会走向善治之路。

一、河北省乡村治理体系和治理能力现代化建设推进情况

为深入了解全省乡村振兴特别是人居环境整治和乡风文明建设的基本情况，本报告课题组开展了农户调查。调查采用分层随机抽样的方法，充分考虑全省不同地域、村庄分布、经济状况差异等因素，调查中涉及的对象包括一般农户和村干部两大类，本次调查采用调查员入户调查的方式，共收回有效调查问卷 2432 份。其中，村干部共调查 231 人次，男性占比 76.62%，女性占比 23.38%，受教育程度分别为小学 2.6%、初中 21.21%、高中 54.98%、大学 19.91%、研究生及以上 1.3%；一般农户共调查 2201 人次，男性占比 55.61%，女性占比 44.39%，受教育程度分别为没受过教育 1.59%、小学 14.58%、初中 49.25%、高中 25.35%、大学及以上 9.22%。被调查者能够比较准确地理解问题，提高了问卷调查结果的有效性，同时对从微观层面分析全省乡村治理体系和治理能力现代化建设具有重要的参考价值。

（一）乡规民约对解决村民矛盾问题发挥积极作用，形成有效监督约束

村规民约是村民进行自我管理、自我服务、自我教育和自我监督的行为规范，是受道德约束的行为规则，也是健全和创新党组织领导下自治、法治、德治相结合的现代基层治理体系的重要形式，是德治的具体化、条理化，是推动基层治理的重要内容。实地调研发现，河北省现代乡村治理过程中村规民约有存在的必要，在矛盾调解、形成有效监督约束方面发挥着重要作用。在调研的 2201 名一般农户中，了解村规民约的方式主要包括村里宣传（77.96%）、村民代表大会（36.71%）、邻里聊天（28.71%）、没听过（6.36%）、其他（3.82%）；使用村规民约解决过一些矛盾或问题的占比为 41.89%，没有解决过一些矛盾或问题的占比为 58.11%；村规民约发挥积极作用的领域包括倡导孝老爱亲（75.42%）、调解邻里纠纷（62.43%）、

弘扬爱国守法（57.88%）、规范移风易俗（49.93%）、其他（4.68%）、没有作用（1.77%）；村民认为村规民约可以形成有效约束的比例为70.83%，认为村规民约缺乏有效监督约束的比例为29.17%；在村规民约存在的必要性方面，村民认为很有必要的占比为49.81%，认为有一定必要的占比为47.16%，认为没必要的占比为3%；在村规民约的遵守情况方面，非常遵守的比例为26.99%，基本遵守的比例为68.01%，不怎么遵守的比例为5%。

（二）乡村不良社会风气治理有序推进，取得一定成效

针对部分农村地区天价彩礼、人情比附、婚丧事大操大办等不良风气的蔓延盛行，通过分析调研数据发现，村民认为当前农村不良风气最严重的比例为：天价彩礼豪华葬礼为51.89%、人情负担重为29.85%、封建迷信为10.72%、其他为7.54%（见图5－1）。河北省按照相关要求对不良社会风气进行治理，解决农民群众的揪心事、烦心事和操心事。其中，邯郸市肥乡区和河间市的相关做法得到了推广，如河间市采取"四位一体"联动，着力解决红白喜事大操大办、村内公共空间无序等乡村治理过程中的难点堵点问题，大力推行乡村治理体系建设，2019～2021年，河间市共涌现出679对零彩礼新人，其余都是低彩礼，每桩婚事花费比之前平均减少10万元，白事平均节约1.5万元。

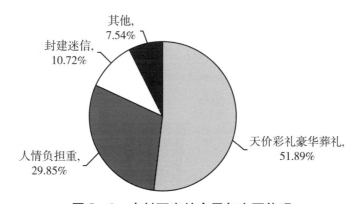

图5－1 农村不良社会风气主要体现

资料来源：根据调查问卷数据整理而得。

（三）农村移风易俗建设逐步进行，但婚丧嫁娶大操大办现象仍然存在

乡村振兴，乡风文明是保障；文明乡风，移风易俗是关键。河北省始终高度重视移风易俗工作，对遏制农村陋习、推动移风易俗、树立文明乡风先后制定政策文

件，以此弘扬新风正气，焕发乡村文明新气象。

分析 2201 户普通农户调查问卷数据发现，村民对移风易俗活动的看法主要包括：十分关注（20.72%）、比较关注（42.39%）、谈不上关注（28.53%）、不感兴趣（8.36%）（见图 5 - 2）。

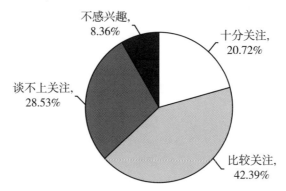

图 5 - 2　村民对移风易俗活动的看法

资料来源：根据调查问卷相关数据整理得到。

村民对村里的移风易俗建设情况满意度主要为：非常满意（21.63%）、较为满意（42.8%）、一般（33.85%）、不满意（1.73%）。

村民身边的婚丧嫁娶形式包括：大操大办普遍存在（19.63%）、大操大办偶尔发生（20.76%）、按村红白理事会规则办（43.16%）、新事新办（14.27%）、其他（2.18%）（见图 5 - 3）；对于婚丧喜庆事宜大操大办现象是否需要制止，村民认为：非常需要，是严重的铺张浪费（35.71%）；需要，应合理操办（58.2%）；不需要，是自主行为（6.09%）。

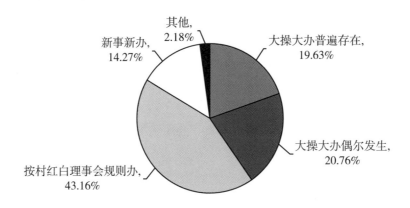

图 5 - 3　村民身边的婚丧嫁娶情况

资料来源：根据调查问卷相关数据整理得到。

婚丧喜庆事宜需要大操大办的原因包括：传统习惯（65.56%）、攀比心理

（53.57%）、收份子（19.13%）、监管不力（8.95%）。

村民对于不文明殡葬行为的看法主要分为：非常反感，建议有关部门加强监管（32.26%）；反感，但无可奈何（21.63%）；能理解，需要科学引导（42.94%）；其他（3.18%）（见图5-4）。

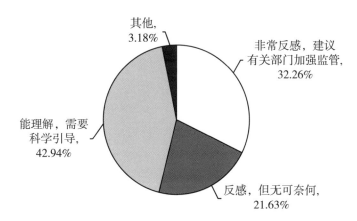

图 5-4　村民对不文明殡葬行为的看法
资料来源：根据调查问卷相关数据整理得到。

村民对于纸质轿车、别墅、电器、金银山等封建迷信丧葬用品的看法包括：属封建迷信活动，应予以整治（42.89%）；是一种习俗，可以理解（44.43%）；是一种民俗文化，需要合理保护（8.27%）；不关心（4.41%）。

村民每次"上份子"的一般标准为：50元以内（12.18%）、100~200元（62.79%）、200~500元（19.85%）、500元以上（2.54%）、其他（2.64%）（见图5-5）；村民所在家庭近年来"人情"消费占总收入的比例趋势为：上升（51.43%）、没有多大变化（42.39%）、下降（6.18%）。

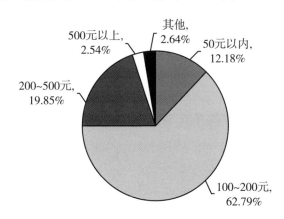

图 5-5　村民每次"上份子"的一般标准
资料来源：根据调查问卷相关数据整理得到。

村民所在的村一般娶媳妇的花费为：10 万元及以下（14.18%）、10 万 ~ 20 万元（54.34%）、20 万 ~ 30 万元（19.35%）、30 万元及以上（10%）、其他（2.14%）。

村民对于"带钱玩牌"的看法包括：非常反感，建议有关部门加强监管（43.03%）；反感，但无可奈何（14.77%）；小面额，业余玩玩可以接受（31.62%）；不关心（10.59%）。

除此之外，普通农户对于农村移风易俗工作开展的建议主要包括：一是加强宣传教育，普及科学知识（61.88%）；二是严加管理发挥村民自治组织作用，强化自我约束（53.98%）；三是深化群众性精神文明创建活动，倡导文明新风尚（52.61%）；四是政府制定措施（48.11%）；五是开展送戏、送电影、送科技、送卫生下乡活动，丰富农村文化生活（42.75%）；六是取缔封建迷信、邪教组织活动，打击赌博行为（37.57%）。

二、河北省乡村治理体系和治理能力现代化建设成效分析

河北省委农办会同乡村振兴局等省直相关部门，制定了《关于加强和改进乡村治理的若干措施》并以省两办名义印发实施，用来指导全省乡村治理工作。各试点县（市、区）高度重视乡村治理体系建设工作，成立乡村治理体系建设工作领导小组，建立联席会议制度，健全乡村治理工作领导体制和工作机制，及时协调解决试点工作推进过程中新情况、新问题，全省乡村治理工作取得显著进展。

（一）坚持党建统领，农村基层党组织的战斗堡垒作用不断强化

河北省坚持党建统领，全面加强党对农村工作的全面领导，不断强化农村基层党组织的战斗堡垒作用，推进全面从严治党向基层延伸，为乡村全面振兴提供坚实的政治和组织基础。

1. 党组织统一领导下的现代乡村治理体系不断健全

村党组织书记、村委会主任"一肩挑"不断深入推进，2021 年河北省村党组织书记、村委会主任"一肩挑"的比重达到 99.9%，村党组织书记担任村集体经济组织负责人的比重达 99.5%，村（社区）纪委书记或纪检委员担任村（居）务监督委员会主任的比重达到 86.7%，党组织领导下的自治、法治、德治相结合的现代乡村治理体制逐步构建起来。完善党组织领导的村级事务运行机制，"四议两公开"

"小微权力清单"制度全面推行。积极发挥党员同志在乡村治理中的重要作用，全面推行"1+10"党员联系户、党员户挂牌、先锋指数管理等先进做法，持续开展党员志愿服务、党员示范岗、在职党员到社区报到等活动，广大党员同志在脱贫攻坚、乡村振兴、疫情防控、扫黑除恶中发挥先锋表率作用。

2. 村级组织带头人队伍实力不断建强

河北省印发《关于深入推进农村"领头羊"工程的实施方案》，聚焦"领头羊"选拔、培育、管理、监督、激励、储备、退出等关键环节制定具体措施，村级组织带头人队伍不断优化提升。在新一届选举的村级组织带头人队伍中，村党组织书记平均年龄为46.8岁，高中及以上学历所占比重达98.7%，村党组织书记中本村致富能手、外出务工经商返乡人员、本乡本土大学毕业生、退役军人所占比重达到95.7%，村级组织带头人结构不断优化。积极开展基层党组书记"万人示范培训"工程，每年制定专项实施方案，近5年来直接培训村（社区）党组织书记6万余名；同时坚持市级重点培训、县级兜底培训的原则，每年将村（社区）"两委"干部全部轮训一遍，提升基层组织带头人做好群众工作、解决群众矛盾、提升基层治理的能力水平。

3. 农村党员队伍体系建设不断加强

河北省印发《全省发展党员指导性计划》用以指导全省党员发展工作，近5年来全省各级党组织累计发展农村党员17.2万名，高标准完成中组部下达的任务指标。面向基层需求，加强党员教育工作，结合地方特色和传统文化开发制定课件学习教材，增强党员教育内容供给水平；创新党员学习教育平台和载体，深度开发手机智慧党建平台移动、互动服务等功能，建设一批远程教育学用示范项目和示范基地，做好党员教育培训工作。

（二）坚持因地制宜，自治、法治、德治相结合的现代乡村治理体系不断健全

河北省坚持因地治理原则，积极探索符合本地实际情况的自治、法治、德治"三治"融合的乡村治理体系，以自治增强活力，以法治强化保障，以德治弘扬正气，形成乡村治理的巨大合力。

1. 坚持自治为基，不断深化群众自治实践

河北省通过推行"四议两公开"制度，组建乡贤参事会、百姓议事会、红白理

事会"三会"和法律顾问团、道德评判团、百事服务团"三团"，制定村规民约或村民自治章程，把群众的事情交给群众去办，以达到民事民议、民事民办、民事民管的效果。截至 2021 年 5 月底，全省 49442 个村委会全部完成换届任务，农村选民参选率达到 86.3%，先后印发《关于做好村规民约和居民公约工作的实施意见》《关于进一步做好村规民约和居民公约制定修订工作的通知》《关于全省村规民约和居民公约制定修订工作的情况通报》等政策文件，推动全省村规民约制定修订工作，全省村规民约和居民公约制定修订率达 100%。

2. 坚持法治为本，不断推进法治建设

河北省通过建立群众工作站，持续完善人民调解、行政调解、司法调解"三位一体"工作体系，运用法治思维和法治方式构筑底线，以实现定分止争、惩恶扬善。出台《关于加强法治乡村建设的实施意见》，从完善涉农领域立法，完善乡村公共法律服务等十个方面统筹推进；以"民主法治示范村（社区）"创建为抓手，推动乡村普法守法和依法治理，打通公共法律服务"最后一公里"。全省已有 206 个村和社区分八批次被司法部、民政部命名为"全国民主法治示范村（社区）"，河北省司法厅、省民政厅分六批次命名 1514 个村（社区）为省级"民主法治示范村（社区）"。

3. 坚持德治为先，不断提升德治水平

河北省通过推进新时代文明实践中心、综合性文化服务中心及村史馆等农村文化阵地建设，推行农村文明"十个一"创建，建设善行功德榜，强化道德约束，以达到"春风化雨""润物无声"的效果。发挥文明村镇测评体系指挥棒作用，将加强公民道德素质作为重要测评内容，推动各地把文明村镇创建工作作为提升公民道德素质的重要载体，全省县级及以上文明村镇占比分别达到 59.1% 和 78%，成为全省公民道德建设工程开展的领头羊和生力军。

（三）坚持群防群治，平安乡村建设体制机制不断完善

1. 高度重视，平安建设协调机制不断健全完善

河北省委、省政府把平安建设纳入全省经济社会发展战略，先后出台《关于加快推进社会治理现代化开创平安河北建设新局面的实施意见》《关于建设更高水平的平安河北的若干措施》《"十四五"平安河北建设规划》《河北省社会治理现代化"十四五"规划》等一系列文件，为加快推进平安乡村建设提供有力政策保障，统筹部署推进解决基层平安建设机制性障碍、瓶颈性难题和保障性困扰。

2. 做好风险防控，群防群治工作网络不断健全完善

推进"一村一辅警"建设，有效整合群防群治力量，围绕重点领域、重点行业、敏感时期，及时做好风险防控工作。全力推进风险隐患预防化解机制建设，出台《河北省多元化解纠纷条例》，印发《关于加强诉源治理　推动矛盾纠纷源头化解的实施意见》《加强矛盾纠纷调处预防"民转刑"命案意见》，深化各类矛盾隐患的排查整治。

3. 调解体系建设不断完善，人民调解领域不断延伸

持续深化人民调解、行政调解、司法调解"三位一体"调解体系建设，推进人民调解向道路交通、劳动争议、金融、知识产权等行业性专业性领域延伸，推动完善"综治中心＋网格化＋信息化"的基层社会治理体系建设。2021 年，全省群众安全感较 2018 年提升近 13 个百分点，命案发生率较 2017 年下降 28.33％。全省乡镇（街道）调解委员会达到 2300 余个，村（居）民调解委员会 5.3 万余个，行业性专业性调解组织 1100 余个，人民调解员 33 万人，划分网格 9.7 万个，配备专兼职网格员 12.25 万名，实现网格化服务管理全覆盖。

（四）坚持共建共治共享，乡村治理新动能不断激活

乡村社会治理要以党和政府强有力的引导为前提，也需调动农村自治组织、各类社会组织、村民等多元主体的积极性，构建共建共治共享的乡村治理共同体。

1. 积极关爱服务农村特殊群体

河北省探索建立社会工作者关爱服务农村特殊群体的体制机制，建设乡镇社会工作服务中心，配齐社会工作专业岗位，为空巢老人、留守儿童、留守妇女等提供养老、文化娱乐、解困帮扶、助餐等服务。例如，太行山区试点村开展"妇老乡亲"农村互助养老项目，依托专业社工帮助，孵化培育由村里老人和妇女组成的志愿者队伍，建立爱心洗衣房、爱心食堂、老人活动中心等场所，为失能、高龄老人提供生活照料、就餐、文娱等服务，增强了村民参与乡村公共事务的积极性。

2. 发挥社会力量在乡村社会治理中的重要作用

积极推进社区、社会组织、社会工作者、社区志愿者、社会慈善等资源的联动发展，创新完善"五社联动"党建引领机制、服务平台载体、公共服务内容、项目运作机制、人才建设机制、供需对接机制等体制机制，发挥社会力量在基层社会治

理中的优势和作用。例如，石家庄市成立"石家庄市慈善事业和社会工作联合会"，搭建慈善、社工与志愿者"三位一体"的综合性服务平台，有力推动三股力量的协同合作，真正实现了社工是支撑、慈善是资源、志愿者是帮手的基层服务新模式。

（五）坚持全面资源整合，综合治理信息资源池基本建成

河北省全面整合相关资源，聚焦人、地、事、物、网等资源要素，扎实推进数字综合治理建设，已基本建成覆盖全省、功能较为完善的综合治理信息资源池，为"雪亮护城河工程"实施提供了有力支撑。

1. 构筑全方位安全和运维体系

对监控点位实行"一机一档"智能化管理，通过建立完善中心人员管理制度、制定安保工作预案与应急处置流程，确保系统稳定高效运行。深入推动严重精神障碍患者等重点人群服务管理智能化建设，服务重大活动安保，建设"环京护城河"实战指挥子系统，与河北省公安厅、涿州"护城河"指挥部实现互联互通，提升"三道防线"智能化实战水平。

2. 建立日常巡查和重要时期巡查机制

实时掌握全省各地社会面巡控情况，提高预测预警预防水平。雪亮工程平台覆盖全省 11 个地市、187 个区县、400 余个乡镇（街道），总计约 3500 个点位，实现了视频会议、视频培训、视频调解、视频调度等功能应用。河北省公安厅和各市"雪亮护城河工程"平台资源共享到河北省综治中心，同步接入河北省交通厅、河北省水利厅等部门监控资源，基本实现河北省公共安全视频监控全覆盖。

3. 强化农村道路交通安全科技支撑

依托农村"雪亮工程"，大力推进农村道路"生命防护工程"建设，以临水临崖、隐患路口路段、交通标志标线等为重点，全力推动解决农村地区道路基础差、安防建设历史欠账等问题。强化农村道路交通安全科技支撑，构建"人守点、车巡线、系统控面"和"网上发现、系统预警、网下拦截"勤务机制，推动实现全面布控、实时分析、及时预警、高效指挥、精确查缉。

三、河北省现代乡村治理体系建设典型案例分析

近年来，河北省坚持依靠群众、发动群众力量，实现共治共享、协同联动，

先后涌现出诸多现代乡村治理体系建设的典型案例与模式，农村集体经济得到长远发展、乡村基层矛盾得到有效化解、乡村治理水平实现持续提升。

（一）邯郸市武安市：坚持党建引领，积极构建多项社会治理体系引领乡村全面振兴

邯郸市武安市强化改革思维，在创新乡村治理机制、提升治理水平等方面主动探索、先行先试，紧紧抓住党建引领这个根本，创新实践有坚强支部、有致富路子、有民生载体、有及时引导、有保障机制、有完善服务的社会治理体系，积极下好乡村治理这盘棋。

1. 有坚强支部，建强基层"堡垒"，夯实乡村治理根基

武安市深入开展"夯基础、提能力、强作风"系列活动，对党员领导干部重点进行政治理论、领导能力培训，对党员干部逐月确定主题党日主题确保党员干部全部参加集体学习，对流动党员以乡镇为单位，实施"五个一"教育管理机制，通过空中课堂、线上云课堂等形式，定期推送学习内容资料，开展培训检测。在教育平台创设方面，整合党校、融媒体、武安红色资源，邀请农业种植、农村产业发展等各类专家定期开展专题培训，打出党员培训"线上＋线下"组合拳，构建起全方位、立体化、多层次的教育培训网络。

2. 有致富路子，发展壮大农村集体经济，奠定乡村治理基础

武安市坚持因村施策，提出"打造 6 个超千万村，50 个超百万村，100 个超 50 万村，400 个超 10 万村"的"6514"集体经济发展目标，将全市农村集体经济划分为规模化种植型、资产盘活型、农产品加工型、农旅融合型等类型项目，找准各村集体经济发展实现路径。重点打造推进南山沟特色种植产业带、北部现代农业产业带和永峰路至旅游专线、邢都路至磁阳线"两带两路"建设，带动全市乡村振兴取得突破。另外，加大政府扶持力度，帮助协调解决集体经济发展过程中存在的土地流转、项目争跑、招商引资、资金短缺等问题。以北安庄镇为例，全镇通过清产核资、重新发包等举措，有效盘活 17 处集体资产，规范集体资产租赁合同 48 份，集体直接增收 748.5 万余元。

3. 有民生载体，坚持强化为民导向，有效提升乡村治理效能

武安市聚焦群众需求，解决急难盼愁问题，加快建设"四好农村路"，先后投

入数百亿元，打通条条断头公路，全市农村公路总里程达 1380 公里。积极推进城乡公交一体化，近两年来累计投入近 3 亿元，收购改造农村班线 42 条，投运新能源公交车 515 辆，开通公交线路 47 条，建成 600 个城乡停车亭，公交覆盖率达到 100%，全市 502 个建制村公共交通串联成网。积极发展客货邮融合，开通活水、管陶、冶陶、马家庄等 10 条公交带货线路，年均投递快件达 190 万件，实现工业品下乡和农产品进城。2021 年，武安市被评为"四好农村路"全国示范县和全国第二批城乡交通运输一体化示范创建县。

4. 有及时引导，激发内生动力，汇聚乡村治理合力

武安市村党支部不断夯实党支部坚强堡垒，强化"头雁引领"作用，发挥党支部书记率先垂范、党员干部示范带头作用，营造积极向上的浓厚氛围，让群众敢于参与、乐于参与到乡村治理中去，逐渐培育文明乡风，汇聚治理合力。在疫情防控期间，按照相关要求下发《关于推进移风易俗倡导红白事办理实行盒餐分餐措施的通知》，村"两委"工作人员主动到户与事主对接，宣传杜绝堂食聚餐，积极稳妥推进盒餐分餐措施落实，引领农村移风易俗新风尚。

5. 有保障机制，不断完善体制机制，筑牢乡村治理基石

武安市规范落实组织制度，创新开展"1＋5＋N"主题党日活动，在全市 502 个行政村均建立"党支部工作手册、党建工作纪实手册、坐班值班登记本"的"两册一本"岗位履职纪实制度，实施村级党组织"评星授旗"和分档管理，确保农村党员组织生活制度落实在经常、开展在平时。结合实际情况，进一步完善党务、村务、财务"三公开"、农村重大事项和重大财务支出报备及农村财务管理等各项制度，严格执行重大事项和重大财务支出审核"双签、三审"，规范会计委托代理机制，村集体经济收入全部纳入乡镇会计委托代理中心账户，村级所有收支手续及时按程序审核、报账，切实加强了农村党务、村务、财务管理，切实将"权力"关进"制度笼子"。

6. 有完善服务，做强做优服务，提升乡村治理"温度"

武安市坚持做好困难群众兜底保障政策，"贴心"解决困难群众的"急难愁盼"问题，聚焦鳏寡孤独、经济困难老年人等困难群众的实际需求，组织帮扶干部积极落实兜底保障、就业帮扶、临时救助等支持政策。通过对全市所有脱贫户和防贫监测户实行产业项目到户到人全覆盖，对有劳动能力的脱贫人口，设置村庄公益岗就近就业，每人每月岗位补贴 600 元，实现人均增收 7200 元。重点做好"一老一小一

困"关爱服务，强化留守困境儿童关爱，开展未成年人风险隐患排查，对因突发性、紧迫性、灾难性事件导致基本生活出现困难的家庭和个人，积极开展"先行救助"，提高救助时效。常态化落实好困难老年人日常照料，建成"县、乡、村"三级养老服务网络平台，新改扩建农村幸福院5家，积极改造提升5家敬老院基础设施。

（二）石家庄市鹿泉区：充分发挥法治引领、规范、保障作用，积极探索法律服务进乡村"六到六落实"模式，打造法治乡村建设"聚能环"

近年来，鹿泉区司法局高度重视法治乡村建设，充分发挥法治的引领、规范、保障作用，积极探索法律服务进乡村"六到六落实"模式，健全自治、法治、德治相结合的乡村治理体系，打造乡村治理建设"聚能环"，持续提升乡村治理水平。

1. 实现法律顾问到村，有效落实依法决策

鹿泉区采取政府购买服务模式，选强配齐各村法律服务队伍，实现全区208个行政村全部配备"一村一法律顾问"，法律顾问每月到村服务不少于8小时，提供"菜单式"法律服务；积极参与村规民约和其他管理规定的起草、审核和修订，在村民自治、订立重要经济合同和其他重大决策方面提供法律意见，推动村级事项依法决策。

2. 落实普法阵地到街，有效落实法律服务

鹿泉区加强农村法治文化阵地建设，坚持"一村一特色、一村一风景"的工作理念，在60多个行政村建成高标准法治文化阵地，实现了"抬眼可见、驻足即观、易懂易记"的法治宣传效果；加强公共法律服务实体平台建设，208个行政村全部建有村级公共法律服务站，实现法律问题在线咨询和在线服务；组织普法讲师团、普法志愿者、法治文艺宣传队深入乡村进行宣传，同时充分发挥互联网、微信公众号的作用，建立农村普法微信群，积极开展乡村"指尖上的普法"。

3. 落实村规民约到户，有效落实基层治理

坚持把完善村规民约作为推进依法治村的重要抓手，全区208个行政村全部完成村规民约的修订完善和备案工作，并发放至每家每户，其中，获鹿镇下聂庄村、石井乡石井村、大河镇曲寨村村规民约入选省民政厅编制的《优秀村规民约居民公约100篇》，人民日报海外版对获鹿镇下聂庄村以《村规民约"约"出文明乡村》

进行报道，宜安镇新寨村的"夜谈会"制度成为法治建设的乡村样本。

4. 落实法律培训到人，有效落实法治宣传

坚持以法律培训为着力点，依托法治教育开设网络法治课堂，在村文化小院设置法律图书角，每季度邀请政法干警、行政执法人员、法律顾问等到村开展专题法治讲座，强化"法律明白人"培养，首批推荐624名候选人；制定具体培训方案，订制1000套证书、徽章、培训手册和学习笔记，通过远程视频会议等方式开展教育培训，培育农村学法用法示范户400余户，为法治乡村建设提供扎实的人才保障。

5. 落实行政执法到乡镇，有效落实三项制度

深化乡镇综合行政执法改革，推进行政执法权限和力量向基层延伸和下沉，加大人才招录力度，补充乡镇综合执法力量；加强乡镇综合执法队伍能力建设，制定行政执法队伍素质提升培训方案，瞄准实战、跟班学习、精准培训，组织开展线上线下培训，有效提升行政执法人员业务素质。

6. 落实调解服务到基层，有效落实法治维稳

坚持眼睛朝下看、脚往乡间走，立足乡村各类矛盾纠纷抓早抓小、源头预防、就地化解；发挥6支专业调解团队作用，巡回深入乡村（社区），集中开展人民调解"三大三提升"和矛盾纠纷化解专项活动，及时化解婚姻、邻里等基层矛盾纠纷，矛盾纠纷调解成功率达到98%，为经济社会发展提供安全稳定的政治社会环境。

（三）唐山市迁安市阎家店镇：积极探索乡村治理新模式，使基层矛盾在网格中有效化解

唐山市迁安市阎家店镇积极探索"五级网格保驾，六联机制护航"的乡村治理新模式，真正实现乡村基层矛盾在网格中得到有效化解。

1. 加强隐患联排，在网格中全方位掌握村情民意

为织密乡村基层治理网格阎家店镇，积极探索以主要负责同志、包村领导、包村组长、村干部、党员代表为网格员，村干部和群众代表以群众利益诉求体认领包联户的"五级网格化"的管理体系。同时充分调动各级网格员走到群众身边，了解社情民意，着力解决群众的关心事、烦心事和揪心事。

2. 进行矛盾联调，在网格中有效化解矛盾纠纷

阎家店镇始终坚持将做好矛盾纠纷调解工作作为维护大局稳定的"基石"，在充分调动各级网格员积极性的同时，广泛吸纳乡贤能人、老党员、老干部组成调解小组，筑牢"依靠群众做群众工作"的基础，实现面对面畅谈、面对面疏导、面对面调解的工作格局。2021 年以来，全镇共调解矛盾纠纷 79 件，成功率达到 100%。

3. 实行治安联防，在网格中监控重点人群

阎家店镇针对精神障碍患者、社区矫正和戒毒康复人员等重点人群，利用网格员人熟、事熟优势特点，及时收集可能影响社会治安稳定的倾向性、苗头性信息，积极参与社会治安联防，防止发生各类治安案件发生。2021 年，共搜集各类信息 17 起，防止 2 名精神障碍患者丢失。

4. 实施工作联动，在网格中开展公共服务

阎家店镇在开展校园周边环境专项整治、扫黑除恶、禁种铲毒等工作中，充分发挥各级网格员协调联动作用，先后取缔校园周边小摊贩 8 个、违规办幼儿园 1 处，并对 3 名校园周边精神病障碍患者落实了网格化稳控措施和稳控责任。

5. 深化平安联创，在网格中有效开展平安乡村建设

阎家店镇积极推进"三治融合"和"五级网格化"的深度融合，通过各级网格员的积极配合，有序推进村民自治章程和村规民约的修订工作，积极谋划"星级评比"的诚信机制，基本建立法律咨询服务构架，持续开展"寸草心"志愿者服务队志愿服务工作，积极组建乡贤参事会、百事服务团、道德评议团。

（四）保定市博野县沙沃村："一站式"排查化解矛盾纠纷，汇聚形成乡村社会治理合力

保定市博野县沙沃村位于博野县城以西 6 公里，全村共 1231 户 3478 人，耕地面积 4430 亩，党员 78 名，村"两委"干部 7 人。沙沃村积极结合村情，借鉴先进经验，加强实践创新，通过"一站式"矛盾纠纷排查化解机制，解民忧、助村安，实现村内矛盾的快速贴心化解，做到大事小事都不出村。沙沃村 2014 年被评为河北省美丽乡村，2016 年被授予河北省先进基层党组织，2020 年被评为全国文明村，2019 年村支书被评为"河北省百名优秀支部书记（乡村振兴领头羊）"。

1. 坚持"一中心四延伸"，实现矛盾纠纷排查全覆盖

"一中心"指整合村综治中心、综合服务中心、心理咨询室，建设村一站式矛盾纠纷排查调处中心，形成矛盾化解、卫生健康、民生保障多功能于一体的综合中心，通过搭建"一站式"工作平台，解决群众有事"多头跑、重复跑、不知往哪跑"的问题。以调处中心为阵地，主动落实向基层网格延伸、向田间地头延伸、向景区延伸、向外地延伸"四延伸"，将网格化管理作为调处中心的末端抓手，建立基层调解网格，做到矛盾格里发现、格里化解，让调解的"神经末梢"直接延伸到户。

2. 坚持"望闻问切"四步走，实现矛盾纠纷排查化解全掌控

"望"是指村调解中心着眼全村大稳定，每月定期开展全村矛盾隐患分析研判；"闻"是指在调解中心的主持下，组织村内调解力量，主动掌握村内动态，特别对村内重点风险家庭和重点人员密切关注、跟踪排查，建立"红黄蓝"三级警示机制，一旦发现异常，由村干部、网格员立即跟进疏导干预；"问"是指村内一旦发生矛盾纠纷，村干部、网格员主动到户了解情况，问明原因，落实"一二三一"工作法；"切"是指对重大矛盾，要组织村干部、老党员、网格员共同会诊定策。

3. 坚持"三导"推动聚合力，实现全村矛盾隐患全化解

以支部主导，村"两委"严格落实"四议两公开"，规范村务，让村务透明，让群众信任，增强干事创业的凝聚力和矛盾纠纷排查的动员力；以法治引导，沙沃村联合有关部门，主动借法治村，推动矛盾纠纷依法化解；以村风倡导，沙沃村充分挖掘深厚的人文底蕴，积极培育崇贤尚德的精神风貌，健全调委会、红白理事会等村级配套组织，着力打造"六无"示范村、民主法治示范村、人文旅游示范村，移风易俗，弘扬正气，以敦厚醇和的村风打实平安和谐的基础。

（五）衡水市武强县周窝镇周窝村：依托良好的文化产业基础和民居特色，着力打造有吸引力、高品位的音乐小镇带动新农村建设

衡水市武强县周窝镇周窝村坚持以文化产业带动新农村建设，依托良好的产业发展基础和民居特色，着力打造有吸引力、高品位的音乐小镇，"周窝音乐小镇"已成为周窝村文艺村落的代称，多年来荣誉不断，闻名全国乃至海外。

1. 注重把握"三个原则"，实施"四个工程"

三个原则主要是指：尊重历史沉淀，不搞大拆大建，坚持"下改上不改、内改外不改"，保持周窝村总体框架和外部整体风貌不改变，让居住在音乐小镇的人记得住乡愁；注重中西融合，突出"音乐文化"特色，全方位、多层次地融合音乐元素，努力打造高品位的音乐特色小镇；坚持"政府主导＋市场运作＋村民参与"建设模式，努力探索一条欠发达地区现代新农村建设新路子。"四大工程"主要是指：基础设施改造工程，升级改造基础设施，新建周窝音乐小镇服务中心、中心敬老院及污水处理厂、垃圾转运站等设施，普及卫生厕所、健康厨房；音乐元素包装工程，引进北京璐德文化公司，通过租赁、置换等方式，对小镇民居院落进行音乐文化主体性包装改造，打造独具地域特色的音乐文化小镇；文化活动带动工程，璐德公司通过与文化艺术机构开展合作，组织和承办各类国家级、省级音乐节和音乐活动等，提升小镇名气、人气和商气；环境卫生保洁工程，坚持软硬结合、双管齐下，全村环境卫生实现了长效保持。

2. 以乡村旅游为突破口，大力发展文化创意产业，带动当地居民增收

周窝村大力发展文化创意产业，由单一从事乐器生产转向从事音乐教育培训、音乐体验创作、音乐节目制作、音乐纪念品开发、音乐演艺活动、音乐休闲养生等多种业态，涵盖了音乐体验中心、世界乐器博物馆、水乐方及十字步行街四大旅游板块，丰富了文化活动场地，配备休闲设施，形成了集文化旅游、音乐研学、休闲度假于一体的音乐小镇。几年时间，周窝村吸引游客 60 万人次，实现旅游收入过亿元，带动乐器生产及加工配套企业近百家，文化创意小微企业百余家，从业人员达 3000 多人，有效促进了当地农村劳动力就地转移就业，带动了小镇周边西辛庄村、李封庄村等 6 个贫困村部分贫困户有效脱贫。2021 年底，当地村民年人均收入突破 2 万元。

四、扎实推进河北省乡村治理体系和治理能力现代化的实现路径

河北省各地认真落实省委、省政府关于加强和创新基层治理的安排部署，不断完善制度体系、政策体系和工作体系，充分发挥基层党组织建设在社会治理中的引领作用，瞄准突出问题和薄弱环节，形成并完善了"六位一体""五社联动"等工

作机制，探索出一条符合时代特征、满足人民期盼、体现本地特色的社区治理新路径，居民群众的获得感、幸福感和安全感显著提升。新征程上，要坚持系统思维、统筹兼顾、多方协调、上下联动，不断提高乡村治理体系和治理能力现代化水平，加快推进农业农村现代化和乡村全面振兴。

（一）强化农村基层党组织战斗堡垒作用，不断提升干部队伍能力水平

进一步健全乡村治理工作机制，确立由党委主要负责同志牵头抓总，明确专人负责，落实乡镇党委抓乡村治理的工作责任。农业农村部门、乡村振兴机构主动加强与组织、宣传、政法、民政、司法等部门的工作协调，形成落实工作合力，按照统一规划和部署，在人力、物力、财力投入方面为乡村治理试点工作提供保障，确保基层管理服务便捷高效、农村公共事务监督有效、乡村社会治理富有成效。

发挥农村基层党组织的战斗堡垒作用，农村基层党组织是农村各个组织和各项工作的领导核心，建立健全以农村基层党组织为领导，村民自治组织和村务监督组织为基础，集体经济组织和农民合作组织为纽带，其他经济社会组织为补充的村级组织体系。加强农村基层党组织干部队伍建设，选优配强乡镇、村领导班子，打造一支政治过硬、本领过硬、作风过硬的干部队伍，持续向重点乡村选派驻村第一书记和工作队，发展农村年轻党员。完善村民（代表）会议制度和村级民主协商、议事决策机制，拓展村民参与村级公共事务平台。加强村务监督委员会建设，强化基层纪检监察组织与村务监督委员会的沟通协作、有效衔接，推行村级小微权力清单制度。推动乡村服务性、公益性、互助性社会组织健康发展，积极发展农村社会工作和志愿服务。

（二）健全完善自治、法治、德治相结合的现代乡村治理体系，加强和改进乡村治理

健全党组织领导的自治、法治、德治相结合的乡村治理体系，促进自治、法治、德治相融互通，是加强和改进乡村治理的有效途径。村民自治在乡村治理中发挥着基础性作用，要推动乡村治理重心下移，进一步完善民事民议、民事民办、民事民管的多层次基层协商格局，实现从"被动望"到"主动干"的转变。法治是乡村治理的重要保障，要不断提高基层干部的法治素养，提升运用法治思维和法治方式化解矛盾、解决难题的能力；增强广大农民的法治意识，引导其遵法学法守法用法，实现从"被动防"到"主动干"的转变。德治是乡村治理的重要支撑，要完善乡村

道德激励约束机制，结合新时代文明实践活动，开展"道德模范""最美媳妇""最美家庭"等评比活动，发挥身边榜样示范带动作用，褒扬孝老爱亲、敬业奉献、助人为乐、诚实守信、见义勇为等精神，引导广大农民群众讲道德、学模范，为乡村振兴提供强大思想道德保证，实现从"旧观念"到"新风尚"的转变。

完善乡村治理工作机制，严格依法设定县级对乡镇赋权赋能范围，整合乡镇和县级部门派驻乡镇机构承担的职能相近、职责交叉工作事项，健全乡镇和县级部门联动机制，压实乡镇政府综合治理、安全生产等方面的责任。规范村级组织工作事务，减轻村级组织负担。健全乡村治理工作协同运行机制，深入开展乡村治理体系建设试点示范和乡村治理示范村镇创建，推广运用"积分制""清单制"等形式，推进农村移风易俗。

深入推进平安乡村建设，提升乡村综治水平。坚持和发展新时代"枫桥经验"，加强群防群治力量建设，巩固充实乡村人民调解组织队伍，创新完善乡村矛盾纠纷多元化、一站式解决机制。深化农村网格化管理服务，推进农村基层管理服务精细化。充分依托已有设施，推进农村社会治安防控体系建设。加强县乡村应急管理、交通消防安全体系建设，加强对农村自然灾害、公共卫生、安全隐患等重大事件事故的风险评估、监测预警和应急处置。健全农村扫黑除恶常态化机制，持续打击农村黑恶势力、宗族恶势力，依法打击农村黄赌毒和侵害妇女儿童权益的违法犯罪行为。

（三）壮大乡村社会治理主体，充实现代乡村社会治理力量

发挥新乡贤的积极作用，新乡贤是一种接续传统、连接现代，能够发挥道德引领作用的有益力量。从实际出发培育发展新乡贤队伍，既开门迎才、广纳贤士，又严把入口关，选拔出能够维护秩序、化解矛盾、传承文明、推动发展的新乡贤。积极搭建发挥新乡贤作用的平台，包括文化传承平台、创新创业平台等，为他们施展才能创造有利条件。培育富有地方特色和时代精神的新乡贤文化，既汲取传统乡贤文化中的价值精华，又与时代要求相结合，为推进乡村治理现代化注入强大正能量。

发挥农民的主体作用，广大农民生于农村、长于农村、了解农村，是加强和创新乡村治理的主力军。要尊重农民意愿，把其对美好生活的向往化为推动乡村治理的动力，充分调动农民群众的积极性、主动性和创造性。实施现代农民培育计划，着力提升农民文化素养，全面推进社会公德、职业道德、家庭美德、个人品德建设，培养诚实守信、敬业奉献的道德操守，赓续勤俭节约、自力更生的传统美德，营造乡风文明新气象。

（四）强化典型带动作用，结合实际丰富乡村治理体系建设内容

不断拓展现代乡村治理工作内容，把积分制、清单制纳入试点创建内容，结合实际、循序渐进，优先选择工作有基础、推进有经验的乡镇和村庄开展试点，为积分制、清单制在本地全面推广应用探索路径、积累经验，在此基础上研究问题并示范推广，逐步扩大覆盖面。

持续强化典型带动作用，将试点工作中形成的乡村治理工作制度、保障措施等转化为长效机制，各试点县（市、区）及时总结报送好经验、好模式，省农业农村部门、乡村振兴机构及时搜集汇总乡村治理工作亮点、典型经验，做好上报和推广工作。全力探索一批方法路径，健全一批工作制度，打造一批典型经验，形成一批工作抓手，进一步健全党组织领导的自治、法治、德治相结合的乡村治理体系。

继续加强宣传推广，要加强与新闻媒体的广泛合作，综合运用电视、网络、报刊等宣传媒体，加强对试点情况的典型报道、舆论引导，全面推广试点中涌现的乡村治理好办法、好经验、好模式，营造各级重视、各界支持、群众参与的良好氛围，示范带动全省乡村治理再上新水平，踏上新征程。

参考文献

［1］陈松友，周慧红．党建引领乡村治理的理论逻辑、历史逻辑和现实逻辑［J］．山东社会科学，2022（12）：5–14．

［2］胡惠林．乡村文化治理能力建设：从传统乡村走向现代中国乡村——三论乡村振兴中的治理文明变革［J］．山东大学学报（哲学社会科学版），2023（1）：50–66．

［3］尚永江，郑能，汤积飞．"五治"融合激活乡村治理新动能［N］．广西法治日报，2022–10–10（1）．

［4］孙慧娟．以基层党建引领乡村治理现代化［J］．人民论坛，2022（21）：65–67．

［5］陶斯妍．乡村治理问题研究综述［J］．社会科学动态，2022（12）：70–74．

［6］张鸿，王思琦，张媛．数字乡村治理多主体冲突问题研究［J］．西北农林科技大学学报（社会科学版），2023，23（1）：1–11．

［7］张继良，邵凡．乡村治理主体职能结构的调整与优化［J］．河北学刊，2022，42（6）：159–166．

分报告六 ▽

河北省乡村人才振兴研究

【摘要】随着中国经济社会的发展和乡村振兴的全面推进，乡村社会比以往任何时候都更加需要人才支撑，乡村社会也为各类人才施展抱负提供了前所未有的广阔舞台。2021年，中共中央办公厅、国务院办公厅印发了《关于加快推进乡村人才振兴的意见》，指出"乡村振兴，关键在人"，要坚持把乡村人力资本开发放在首要位置，促进各类人才投身乡村建设。河北省深入贯彻落实习近平总书记关于推动乡村人才振兴的重要指示，出台了"一揽子"人才振兴支持政策，实施了一系列人才振兴项目工程，真心爱才、倾心引才、悉心育才、精心用才，初步建立起河北省乡村振兴的人才支撑体系。但是目前河北省乡村人才资源基础尚不牢固，短板依然存在，尤其是乡村人才外流、结构失衡、素质偏低等问题成为制约河北省推进乡村振兴的关键因素。对此，河北省应该继续优化政策机制，以政策机制引领人才振兴；培育特色优势产业，以产业兴旺保障人才振兴；持续改善乡村环境，以宜居宜业促进人才振兴；充分挖掘利用人才，以合理精准推动人才振兴；加快发展数字科技，以信息技术支撑人才振兴。在引、育、用、留上做足做细功夫，不断增强乡村吸力，唤醒乡村活力，激发乡村潜力。

功以才成，业由才广。人才是第一资源，人才振兴是乡村振兴的重要一环，人才资源也是推动乡村振兴的强大力量和有力支撑。乡村人才队伍建设在乡村发展中具有扶志和增智的造血功能，在乡村振兴中产生基础性和引领性的重要影响。2021 年，中共中央办公厅、国务院办公厅印发了《关于加快推进乡村人才振兴的意见》，指出"乡村振兴，关键在人"，要坚持把乡村人力资本开发放在首要位置，促进各类人才投身乡村建设。河北省深入贯彻落实习近平总书记关于推动乡村人才振兴的重要指示，落实党中央国务院有关决策部署，为推动各类人才投身乡村建设作出了积极努力并取得了显著成效。

一、乡村人才振兴的战略地位

党和国家一贯重视乡村发展，也一直关心乡村人才队伍建设。党的十九大提出要全面推进乡村振兴，并提出培养造就一支懂农业、爱农村、爱农民的三农工作队伍。2020 年两会期间，明确提出要实现乡村产业、人才、生态、文化、组织五大振兴，把乡村人才振兴放在了重要战略位置上。2021 年，国务院办公厅印发了《关于加快推进乡村人才振兴的意见》，明确到 2025 年乡村人才振兴制度框架和政策体系基本形成，乡村振兴各领域人才规模不断壮大，素质稳步提升，结构持续优化，各类人才支持服务乡村格局基本形成，乡村人才初步满足实施乡村振兴战略基本需要。由此可见高质量的乡村振兴与高质量的人才队伍息息相关，正确认识和把握乡村人才振兴的战略地位，是推动乡村人才振兴的前提和关键。

（一）从"五大振兴"的内在联系分析

乡村振兴是巩固拓展脱贫攻坚成果、接续奋斗、全面推进农业农村现代化的重要抓手，是一项巨大复杂的系统性工程，主要包括产业振兴、人才振兴、文化振兴、生态振兴和组织振兴。五大振兴之间具有不可割裂的内在联系，而人才振兴在五大振兴中又具有十分重要的战略地位，主要表现在以下几个方面。

1. 人才振兴为产业振兴提供劳动力基础和人力资本保障

产业振兴是乡村振兴的重中之重，是推动乡村全面振兴的物质基础。推动乡村产业振兴，一方面要推动农业转型升级，促进农业高质量发展；另一方面要加快实现农村一二三次产业融合发展，延伸产业链条，丰富产业形态，构建增值空间大、辐射带动能力强、农民就业增收明显的农村现代经济体系；此外，产业振兴也要培育发展新产业新业态，转换产业增长模式。而无论是农业转型升级、产业融合发展还是新产业新业态培育，都需要依靠各类科技人才、管理人才、生产人才、经营人才去推动构建现代农业产业体系、生产体系、经营体系。也就是说，产业振兴要以人才振兴为基础和保障。

2. 人才振兴为文化振兴提供组织者和工作对象

文化振兴是乡村振兴的精神支柱，贯穿于乡村振兴的各领域、全过程，为乡村振兴提供持续的精神动力。推动乡村文化振兴，要以构建乡村公共文化服务体系建设为载体，培育文明乡风、良好家风、淳朴民风，深入挖掘优秀传统文化，培育弘扬农村社会新风，加强文化价值引领作用，凝神铸魂，以文化人。推动乡村文化振兴，一方面需要大量传统文化素养深厚又熟悉现代科学文化发展规律的文化工作人才充当乡村文化振兴的宣传队；另一方面也需要大批优秀传统手工艺传承人才、文化产业建设人才和乡村文化旅游开拓人才争做乡村文化振兴的开拓者；更需要以各类人才为工作对象，宣传弘扬社会主义核心价值观，为各类人才成长发展提供强大精神动力，让各类人才凝心聚力为农业农村现代化贡献力量。可见，乡村人才振兴是文化振兴的关键和核心。

3. 人才振兴为生态振兴提供生态产品供给者和生态环境建设者

乡村振兴，生态宜居是关键。良好生态环境是农村最大优势和宝贵财富。习近平总书记2022年4月在海南考察时指出："乡村振兴要在产业生态化和生态产业化上下功夫。"① 一方面，要大力发展农业科学技术，提高农业资源利用效率，推动农业产业绿色发展，充分发挥农业特有的生态功能，让农业成为生态产品的重要供给来源。这就需要培养造就一大批生态环境保护人才，尤其是要做好农民工作，把广大农民转变成为生态环境保护者和农业生态产品的供给者。另一方面，要加快农村人居环境整治，加强农村污水、垃圾等突出环境问题综合治理，补齐农村生态环境建设短板，让农村成为生态涵养的主体区。这就需要动员乡村各类人才尤其是农民群众积极行动起来，参与到农村人居环境的整治和改善行动之中，为建设美丽宜居乡村出谋划策，人人争做乡村生态环境的建设者。可见，乡村人才振兴为生态振兴提供智力支持和人力资本支撑。

4. 人才振兴为组织振兴提供各类基层人才基础

组织振兴是乡村振兴的保障条件，是推动实现乡村振兴的"牛鼻子"，是乡村振兴的"第一工程"。一是要健全组织，造就一批坚强团结、紧密扎实的农村基层

① 习近平在海南考察时强调 解放思想 开拓创新 团结奋斗 攻坚克难 加快建设具有世界影响力的中国特色自由贸易港 [EB/OL]. (2022－04－14) [2023－03－06]. 人民网.

党组织，充分发挥战斗堡垒作用。二是要建强队伍，打造一支先进优秀、忠诚奋进的农村党员队伍，充分发挥先锋模范作用。三是完善制度，制定系统完备、执行有力的制度规范，充分发挥组织管理作用。组织队伍是由人才构成的，组织振兴首先要优秀人才支撑，而制度规范既需要人才去制定也需要人才去实施，也就是说组织振兴要以人才振兴为核心和前提，二者密不可分。

可见，乡村振兴各方面都需要各类人才去推动实施、去奋斗实现，而乡村振兴取得的成果归根结底也是惠及各类人才的。解决人才队伍建设问题是全面推进乡村振兴战略的关键所在，也是推动农业农村现代化，最终实现社会和人的全面发展的必然要求。

（二）从乡村人才振兴与其他国家战略的关系分析

乡村人才振兴是实施科教兴国战略的重要途径。党的二十大报告提出，"实施科教兴国战略，强化现代化建设人才支撑。教育、科技、人才是全面建设社会主义现代化国家的基础性、战略性支撑。""我们要坚持教育优先发展、科技自立自强、人才引领驱动，加快建设教育强国、科技强国、人才强国。"科教兴国战略旨在提高全民族教育水平、增强国家科技实力及向现实生产力转化的能力，把经济建设转移到依靠科技进步和提高劳动者素质的轨道上来。而实施科教兴国战略，最艰巨最繁重的任务在农村，最广泛最深厚的基础仍然在农村。必须在农村地区把科教兴国战略落到实处，把教育和科技摆在优先发展的战略地位，依靠科技进步和劳动者素质提高推进农业农村现代化。而乡村人才振兴一方面可以为农村教育提供更多优秀师资力量，提升农村教育水平；另一方面人才振兴推动农业科技的发展进步，也可以助力科技在农村的推广和应用，因此乡村人才振兴是科教兴国战略在农村得以贯彻落实的重要途径。

乡村人才振兴是实施人才强国战略的必然要求。党的二十大报告指出，"要深入实施人才强国战略。培养造就大批德才兼备的高素质人才，是国家和民族长远发展大计。""完善人才战略布局，坚持各方面人才一起抓，建设规模宏大、结构合理、素质优良的人才队伍。"人才是实现民族振兴、赢得国际竞争主动的关键资源，人才强国战略是统筹推进"五位一体"总体布局，协调推进"四个全面"战略布局的重要保证，是实现国家富强、民族复兴的重大举措。而推进乡村人才振兴与实施人才强国战略密不可分。一方面，乡村人才队伍是国家人才队伍的重要组成部分，乡村人才振兴是实现人才强国战略的关键一环；另一方面，乡村人才振兴可以推动乡村教育、科技、产业发展，从而为人才强国战略的实施提供更加坚实可靠的后备人才和经济科技基础。可以说实施人才强国战略，推动乡村人才振兴不可或缺。

乡村人才振兴是实施创新驱动发展战略的内在逻辑。党的二十大报告指出，"加快实施创新驱动发展战略。坚持面向世界科技前沿、面向经济主战场、面向国家重大需求、面向人民生命健康，加快实现高水平科技自立自强。以国家战略需求为导向，积聚力量进行原创性引领性科技攻关，坚决打赢关键核心技术攻坚战。""加强基础研究，突出原创，鼓励自由探索。"实施创新驱动发展战略是党立足全局，放眼世界，面向未来做出的重大决策，对我国形成国际竞争新优势，增强发展的长期动力，对转变经济发展方式，实现高质量发展，对改变能源利用结构，营造良好生态环境都具有战略意义。而一切科技创新活动都是人做出来的，我国要实施创新驱动发展战略，建设世界科技强国，关键是要建设一支规模宏大、结构合理、素质优良的创新人才队伍，激发各级各类人才创新活力和潜力。而乡村振兴人才队伍作为国家人才队伍的重要组成部分，一方面能推动科学技术在乡村地区的普及和应用，另一方面作为站在实践最前沿的乡村振兴人才也能推动基础研究的深入发展，此外由于乡村教育人才能够提升乡村教育水平，进而为科技创新提供更加深厚的人力资源基础。可见，乡村人才振兴是实施创新驱动发展战略的内在支撑和必然逻辑。

（三）从乡村人才振兴工作的现状、问题和挑战分析

乡村人才振兴的重要战略地位，也表现在乡村人才工作的现实问题和挑战之中。长期以来，乡村中青年、优质人才持续外流，人才总量不足、结构失衡、素质偏低、老龄化严重等问题比较突出，乡村人才总体发展水平与乡村振兴的要求之间存在较大差距。根据国家第三次农业普查数据显示，2016 年全国农业生产经营人员 31422 万人，从年龄结构看，55 岁及以上经营人员占比 33.6%；从受教育结构看，初中及以下受教育程度的人员占比达 91.8%，高中或中专学历占比为 7.1%，大专及以上仅占 1.2%。人才匮乏、老龄化严重、素质不高等问题长期困扰农业农村经济发展和乡村振兴工作的推进。

目前看来，我们在乡村人才振兴方面的工作仍不到位，乡村人才整体还存在人才外流、总量不足、中青年较少、老龄化突出、受教育程度不高、素质偏低等现实问题。另外，由于乡村产业链条尚不完善，生活环境有待进一步提高，部分政策壁垒仍然存在，传统观念影响依然较大，导致乡村在引才、育才、留才方面仍存在较大阻力。乡村人才问题亟须解决，乡村人才振兴势在必行。

二、河北省乡村人才基本现状分析

乡村人才振兴在乡村振兴进程中、在整个国家发展大局中都具有十分重要的战略地位，而河北省作为农业人口大省而非农业人才强省更需加大对乡村人才振兴工作的重视。根据《河北统计年鉴2021》的数据显示，2016～2020年，河北省年末总人口数呈稳步增长态势，由7374.99万人增长至7463.84万人，人口总量位居全国前列。在全省常住人口中，拥有大学文化程度的人口为9264910人，占常住人口的比重约为12.42%；拥有高中文化程度的人口为10341464人，占常住人口比重约为13.86%，且数量和比重均呈稳步上升趋势，其中蕴含的乡村振兴人才资源潜力巨大，需要深入挖掘和高效利用人才资源推动河北省乡村振兴，实现河北省整体发展。为更好了解河北省乡村人才基本现状，推动乡村人才合理高效利用，促进各类人才投身乡村建设，下面对河北省乡村人才资源进行分析和梳理。

（一）农民工

农民工的出现是农村劳动力向城市转移的结果。农村劳动力转移是农村劳动力从集体土地上分离出来后，向非农劳动力转化的劳动力资源的再配置过程。外出务工的农民工进入城市后，接受了更加系统的知识和技能培训，拥有了更加宽阔的眼界，且近期农民工返乡就业创业成为热潮，更加深入挖掘和高效利用农民工这一人才资源，能够有效推进河北省乡村振兴进程。

根据河北省人社厅相关资料，2022年河北省农民工共计1270余万人，其中省内农民工约1070万人，占河北省农民工总量的约84.3%，出省农民工约210万人。省内农民工中，在县内务工人员为930万人，占省内农民工的86.9%，县外省内务工人员为140万人；出省农民工中，前往北京、天津的务工人员为170万人，占出省农民工的80.9%。可以看出，河北省农民工中绝大部分人选择省内务工，且省内农民工中超八成的人选择县内务工；而出省农民工也大都选择北京、天津等较近地区务工。一方面，河北省农民工的乡土情结较为浓厚；另一方面，县域内产业有了一定程度的发展，可以吸收接纳附近农民工就业。在此背景下，适当吸引有了一定眼界和知识的农民工返乡就业创业，投身乡村建设，将为河北省乡村振兴提供重要的人力资源支撑。

（二）实用专业人才

实用专业人才是指城市常住人口中拥有农业农村相关专业知识、有意愿有能力投入到乡村建设中来的人才。实用专业人才在乡村建设中发挥着生力军和领头羊的作用，主要依托于科技特派员制度和"三支一扶"计划投身到乡村振兴事业中。目前，河北省科技特派员支撑体系基本形成，"三支一扶"志愿者招募初具规模，河北省乡村振兴实用专业人才基础较为扎实。

2020年11月26日，河北省政府办公厅印发了《关于全面深入推行科技特派员制度的实施方案》，大力推动科技特派员制度向纵深发展，重点围绕企业、农业合作社发展需求，加强科技特派员队伍建设，完善科技特派员服务支撑体系。截至2022年5月，河北省共组织备案科技特派员6797名，分三批次完成派驻农业和企业科技特派员4456名、备案并开展服务乡镇科技特派员1305名，在乡镇（街道）政府和省级以上园区管委会建设科技特派员工作站803个，在高校、科研机构建设科技特派员工作室54个，在企业、农业合作社等单位培育科技专干3358名。

2018～2022年连续五年印发《关于征集高校毕业生"三支一扶"计划岗位需求的通知》，紧贴全面实施乡村振兴战略需要，深入挖掘基层事业发展急需紧缺岗位，从最初的教育、农业、医疗、扶贫，扩展到农技、水利、文化、社会保障等领域。五年来共招募"三支一扶"志愿者6000余名，为推进乡村振兴提供了有力的人才支撑。

（三）村基层组织成员

"村子富不富，关键看支部；班子强不强，关键看班长"。农村基层党组织是党在农村工作的"战斗堡垒"，是推动乡村振兴的"领头羊"。目前，全省49442个村已经普遍建立起村党组织、村委会、村监会、服务站、合作社"五位一体"协调联动的村级治理架构。2021年组织开展了全省村两委换届选举，换届后，村党组织书记平均年龄46.8岁，下降5.5岁，其中60岁以上的村党组织书记由1.15万人下降到168人；村党组织书记大专及以上学历占比为37.4%，高中（中专）及以上学历占比98.7%；村党组织书记中本村致富能手、外出务工经商返乡人员、本乡本土大学毕业生、退役军人占95.7%，提升19个百分点，实现了年龄、学历和能力的"一降两升"。此外，河北省实施了基层党组织书记"万人示范培训"工程，每年制定专项实施方案，培训内容突出抓党建促脱贫攻坚、促乡村振兴，2018～2022年直接培训村（社区）党组织书记6万余名；并且选树了753名农村"千名好支书"和100名"乡村振兴领头羊"，每年"七一"给予大力表彰，有力激发了基层干部干事创业热情。

随着村级治理架构的不断完善、村基层组织成员尤其是村党组织书记素质能力的提高、年龄结构的优化，农村基层组织干部队伍的领头羊作用进一步凸显，对乡村振兴的引领支撑作用进一步加强，河北省农村基层组织人才资源优势初步显现。

（四）务农农民——新型职业农民

广大务农农民是农业农村现代化建设的主力军，是推动乡村振兴的基础和中坚力量，提升其知识技能水平是建设高质量乡村人才队伍的关键，也是实现高质量乡村发展的必然。

河北坚持把人才振兴摆在突出位置，高度重视农民教育培训，实施了新型职业农民培育工程，重点实施了现代青年农场主培养、新型农业经营主体带头人轮训、农业产业精准扶贫培训和农村实用人才带头人培训4个计划，加强对返乡大学生、中高职毕业生、退伍军人的返乡创业培训，促进城镇经验、技术、技能、资金回流故土。加强对本地专业大户、家庭农场、农民合作社等新型经营主体带头人的培训。支持新型职业农民通过弹性学制参加中高等农业职业教育，提升职业技能。从2018年开始，利用中央财政转移支付农民教育培训专项资金42756亿元，推进农民教育培训有效实施，"高素质农民培育计划"已覆盖到全部农业县市区，培育农民168718人，其中培育新型经营主体超过9万人、种粮大户4万人。完善配套政策体系，构建了"专门机构＋多方资源＋市场主体"的"一主多元"培育体系，即培训机构由省市县农广校为主体培训，科研院所、涉农大中专校、职教中心、农技推广机构多方参与。有130所农广校、7所涉农大中专校、1所科研院所、10个职教中心、10个农技推广机构被认定为培训基地，共举办了1982个培训班。鼓励社会机构参与实习、实训基地建设，有325个农业园区、农业（机）龙头企业、农民（机）合作社、农业创新驿站和农业科技小院等资源充实到实训基地。

河北省新型职业农民培育力度不断加大，培育体系不断完善，新型职业农民数量不断增加，成为乡村人才队伍的重要组成部分，对推动河北省农业农村现代化、实现乡村振兴具有重要意义。

三、河北省在推动人才振兴方面的举措及取得的成果

近年来，河北坚持把"人才振兴"摆在突出位置，高度重视乡村人才队伍建设，积极引导各类人才要素向农业、农村流动和聚集，激发了乡村人才活力，为乡

村振兴提供了强有力的动力和支撑。

（一）系统化推进，"三三四体系"促进更高质量就业

坚持目标导向，就业帮扶实施政策加码、资金加油，各方加力、责任加强、推动加大，着力构建"三三四"工作机制，2021年帮助88.6万脱贫人口实现就业，完成目标任务的106.3%。一是建强三个机制。建立一项任务、一名领导、一个专班、一套方案、一抓到底的"五个一"工作推进机制；健全人社、乡村振兴部门按季通报、信息定期衔接、工作定期调度的统筹调度机制；构建"省级抓总、市级统筹、县级落实、乡（镇）到村、村责任人动态跟踪精准帮扶"的责任落实机制。二是聚焦三个精准。实施精准扶持，聚焦促进就业和技能提升，就业帮扶政策实现各类用人单位、服务主体和脱贫劳动力全覆盖。实施精准施策，思路上，将多渠道就业创业与就地就近转移就业并重；方法上，开展精准识别、精准施策的个性化服务；举措上，创设帮扶车间、扩大劳务协作、开发就业帮扶专岗。三是突出四项服务。就业培训强素质，大力推进"互联网＋技能培训"，发放职业培训券，实现从"培训找人"到"人找培训"。组织大赛提技能，精心组织参加全国乡村振兴职业技能大赛，取得1金2银3铜四个优胜奖的佳绩。高质量就业促进河北省乡村人才人尽其才，大有作为。

（二）品牌化引领，"五美精神"激励农民工干事创业

自2018年起，组织开展寻找最美农民工活动，形成具有河北特色的宣传品牌。活动主要面向就业或创业满三年的农民工，广泛宣传爱岗敬业美、品德高尚美、工匠精神美、创业创新美、风险乡村美"五美"优秀农民工事迹，取得了广泛社会关注和影响。一是营造氛围。大力弘扬最美农民工遵纪守法、诚实守信、爱岗敬业、精益求精、无私奉献的优秀品质，宣传就业创业先进事迹，营造全社会关心关爱关注农民工的良好氛围。二是肯定成绩。深入挖掘各行各业的优秀农民工事迹，让全社会看到和了解农民工的贡献与成绩，从而激发他们的自豪感和荣誉感。三是激励引导。四届活动中寻找的200名最美农民工，有的当选为人大代表，有的当选为政协委员，有的成为共产党员，有的在工作岗位得到重要任用，进一步增强了农民工在共建共享发展中的获得感。四是榜样带动。活动自2018年开展以来，社会广泛关注，各级主流媒体大力宣传，激发了广大农民工爱岗敬业、精益求精、乐于奉献、创业引领、带头致富的热情，他们学最美、赶最美、当最美，为乡村振兴和经济社

会发展作出新的更大贡献。

（三）数字化赋能，"人社惠农贷"助力推进乡村振兴

充分发挥人社部门和金融机构职能优势，为农民干事创业提供融资服务，共同服务"三农"助力推进乡村振兴，与农业银行河北省分行联合印发《"人社惠农贷"助力乡村振兴实施方案》，大力挖掘社保卡和惠农贷款联动作用，共同开发互联网惠农贷款产品——人社惠农贷。作为人社系统和金融系统合作的创新之举，"人社惠农贷"是依托互联网大数据技术，以参保人就业、培训、参保缴费等数据为支撑，专门为农村参保居民和助农小微企业设计的一款线上化、批量化、便捷化、普惠化的贷款产品。"人社惠农贷"分为农村居民版和小微法人企业版，服务对象涵盖所有参保缴费的农村居民和各类助农小微企业法人。推广"人社惠农贷"产品，进一步激励农村居民和助农企业参保缴费，方便金融机构授信调查和风险防控，降低了贷款人融资成本，形成了三方共赢的良好局面，缓解了乡村人才干事创业的资金压力，推动实现乡村人才资源效用最大化。

（四）产业化支撑，特色产业助力乡村人才大展身手

河北省政府制定印发了《关于持续深化"四个农业"促进农业高质量发展行动方案（2021—2025 年)》，立足新发展阶段，以农业高质量发展为主题，以深化农业供给侧结构性改革为主线，以提高农业质量效益和竞争力为核心，突出特色优势产业，以改革创新思维和举措，着力推动科技农业、绿色农业、品牌农业、质量农业，加快构建特色鲜明、规模开发、高端带动、集群发展的新格局，推动传统农业向现代农业转变、农业大省向农业强省转变，为乡村全面振兴提供坚实支撑。着力做强科技农业，加快打造绿色农业、发展壮大品牌农业、巩固提升质量农业。聚焦区域科技资源优势和特色优势产业，实施了京津冀农业协同创新、现代种业提升、绿山富民科技示范、智慧农业建设等农业科技创新"四大"工程。深入实施科技"特派员"制度，遴选优秀涉农大学生、乡土专家、农业科技人员，补充基层农技推广力量，引导他们将精力更多放在服务特色产业上。以业稳人、以业增收，把产业优势转化为就业优势，把就业优势转化为人才优势。

（五）环境化保障，美丽乡村确保人才留住用好

河北全省实施农村人居环境整治三年行动，聚焦农村垃圾处理、污水治理、厕

所改造、村容村貌提升重点方向，持续改善农村人居环境。农村生活垃圾专项治理成效显著，厕所革命全面铺开，生活污水治理有序推进，村容村貌得到有效整治。农村人居环境质量得到全面提升，一批美丽乡村在全省打造生态宜居乡村生态环境中发挥了突出的引领示范作用。全力推进乡村生态保护与修复，着力建设田园生态系统，健全生态系统保护制度，乡村生产生活环境得到稳步改善。同时，河北省坚持物质文明和精神文明一起抓，强化群众思想道德建设，大力弘扬燕赵优秀传统文化，激扬新时代乡村文化风采，激发乡村文化创新活力，增加农村公共文化产品供给，全省乡风文明进一步提升。筑巢引凤栖，花香蝶自来。宜居宜业的乡村环境助力各类优秀人才引得来、用得好、留得住。

四、河北省在乡村人才资源方面面临的问题及产生问题的原因分析

乡村振兴战略实施以来，河北省认真贯彻落实党中央有关部署，持续深化农业供给侧结构性改革，推动农业农村现代化建设迈上新台阶。河北省乡村特色优势产业发展有了一定基础，农村人居环境和生活质量明显改善，乡风文明建设取得长足进步，人才队伍不断壮大，结构进一步优化，"产业兴旺、生态宜居、乡风文明、治理有效、生活富裕"的总要求得到初步满足。但是也应看到河北省乡村人才支撑体系尚不牢固，短板依然存在，尤其是乡村人才外流、结构失衡、素质偏低等问题成为制约河北省推进乡村振兴的关键因素。

（一）面临的问题和困难

1. 人才外流

从整体看，河北省乡村人才大规模向城市流动，人才外流较为严重，导致乡村人才总量不足，难以承担乡村振兴的重任。自 2005 年以来，河北省乡村人口占全省人口的比重开始逐年下降，到 2015 年，乡村人口占比首次跌破 50%。如图 6-1 所示，2016~2020 年河北省乡村人口仍呈现持续下降趋势，农村青壮年人才流失现象十分严重；并且当前农村经济、生活环境与城镇存在较大差异，接受过高等教育、文化素质水平较高的青壮年更倾向于留在城市发展，导致人才流动呈现从乡村到城市的单向流动趋势。农村劳动力的大量外流导致农村劳动力短缺，乡村振兴的人才支撑乏力，成为阻碍乡村振兴的短板，制约着农业农村现代化乃至整个经济社会的整体进步。

图 6 - 1　2016 ~ 2020 年河北省城乡人口数量变化

资料来源：《河北统计年鉴 2021》。

2. 结构失衡

河北省乡村人才资源结构失衡主要表现为年龄结构失衡和就业结构失衡，难以有效驱动乡村振兴的发展。一方面，随着城市化的推进，乡村人口整体呈持续下降态势，且外流人口主要为青壮年高素质劳动力，导致老人和小孩成为乡村的常住人口。另一方面，根据表 6 - 1 数据可知，乡村从业人员数量近五年来逐年减少，农林牧渔业就业人口和就业比重呈下降趋势，工业、建筑业、批发零售业和交通运输、仓储和邮政业从业人数相对稳定，住宿和餐饮业就业人数虽缓慢增加，但所占比重一直较小。可以看出，河北省乡村人才就业结构有待进一步优化、农业产业化经营有待提高，亟须构建现代化农业产业化经营体系，夯实人才振兴的经济支撑，促进乡村人才就业体系进一步完善。

表 6 - 1　　河北省 2016 ~ 2020 年农村劳动力分行业就业情况　　单位：万人

年份	乡村从业人数	农林牧渔	工业	建筑业	批发和零售业	交通运输、仓储和邮政业	住宿和餐饮业
2016	3063.83	1369.28	695.76	366.89	215.22	135.88	82.87
2017	3061.75	1354.71	699.30	366.70	216.57	136.78	84.34
2018	3023.20	1354.33	685.20	357.32	210.21	124.09	88.30
2019	3018.2	1338.0	686.4	357.0	214.1	124.7	90.4
2020	2997.9	1317.6	—	—	—	—	—

资料来源：《河北统计年鉴 2021》。

3. 素质偏低

由于乡村教育资源相对缺乏以及乡村高素质人才的外流，导致河北省现有的农村劳动力文化素质水平整体偏低，难以适应乡村振兴的要求。根据表6-2可知，2016~2020年河北省平均每百个农村劳动力中文盲人数维持在2人左右、小学文化程度20人左右、初中文化水平58人左右、高中文化程度14人左右、大专及以上仅有约4人。总体来看，虽然河北省乡村劳动力的文化水平略有上升，但仍以小学初中文化为主，大专及以上文化程度的劳动力仅占极少数，河北省乡村劳动力的整体素质有待提高。

表6-2　　河北省2016~2020年平均每百个农村劳动力文化程度对比　单位：人

年份	未上学	小学	初中	高中	大专及以上
2016	2.34	19.06	60.17	14.66	3.76
2017	2.21	18.99	59.99	14.87	3.94
2018	1.97	21.89	57.11	15.02	4.01
2019	2.54	22.38	56.44	14.05	4.59
2020	2.51	22.33	57.12	13.39	4.65

资料来源：《河北统计年鉴2021》。

（二）产生问题的原因分析

1. 传统观念影响深远，思想认识有待提高

由于城乡二元结构体制的存在，使城乡发展差距较大，人们形成了城市优于农村的固有认知，凡是涉及"农业、农村、农民"的职业，都被认为是没有发展前景的最差的职业。因此在农村，年轻人的"出逃"思想严重，农村大学生毕业后不愿返乡，农民工前往城市务工后不愿回村，部分基层干部把基层工作经验作为晋升的背书。对农业农村农民的认识偏差，使大量优秀农村青年通过上学、打工等方式离开农村后，很少再回到农村，导致整个乡村人才变成单向外流。这种极不对等的人才流动现状，使城市与乡村之间人才循环流出现断裂，也使县域和乡村的发展缺乏充足的优质后备军。乡村人才总量不足、素质不高、结构不优，与乡村振兴的要求还不相适应。

2. 产业链条延伸不足，产业融合有待提高

产业链条的延伸拓展可以吸纳更多劳动力，也可以为广大乡村振兴人才提供大显

身手、大有作为的空间。河北省已经意识到延伸产业链条、促进三产融合的必要性，并且一直在积极推动、培育相关市场主体，三次产业已经初步呈现融合发展态势，在一定程度上促进了乡村人才资源的深入挖掘与高效利用。但是目前仍存在产业间融合延伸的质量还不够高、主体带动能力有限、与农户利益联结机制不健全等问题。特别是在向第三产业延伸方面，休闲农业和农村服务业发展水平较为初级，对照产业链条完整、功能多样、业态丰富、利益联结紧密、产城融合协调的新格局还有不小差距。此外，河北省乡村特色产业虽然有了一定的发展，但产业类型相对单一，主要集中在特色种植养殖领域，无法为各类人才投身乡村建设提供坚实的产业支撑。

3. 乡村环境相对落后，发展条件有待提高

一是乡村基础设施不完善。当前，河北省部分乡村特别是偏远山区在乡村道路建设方面依然存在很多短板，乡村道路的修建、养护水平低，路况差；乡村网络基础设施投入不足，网络运营商基站数量较少，覆盖范围不够广，影响了生活的便利性和获得信息的便捷性，也在一定程度上阻碍了乡村人才在乡村创业的积极性。二是配套保障设施不健全。河北省农村的教育、医疗、文化环境等各方面条件不够优厚，满足不了人才对于公共服务的需求，导致留不住人才。三是村容村貌有待进一步提升。自"美丽乡村"建设以来，河北省农村垃圾处理有了明显改善，但是在部分农村依然存在着垃圾清运不及时，"垃圾山、垃圾围村、垃圾围坝"等现象，直接影响了乡村的人居环境，乡村的"净化、美化、亮化、绿化"工作还需要进一步加强。落后的乡村生活环境使得乡村对于人才引力不够、吸力不强、难以吸引、留住优秀人才。

五、推动人才资源助力乡村振兴的思路建议

乡村振兴，人才是关键。优秀的人才队伍既是推动河北省乡村振兴的关键支点，也是促进河北省农业农村现代化的内生动力。长期以来，河北省作为农业大省而非农业强省、人口大省而非人才强省，乡村中青年、优质人才持续外流、人才总量不足，老龄化严重、结构失衡，教育程度不高、素质偏低等问题较为突出，乡村人才总体发展水平与乡村振兴的要求之间还存在较大差距。加之当前我们已进入新发展阶段，全面推进乡村振兴、加快农业农村现代化刻不容缓，乡村人才供需矛盾将更加突出。加快推进乡村人才振兴，培养造就一支懂农业、爱农村、爱农民的"三农"工作队伍，既是中央部署的工作要求，也是基层实践的迫切需要。要在人才的引、

育、用、留上下足功夫，增强乡村吸力、唤醒乡村活力、激发乡村潜力。用好人才金钥匙，打开乡村振兴门，以人才振兴为内生动力激活乡村振兴"一池春水"。

（一）继续优化政策机制，以政策机制引领人才振兴

完善的政策体系是确保各项政策正确、高效实施的前提。在乡村人才振兴过程中，应秉持以人为本的理念，人才振兴各个环节都应设置相对应的政策理论指导和支持。不论是外部人才的引进、内部人才的存量提质还是对乡村人才的训后技术指导和跟踪服务，都要有完整的政策体系。要深化乡村人才引进、培育、使用、发展各项体制机制改革，构建"吸引人才—留住人才—培育人才—激发人才"的长效机制，创新人才发展的政策支撑，优化人才发展的政策环境，做到真心爱才、悉心育才、倾心引才、精心用才，求贤若渴，不拘一格，把各方面优秀人才集聚到乡村振兴事业中来。

从整体来看，推动河北省乡村人才振兴既要加强对"硬环境"的政策保障，又要强化对"软环境"的政策支撑。要加强财政支持力度，划拨专项政府资金用于支持乡村人才干事创业，解决乡村振兴人才干事创业的资金难题。同时在政府的统筹规划下，借助政策优势，搭建创业平台，优化营商环境，提供便利的场地、园区等物质基础，为乡村人才振兴提供"硬环境"保障。要加强宣传引领，转变社会上对于"三农"问题的思想认识，强化人才观念。同时要简化相关申请审批手续，高效对接政企工作，及时提供政策信息，为人才振兴发布包括返乡就业人才回流、高端双创人才引进等方面的政策，为人才回流和人才稳定提供坚固的政策后盾，为内外部人才提供良好的"软环境"。

从各类人才投身乡村振兴的各个环节来看，一要精准设计并扎实推进农村各类人才引进政策，借鉴各地乡村人才引进方面的成功经验，结合河北省发展实际情况制定各类人才入乡返乡优惠政策，简化落户、创业等相关申请审批手续，为乡村振兴人才的引进提供便利和优惠。二要建立乡村振兴人才培育的长效机制，提高乡村人才的素质，着力培育新型职业农民。优化乡村人才结构，针对各地的现实情况，加强乡村发展急需紧缺人才的培育力度；根据乡村特色产业建立精准对接农民需求的培训体系，优化教育和培训内容，创新教育和培训的模式和方法，增加"重实地"的田间指导，增强培训内容的实用性和实效性。三要完善乡村振兴人才的使用机制。制定返乡农民工、大学生、退役军人、实用专业人才、科技人才、基层党组成员等有生力量参与乡村振兴的统筹使用制度，不拘一格用人才、精细准确用人才，确保乡村振兴人才资源人尽其才、各司其职、各尽其能。四要为乡村各类人才提供

优质高效的发展环境，提高乡村人才的福利待遇、继续教育和培训的资金支持，在职称评审、晋升职级等方面给予适当倾斜，以更加优越的制度安排确保乡村振兴人才付出有回报、发展前景更光明，以此激发乡村人才的积极性和创造性，引导更多人才参与到乡村振兴中来。

（二）培育特色优势产业，以产业兴旺保障人才振兴

乡村要振兴，产业必先行。产业振兴是乡村振兴的重要基础，也是人才振兴的重要前提。产业振兴是乡村振兴的重中之重，河北省要坚持精准发力，立足特色资源，关注市场需求，发展优势产业，促进一二三次产业融合发展，不断壮大"地域特色鲜明、业态类型丰富、利益联结紧密"特色产业，以不断发展壮大的特色优势产业提供更多就业岗位，为乡村人才提供更加广阔的发展空间，从而做到以产业兴旺保障人才振兴。

河北省发展特色优势产业要注重有效利用省内资源禀赋优势，充分发挥政府扶持作用，牢固坚持融合发展路径，坚决夯实科学技术支撑，巧妙借助文化影响效应，推动形成市场主体众多、产业链条完整、销售市场广阔、地域特色鲜明、发展前景光明的特色优势产业格局。一要优化产业结构。补全产业发展的突出短板，把握发展中的关键环节。通过产业结构的优化，使资源配置达到最优状态，获得最佳效益，避免由于产业结构混乱等导致产业低效发展。二要延长产业链，提高应对市场风险的能力。要坚持把三产融合作为加快发展速度、提高发展质量的重要手段，致力于全产业链打造、全价值链提升。提高特色农产品加工的精度和深度，提升产品附加值，同时利用区位、生态以及文化优势等开发观光旅游、休闲养生、农耕体验等产业项目，推动形成产业链条完整、业态丰富、功能多样、集群发展的格局。三要积极培育新兴产业，构筑产业聚集新高地。积极响应国家高质量发展新要求，增强各个产业之间、产业内部各个环节的紧密性，形成同频共振。通过培育新兴产业，打造河北省各县域内的产业聚集地，通过提升产业园区的配套设施等硬件环境和管理水平、创新能力等软件环境，打造特色集群，不断提高河北省产业的吸引力、竞争力和带动力，为人才引进培育和发展提供强有力的产业基础。

（三）持续改善乡村环境，以宜居宜业促进人才振兴

乡村人才引进、培育、使用，关键还要能"留得住"，才能保证乡村振兴的有序推进；而良好的乡村环境是乡村人才引得来、用得好、留得住的基础和关键。要

把改善河北省乡村环境作为推动乡村人才振兴的重要着力点，以宜居宜业的良好乡村环境确保各类人才愿意来乡村，在乡村干得好、留得住。

一要持续改善河北省乡村基础环境，推进乡村基础设施有效供给。根据河北省乡村地域特点和产业发展需要，加快完善乡村交通基础设施，科学规划交通网络，大力提高农村公路等级，提高路面硬化率，打通农村交通"毛细血管"，加强物流网点建设，打通经济社会发展大通道。同时加大乡村网络基础设施投入，增加网络运营商基站数量，扩大网络覆盖范围，提高生活便利性和信息获取便捷性，畅通人流、物流和商流，从而吸引人才在乡村落地生根。二要持续整治河北省乡村人居环境，提升村容村貌，建设生态宜居乡村。一方面要继续推进农村生活污水治理、厕所革命和生活垃圾治理，改善村容村貌，建设美丽乡村。另一方面要加大乡村生态保护力度，改变农民传统的耕作方式，倡导绿水青山就是金山银山的理念，打造生态宜居乡村，为乡村人才提供舒适的居住环境。三要持续优化河北省乡村保障环境，推进基本公共服务领域建设。加快推进农村教育事业、医疗卫生、社会保障等公共服务领域建设。将农村教育事业放在优先发展地位，不断完善教学基础设施环境，选拔优质教学人才，加大师资培训力度，提升农村教学水平；合理规划、建设标准化乡镇卫生院和村卫生室，扎实推进建设健康农村；建立统一的城乡居民医疗保障工作，适当提高个人缴费比重和政府财政补助，保证城乡居民公平享有医疗保险权益，为人才扎根基层创造良好条件。

（四）充分挖掘利用人才，以合理精准推动人才振兴

目前我国进入新发展阶段，人才在一定程度上成为紧缺资源。全面推进乡村振兴，加快农业农村现代化也进入不可逆转的关键时期，乡村人才供需矛盾将更加突出。如何充分深入地发掘各类人才资源，合理精准地利用各类人才资源成为重中之重。

河北省必须在充分挖掘、精准利用乡村振兴人才上做足做细功夫。第一，产业要精准定位。要基于河北省的发展现状，通过对产业结构、农民就业、人才特质等多方面的全面摸底，进而综合评估，选择适合当地发展的特色优势产业，并对特色优势产业进行政策扶持和升级改造，使河北省人才资源与特色优势产业实现精准匹配。第二，就业人群精准识别。产业发展的最终目的是提高人们的生活水平和幸福感。要关注重点群体的就业问题，尤其要促进返乡农民工、退役军人、应届大学生、留守妇女等人群应就尽就、愿就尽就、能就尽就，避免人才资源的浪费，同时缓解乡村人才资源的流失。第三，对入乡返乡创业人群精准施策。入乡返乡创业人群是

乡村经济可持续发展主力军和动力来源。要深入了解入乡返乡创业人员的需求与困难，精准制定适应入乡返乡创业人员干事创业需求的政策措施，切实解决其急难愁盼的问题，确保入乡返乡创业人员在乡村大显身手，大展才华。

（五）加快发展数字科技，以信息技术支撑人才振兴

在数字化中国建设背景下，我国快速进入数字时代，信息技术的发展可以为乡村人才振兴提供关键信息支撑。

数字化赋能河北省乡村人才振兴可以从以下两方面着手。一方面构建全链条数字化人才工作体系，建设人才数据库平台，统筹各级各部门人才数据，并对入库人才数据库进行标准化和结构化分类，推动人才特质和乡村需求精准匹配，摸清人才底数，明细人才结构，清楚人才动向，做到精准引进人才、精准培育人才、精准服务人才，推动乡村振兴人才工作的科学化。另一方面要提升乡村数字化治理效能，推动河北省乡村大数据、云计算等数字化信息技术设施设备的推广应用，利用大数据生成人才个性化政策报告，提高人才政策的科学适配度，精准回应人才需求；同时让乡村人才可以充分利用数字化信息开展工作，拓宽乡村振兴人才干事创业的渠道，提升乡村振兴人才干事创业的效率。

参考文献

［1］丁文锋，马景，马天昊．乡村人才振兴的战略地位与实现路径［J］．农经，2021（6）：80 – 85．

［2］贾冀南，张珊，吴继琛．乡村人才振兴的制约因素与发展路径探析：以河北省为例［J］．北京农业职业学院学报，2023，37（1）：58 – 64．

［3］刘镇，周柏春．数字赋能乡村文化振兴的推进路径［J］．长春市委党校学报，2022（1）：59 – 63．

［4］毛小静．人才振兴的县域实践：以鹿邑县"凤还巢"模式为例［J］．山西农经，2022（13）：96 – 98．

［5］茅徐斌，张颖倩．乡村振兴视阈下农村实用人才培养现状及模式创新研究［J］．创新创业理论研究与实践，2020，3（2）：129 – 130．

［6］钱宇，陈丽莎．乡村振兴背景下河北省乡村人才短缺问题研究［J］．山西农经，2021（22）：91 – 92，95．

［7］童智，潘思宇．数字时代佛山乡村人才振兴路径研究［J］．农村经济与科技，2022，33（21）：107－109，150．

［8］徐团团．陕西省乡村人才振兴的调查研究：以蔡家坡为例［J］．现代营销（下旬刊），2020（6）：252－253．

［9］张萌，张秀平．以人才振兴助力乡村振兴［J］．合作经济与科技，2019（4）：109－111．

［10］张蕊．乡村振兴战略下河北省构建人才支撑体系的重点、难点及对策研究［J］．现代营销（经营版），2020（8）：64－66．

［11］赵国彦．做强特色产业　推动乡村振兴：剖析望都县辣椒产业，优化河北省特色产业发展［J］．河北农业大学学报（社会科学版），2022，24（6）：63－68．

［12］周晓光．实施乡村振兴战略的人才瓶颈及对策建议［J］．世界农业，2019（4）：32－37．

河北省数字乡村建设与发展研究

分报告七

【摘要】随着数字技术的不断发展，数字经济已成为推动经济发展的重要力量。河北省作为农业大省，数字乡村建设的发展也备受关注，数字乡村建设是当前农村发展的重要方向，也是实现乡村振兴的必经之路。本报告旨在探讨河北省数字乡村建设的现状和发展状况，了解数字经济对河北省农业经济发展的影响，以及数字乡村建设对农村经济和社会发展的促进作用。本报告针对河北省数字乡村建设的现状和问题，提出了拓展农村数字化产品和应用场景、完善数字乡村建设绩效指标体系的科学评价机制、多方位支持高素质农民培育体系建设机制、探索多元化、可持续的数字乡村建设发展模式等政策建议，以期为河北省数字乡村建设提供有益的参考。

引 言

当前，以互联网和大数据技术为核心的数字经济蕴含强大创新活力和增长潜能，已成为中国经济高质量发展的重要驱动力。党的十八大以来，我国深入实施网络强国战略、大数据战略、数字经济发展战略，印发了《"十四五"数字经济发展规划》，根据工业和信息化部电子第五研究所发布的《中国数字经济发展指数报告（2022）》显示，2013 年以来，中国数字经济发展指数高速增长。2013～2021 年，中国数字经济发展指数由 1000上升至 5610.60，8 年间增长了 4.61 倍，年复合增长率 24.06%，远超同期

GDP 指数增速。当前，数字技术在经济社会各领域广泛应用，不断催生新产品、新模式、新业态，成为推进现代化建设的强大动力。

农业是农村经济社会发展的立足之本，推动农业的数字化转型是数字乡村建设的重中之重。伴随新一代数字技术在我国农业农村经济社会发展中的深度应用以及农民现代信息技能的提高，数字乡村建设为乡村振兴和农业农村现代化发展注入全新动能，加快推进数字乡村建设，促进农业全面升级、农村全面进步、农民全面发展，成为推进农业农村现代化的迫切需求，更是实现农业农村现代化的关键一环。数字乡村建设是当前我国农村发展的重要方向之一，通过数字化技术的应用，可以推动农村经济发展、提升农民生活品质、促进城乡融合发展。数字乡村建设利用信息技术手段，推动农村信息化、智能化、数字化的发展，提高农村生产、生活、管理等方面的效率和质量，促进农村经济社会的全面发展。数字乡村建设是当前农村发展的重要方向，也是实现乡村振兴的必经之路。河北省是我国重要的农业大省，数字乡村建设对于河北省的农村发展具有重要的意义。

数字乡村建设主要有以下内容：第一，数字化基础设施建设。数字乡村建设的第一步是建设数字化基础设施，包括宽带网络、物联网、云计算、大数据等技术的应用，这些技术的应用可以为农村提供更加便捷、高效的服务，如在线教育、远程医疗、智能农业等。第二，农村电商的发展。数字乡村建设的另一个重要方向是发展农村电商。通过电商平台，农村可以将自己的农产品推向全国甚至全球市场，提高农产品的附加值和市场竞争力，并为农村提供更加便捷的购物渠道，提高农民的生活品质。第三，智能农业的推广。数字乡村建设还可以推广智能农业技术，如无人机、传感器、智能灌溉等。这些技术的应用可以提高农业生产的效率和质量，减少农业生产的成本，提高农民的收入水平。

一、河北省数字乡村建设的现状

数字经济作为中国经济发展的新动能，为驱动乡村振兴提供了良好的契机。党的二十大报告提出，要加快发展数字经济，促进数字经济和实体经济深度融合，打造具有国际竞争力的数字产业集群。2023 年，中央一号文件《中共中央 国务院关于做好 2023 年全面推进乡村振兴重点工作的意见》提出了关于深入实施"数商兴农"和"互联网＋"农产品出村进城工程、深入实施数字乡村发展行动、加快农业农村大数据应用、推进智慧农业发展等意见。乡村振兴战略是新时代"三农"工作总抓手，"十四五"规划纲要提出要"坚持农业农村优先发展，全面推进乡村振兴"

"加快数字化发展，建设数字中国"，强调"建设智慧城市和数字乡村"。数字技术正在推动中国乡村深刻变革，为乡村发展、乡村建设、乡村治理全面赋能。2023年中央一号文件要求深入实施数字乡村发展行动，推动数字化应用场景研发推广，这将进一步加快中国数字乡村建设步伐。把握数字时代机遇对推进中国式农业农村现代化意义重大，这一进程将会塑造乡村文明新形态，成为中国创造的人类文明新形态重要组成部分。在这样的背景下，2022年12月20日河北省委经济工作会议明确提出找准经济建设的发力点，把"数据驱动、智能融合的数字河北"作为中国式现代化河北场景之一，强化创新驱动与数字赋能，推动新一代信息技术与经济社会发展全面深度融合，不断催生新产业、新业态、新模式，推动河北加速驶向数字经济新"蓝海"。

（一）河北省数字经济发展现状

2022年，河北省数字经济发展迅猛，河北省国家高新技术企业从3174家增长到1.24万家，高新技术产业增加值年均增长10%，高端装备制造、电子信息等战略性新兴产业规模壮大，数字经济发展势头良好，新动能加速成长。服务业持续恢复，全年服务业增加值比上年增长3.2%。其中，信息传输、软件和信息技术服务业增加值增长9.3%。新兴产业增长较快。规模以上工业战略性新兴产业增加值增长8.5%，高于规模以上工业增加值增速3.0%。新兴业态发展壮大。全年网上零售额实现4192.5亿元，比上年增长16.4%。其中，实物商品网上零售额3891.5亿元，增长16.8%，占社会消费品零售总额的比重为28.4%，比上年提高7.1个百分点[①]。2022年5月27日河北省第十三届人民代表大会常务委员会第三十次会议通过《河北省数字经济促进条例》，并于2022年7月1日起施行。为加快建设数据驱动、智能融合的数字河北，2023年2月1日河北省政府办公厅印发《加快建设数字河北行动方案（2023—2027年)》，提出到2027年，全省数字经济迈入全面扩展期，核心产业增加值达到3300亿元，数字经济占国内生产总值（GDP）比重达到42%以上。

（二）河北省数字乡村建设发展现状

1. 河北省农业电商发展现状

近年来，河北省以实施"数商兴农"工程为牵引，不断夯实"快递进村"工程

---

① 资料来源：根据历年《河北省统计年鉴》整理测算。

和"互联网＋"农产品出村进城工程,积极推进电子商务进农村,在带动农民增收等方面发挥了重要作用。目前,河北实现全省各设区市主城区、县城城区和重点乡镇5G网络覆盖。在巩固扩展行政村光纤宽带通达、4G网络覆盖的成果基础上,继续加强农村地区5G信号覆盖。截至2021年底,全省淘宝镇、淘宝村分别达到249个和638个,分别位居全国第4和第5位①。根据《河北省电子商务"十四五"发展规划》,到2025年,全省农村(县域)电商零售额预期达到1610亿元。根据省商务厅数据显示,2021年,河北省社会消费品零售总额实现13509.9亿元,同比增长6.3%,其中乡村社会消费品零售总额实现2028.7亿元,同比增长3.8%。全省网络零售额实现3181.8亿元,同比增长24.2%(其中农村网络零售额约占全省的6.8%),其中农村实物型网络零售额约占农村网络零售额的74.1%,服务型网络零售额约占农村网络零售额的25.9%,农产品网络零售额约占农村网络零售额的9.8%。② 推进电子商务进农村综合示范县建设,鼓励引导省内龙头企业加强与国内电商平台对接合作,建立产销衔接服务平台,发展有机、绿色农产品"个性化"网络定制和集团定制。农村电商的快速发展,有力促进了农村消费升级、消费品下乡、农产品出村,电商示范服务中心、农村电商产业园、电商产品生产基地、直播基地、网红小镇等建设快速发展,平台电商、垂直电商、内容电商、乡村团购、直播电商、兴趣电商等新产业新业态新模式在乡村遍地开花。电商倒逼乡村产业发展,挖掘产业潜力,优化资源配置,促进产业融合,"擦亮"农业品牌,提升产品质量,拓宽营销渠道,提高流通效率,扩大农民就业,增加农民收入,活跃农村经济。电商也改变了农民观念习惯,提升了农村生活品质,缩小了城乡差距。农村电商对助力乡村振兴的作用日益凸显。

2. 河北省农业数字转型发展现状

近年来,河北省积极推进农业生产智慧化工程建设,发展智慧种业,推动智能生物育种应用,建设省级生物种质资源数据库和信息共享服务、农作物种子管理平台。推进粮食作物产、加、销全产业链融合发展和智能化转型,完善省级智慧农业数字化应用平台,加快智能农机装备应用。截至2021年底,河北省通过开发智慧农业数字化应用平台,建立规范化共建共享数据管理体系,加快推进产业数据共享和业务协同,实现产业数据融合;建设20个规模化、网络化、智能化、精细化的智慧农业示范区,用于加强智慧种植、智慧畜牧和智慧水产等应用集成。在全省选择10个县,每县选择100个以上益农信息社服务站点,完善物流体系、加强技能培训,

---

① ② 资料来源:根据河北省商务厅调研组数据整理。

开展"互联网＋"农产品出村进城试点建设，探索线上线下引导、交易的对接模式，有效促进产销衔接，提升辖区内主要农产品溢价能力，完善产、供、销全链条服务，优质农产品的销路更加畅通。《河北省智慧农业示范建设专项行动计划（2020—2025 年）》提出，大力推进"互联网＋"现代农业创新发展，加速农业产业数字化进程，2022 年规模化设施种植、畜禽和水产养殖智能化应用比例达到 60% 以上，生产效率明显提高；到 2025 年，打造形成 100 个规模化、网络化、智能化、精细化的现代"种养加"生态农业展示、创新、应用示范区，国家和省级现代农业园区智能化应用率达到 100%。

总体来看，河北省数字乡村建设发展取得明显进展，显著标志有以下几点。一是乡村信息基础设施建设不断加强与完善。主要体现在电信基础设施全面升级，新一代互联网技术得到普遍应用，并且基本覆盖行政村。二是数字技术与农业农村经济呈现深度融合发展态势。覆盖一二三产业的数字乡村产业、电商农业、智慧农业等新业态呈现良好发展势头。三是乡村治理数字化水平明显提升。基本建成"互联网＋政务""互联网＋党建"以及平安乡村、智慧乡村等数字化信息平台与体系。四是乡村信息服务与共享更加完善。信息服务进村入户工程取得显著成效，表现在乡村就业、社保、医疗、科教等各类惠农服务网点越来越普及，普惠金融服务站基本实现乡村全覆盖，农产品线上产销对接服务以及网络扶贫、网上法律咨询等服务都取得明显成效。五是乡村传统文化借助数字技术、网络技术日渐复苏，包括吴桥杂技、河北梆子、武强年画等非遗在内的乡村传统技艺，经数字化处理、网络化传播，得以实现现代应用场景的传承。

二、数字乡村建设的重要意义

数字经济驱动是我国走向农业强国的重要途径，不仅能够更好地建设现代化农业经济体系，也有助于增强农民自身实力和竞争力，并让农民能够在数字经济时代脱颖而出，是实现共同富裕的重要途径，也是当今备受关注的重点话题。随着我国农业现代化发展走向深水区，数字经济已经广泛应用于农业生产流通与销售环节，并起到重要的媒介与载体作用，大大降低了生产环节的投入损耗、流通成本、销售信息获取成本与交易成本等，在实现经济价值再创造的同时，也实现了生态价值与社会文化价值的再创造。当今时代，数字技术、数字经济是世界科技革命和产业变革的先机，是新一轮国际竞争重点领域。寻求以数字经济引导、驱动农业产业进步，通过"数字＋新型农业主体＋农户＋组织化"的农业生产模式，广泛促动农户参与农业现代化转型发展，盘活绿色资本、新生代劳动力等农村生产要素，改善农业发展方式，优化产业结构。以数字经济助力农业产业特色实践，有利于实现经济发展相对落后地区在乡村振兴之路上的弯道超车。综合来看，积极推进数字乡村建设具有以下重要意义。

（一）数字经济助推智慧农业兴起，促进乡村产业高质量发展

人工智能、5G、物联网、大数据等信息技术的快速发展，推进了经济社会各个领域的数字化转型，全球数字化的脚步已势不可挡，新形态数字经济将会是助推全球经济发展的重要趋势导向。智慧农业依托互联网技术、大数据技术及远程监控技术等现代高科技对传统农业进行科学化管理，利用生态系统及生态规律对传统农业生产模式进行改善升级，实现了农业现代化、智能化发展。农业生产过程贯穿一年四季并涉及众多环节，同时受土壤状况、天气变化、作物种类、病虫害类型及管理水平等多方面的影响。因此，可以利用高分辨率航天遥感影像、地面传感器等感知并实时传输无线指令的新型农业监测体系，实现智能化灌溉施肥控制；利用物联网、大数据和云计算平台监控农业生产并制定合理的解决方案；利用云服务、边缘计算设备、智能作业前端实现一体化智慧农业，减少和避免自然灾害所造成的经济损失，指导农业从业者做好生产管理工作，提高农业生产质量与效率，健全农产品质量安全追溯体系。在数字化转型的时代浪潮中，用数字技术赋能现代农业，是下一阶段的发展重点，也是下一阶段推进乡村振兴、加快农业农村现代化发展的关键。

（二）数字经济催生农业产业数字技术有机融合

随着我国农业现代化发展走向"深水区"，数字技术与农业产业融合发展试点工作方兴未艾，农业领域数字技术分为三类。一是数字农业的技术基础，包括数字农业空间信息管理标准与数字农业平台建设的标准、政策和法规等；二是数字农业的核心技术，包括"3S"技术、物联网技术、大数据技术、计算机网络技术、人工智能技术、全自动化农业机械电子监控技术、作物生产管理专家决策系统、农情监测及信息采集处理技术、智能化农业机械装备技术等；三是数字农业的平台技术，包括网络平台、数据共享平台、技术集成平台等。从数字技术在农业领域的应用场景来看，目前，数字技术已经广泛应用于农业生产、流通与销售环节，并起到重要的媒介与载体作用，大大降低了生产环节的投入损耗、流通成本、销售信息获取成本与交易成本等，在实现经济价值再创造的同时，也实现了生态价值与社会文化价值的再创造。从数字技术与农业产业融合优势上看，数字技术驱动是我国走向农业

现代化强国的重要途径，并且在促进包容性增长方面的重要作用，能够更好地建设现代化农业经济体系，有助于增强农民自身实力和竞争力，提高农户收入，让农民能够在数字信息时代脱颖而出，是实现共同富裕的重要途径，也是实现农业产业与现代信息技术融合发展重点领域。数字技术与农业经济二者深度融合发展能优化要素合理配置、降低交易成本、创新金融服务模式、实现规模经济效应、有效缓解信息不对称等。从数字技术赋能角度来看，数字技术作为新发展格局下一种农业经济增长的新"引擎"，能够显著推动我国区域创新绩效的提升，数字技术发展显著促进了绿色全要素生产率的提高，对乡村振兴有显著的驱动作用，其存在正向的空间溢出效应。同时我们应当清醒地认识到，尽管数字技术在农业领域赋能作用明显，但是数字"鸿沟"与数字"孤岛"依然存在，加大了数字赋能农业产业转型的成本和风险，数字经济在促进农民收入总体增长的同时也强化了收入差距扩大的问题。

（三）数字农业加速农业农村现代化转型

数字农业的发展核心是不断加强新一代信息技术与农业生产的融合，利用大数据、物联网、人工智能等技术对农产品的生产经营过程实行智能化、精准化的监测、调控，实现更加精准、高效的农田管理、种植养殖、防控保护，提升农业生产效率，使农产品质量更优，生产更安全。数字农业是将信息作为农业生产要素，用现代信息技术对农业对象、环境和全过程进行可视化表达、数字化设计、信息化管理的现代农业。数字农业推动农业现代化的途径主要体现在三个方面：一是促进传统农业向现代农业转型。我国的传统农业是以小农经济为主，数字农业依托新型信息技术，可以全方位深入"耕、中、管、收"各个环节，便于农业信息交换和信息共享，从而能够改变以往的农业生产经营方式，加速向现代农业的转变。二是有助于产业结构优化升级。通过信息技术科学管理农业生产、储藏运输、流通交易等各个环节，为农业产业链提供一体化决策。三是提高农业生产效率。数字技术融入农业生产的各个环节中，可以实现农业精准化生产，降低农业生产风险和成本，也可以使农业生产过程更加节能和环保。总体来看，数字农业使信息技术与农业各个环节实现有效融合，对改造传统农业、转变农业生产方式具有重要意义，可以推动农业生产高度专业化和规模化，构建完善的农业生产体系，并实现农业教育、科研和推广"三位一体"，有益于提升农业生产效率，实现农业现代化。

（四）数字乡村建设为乡村发展带来新变革

数字化转型为乡村发展带来新变革。一是时空关系的改变。网络化、信息化和数字化一旦融入乡村的方方面面，乡村的时空关系就会发生深刻变化，乡村的物理时空性将呈现网络时空性的特点，传统乡村的信息"壁垒"将被突破，区位偏远的劣势将得到缓解。这种时空关系变化对于城乡关系的疏通和融合、乡村自然生态与人文生态价值的更好展现与实现，均具有积极意义。二是交互方式的改变。网络化、信息化和数字化在乡村普及，使得乡村信息运行与传递变得快速便捷。在这种情境下，乡村日常人际交往活动、各类经营主体产品营销与物流、百姓消费品选择与购买等经济社会活动，既可以在线下进行，也可以在线上进行，这大大增强了乡村人际交往方式的选择性和信息的流动性。三是要素组合的改变。在数字化时代，数字已不单纯是一种符号或度量单位，而是一种新的生产要素，这种要素一旦与其他要素如土地、劳动力、资本、技术、制度等匹配，就会改变要素组合结构，形成数字生产率。从这一意义上讲，加快数字乡村发展，就是要通过数字化进程，优化乡村要素组合，实现数字化对其他要素的赋能，以信息流带动资金流、技术流、人才流、物资流，激活乡村各种要素，提高乡村经济社会运行的质量与效率。四是治理方式的改变。很显然，将数字化融入乡村治理体系，有助于乡村治理从经验式治理转向精准化治理，从少数人参与的治理向多数人参与的治理转变，有助于促进乡村治理中自治、法治和德治的"三治合一"，进而提高乡村治理的效率。

三、河北省数字乡村建设发展中存在的问题

近年来，河北省数字乡村建设取得了重要的进展，但由于河北省农村地区地域辽阔，城乡发展不平衡、不充分的矛盾依然存在。不同地区的网络基础设施、农民的信息化应用水平、农村信息化人才以及发展机制等方面存在一定的差距，数字乡村建设也面临新的挑战。河北省在数字经济与农业产业融合发展中取得了一定的成果，但与数字河北建设要求和现代化农业农村建设要求相比、与人民的期待和推进乡村振兴重大战略的要求相比，仍存在一定的差距。随着各项政策的出台和推进，河北省数字乡村建设全面推进，信息技术和农业农村发展正在快速融合，但由于起步较晚，目前，河北省数字乡村发展基础相对薄弱。一是农村网络基础设施建设与数字化应用范围狭窄，表现在数字乡村大数据平台稀缺，村民人口基础信息、土地资源基础信息、生产经营基础信息等农业基础信息存在缺失，留给数字经济与农业产业融合发展的介入口径较窄。二是数字乡村人才队伍建设不足，在数字乡村发展过程中，农业从业人员发挥着重要作用，而目前大部分农民文化教育水平普遍偏低，且农村青年劳动力不断外流，导致从事数字乡村建设人才匮乏。三是数字乡村建设

保障机制不健全，在目前农业产业参与主体主要是农民的大背景下，由于农民对网络不良信息、虚假信息的防范与辨别能力较差，容易受到网络言论误导，因此开展、推动数字经济与数字乡村建设，尚需保障信息安全配套建设。四是数字技术的运用与推广存在短板，尽管在有些地区数字技术已经较为广泛地应用于农业产业领域，但城乡之间的"数字鸿沟"仍然存在，城乡之间要素信息的不对称、不匹配的问题成了制约数字乡村技术全面推广的关键问题。

（一）农村网络基础设施建设与数字化应用水平不高

目前，河北省城乡数字经济在发展程度上仍存在一定的差距，基础设施建设还不均衡、不充分。河北省部分农村居民居住分散、基础设施较差，农村通信设施建设投入成本高。农业基础设施信息化不足，农产品物流体系与支付结算等体系也不健全，农业资源尚未全部数字化。在农村建设新型数字农业发展实践中，农村地区基础网络的性能还无法满足未来一些新的数农融合发展需求，例如植保无人机、VR农机设备对网络的稳定性、速率等性能有较高要求，农田、环境监测设施对网络覆盖与区位接入的要求比较高，不同场景的数农融合需求具有差异化特征。在农民生活服务方面，益农信息服务社并未普及，与农民生活息息相关的社保、教育、养老、文体及医疗等数字化公共服务还未深入基层等。总体来看，河北省数字乡村建设主要集中在农村电商、智慧农业、数字化农村旅游等方面，应用场景较为单一，从河北省全域数字技术农业领域运用来看，还未形成全面的数字乡村建设应用场景体系。

（二）农业农村数字化人才相对紧缺

河北省面临农业农村数字化人才相对紧缺这一共性问题，从全国范围来看，随着城镇化速度加快，农村劳动力正在流失，农村老龄化、空心化问题日益严重。同时，农村教育资源的匮乏导致有关物联网、大数据、人工智能等技术的培训少之又少，而且缺乏专家学者或者科研机构的培训，因此，农民素质普遍不高成为数字经济发展的一大阻碍。此外，与发达的城市相比，农村地区的工作环境和薪资待遇没有显著优势，导致农村难以吸引优秀人才。目前发展较好的农村地区吸引的人才也比较单一，大多是一些大学生村官或者是农业人才，缺少数字型或复合型人才，因此数字经济与农业农村融合的人才支撑体系有待健全。归根结底，是长期以来城乡之间信息化水平发展存在较大差距所致，主要表现在网络覆盖、终端普及、基础教育水平等方面，城乡居民之间也存在较大的"能力鸿沟"，即在数字技术的使用知识、数字技术的使用广度、数字技术的使用深度等方面存在差距。根据河北省村镇调研与访谈情况了解到，目前河北省农民的数字信息应用主要是以信息通信、视频播放、娱乐与游戏服务等信息产品为主，其在对在线教育、医疗等民生方面以及农业生产、精准农业、现代农业等高层次、高水平应用上较少，数字经济与农业产业融合的需求与使用能力相对不足，农村数字化产品缺乏创新。数字化产品主要是一些基础设施和应用软件，缺乏创新性和差异化，难以满足农村居民多样化的需求。

（三）数字技术应用保障机制尚不健全

总体上看，我国数字技术与农业农村深度融合仍以政策导向为主，河北省面对当下数字经济与农业农村深度融合的新局面，尚需要良好的法治环境予以保障。农民对不良信息防范意识较为薄弱，容易受到网络言论的误导，从而传播一些不实的信息，由于农民的文化水平较低、辨识能力较差，对于虚假信息的防范能力也较弱，与农民生产、生活密切相关的虚假信息包括假种子、假农药、假冒伪劣产品等信息，以及购物诈骗、中奖诈骗等诈骗信息，农民更容易成为网络电信诈骗的重点对象。此外，随着农村互联网基础设施的不断完善，海量数字媒体信息通过手机、电脑等设备进入农村生活，农村留守儿童的父母常年在外，缺少监护人的监督和教导，容易沉迷网络世界，给他们的成长带来不良影响。教育部人文社会科学研究项目的有关调研报告显示，长时间玩游戏的留守儿童比例明显高于非留守儿童。此外，数字乡村建设的绩效评价主要是以数字化覆盖率、数字化应用率等指标为主，忽视了数字技术服务的运用场景划分与效果甄别，从而缺乏科学性和全面性，难以真实反映数字乡村建设的实际效果。

（四）"数字鸿沟"现象阻碍了数字乡村建设

不仅在河北省，从全国范围来看，"数字鸿沟"现象普遍阻碍了数字乡村建设，主要表现在以下五个方面。一是数字赋能与数字适应的关系不易匹配。乡村数字化赋能的终极对象是文化层次低且类型分化明显的农民，他们存在着比较普遍的数字不适应所导致的数字鸿沟问题。二是数字带动与数字替代的关系较为无序。数字化对乡村生产生活起到一定带动及替代作用，但同时要避免线上带动、替代所导致的公共事务线上业务增加、线下并未减少，或是生产流通领域线下业态萧条、就业压力及其连锁反应的不利影响。三是国家对农村治理的敏捷性降低。及时、精准且有效的信息在一定程度上能提升治理的敏捷性。在乡村数字鸿沟加剧的情形下，一方面，乡村的基本情势数据未能全面且系统地传输至上级政府组织；另一方面，国家的治理理念、政策福利未能广泛且精准地下沉至乡村片区，从而引致国家响应乡村治理需求的速率和精准率降低。四是数字排他与数字共享的关系尚不明朗。数字（数据、信息）这一要素及其转化品，既具有私人属性，又具有公共属性，前者具有排他性，后者则具有共享性。要从技术与制度层面入手，处理数字排他与共享性关系，防止数字的侵权使用和过度垄断。五是数字资本与社会资本的关系难以兼容。由于中国乡村社会是典型的关系社会，数字尽管可以智能化、快捷化，但往往难以人格化和人情化，在数字乡村的建设中，尤其是数字治理的过程中，如何既发挥数字资本的功效，又发挥社会资本的功能，实现数字化与人格化的相互兼容，显得极为重要。以上"数字鸿沟"问题，长期影响河北省乃至全国数字乡村建设水平与进展。

四、典型案例与经验启示

世界不少国家和地区的乡村都曾因城镇化的快速推进面临各种挑战，而数字技术革命给农业发展和乡村治理带来全新改变。以移动互联网、大数据、云计算、物联网和人工智能为代表的数字技术蓬勃兴起，为传统农业转型升级和乡村治理现代化创造了前所未有的机遇。将数字技术广泛融入农业产业发展的各环节，利用数字技术服务乡村发展和治理，已成为世界潮流。当前，以5G、物联网、大数据、人工智能等为核心的新一代信息技术蓬勃发展，不断催生新模式、新业态、新产业，已经成为重塑全球经济格局和产业形态的主导力量。发展数字经济已经成为全球共识，在农业农村领域的数字化也是世界主要国家的主要发展方向。目前，国际社会没有数字乡村的概念，大多是在农业信息化方面进行探索。例如，澳大利亚积极利用大数据技术服务现代农业发展，通过全面的数据采集、先进的技术手段和精准的数据分析利用平台，实现农业生产的智能管控、精准运行和科学管理；以色列采用数字技术建设了农业生产培训平台，将农业前沿技术、市场变动等信息向农业经营主体实时公开，帮助农民及时掌握市场信息，助力其提升农业生产技能。此外，国内一些地区在农业农村数字信息化方面开展工作较早，有许多地方值得借鉴。

（一）域外数字乡村建设案例

1. 美国：搭建数字技术体系促进现代农业发展

美国数字乡村建设由法规标准引导下的市场经济体制起主导作用。产业方面，完善的农业产业基础和数字技术体系促进美国现代农业发展，数字农业技术包括应用遥感技术对作物生长过程进行检测和预报，大型农机上安装 GPS 设备，应用 GIS 处理和分析农业数据等。"3S"技术、智能机械系统和计算机网络系统综合应用，并建设 PESTBANK 数据 BIOSISPREVIEW 数据库、AGRIS 数据库、AGRICOLA 数据库等一系列与农业有关的数据库，形成完善的以卫星网、互联网、物联网、遥感网等为支撑的农业信息服务网络。城乡发展方面，通过财政资助（拨款和贷款）实施乡村通信设施、乡村电子医疗网络和远程教育网络设施等数字化建设内容。

2. 欧盟智慧乡村行动

2017 年 4 月，欧盟委员会启动"欧盟智慧乡村行动"，旨在通过智慧乡村建设，释放乡村发展活力、促进乡村繁荣。智慧乡村行动共包含 16 项行动计划。技术应用方面，涉及大数据、物联网、物流运输、数据分享应用等关键前沿技术。建设内容方面，涵盖居民生活、公共服务、可持续发展和乡村产业振兴等内容。欧盟长期以来把推进区域数字化发展作为主要的致力方向，但在城市方面的投入被指远远高于乡村地区。目前，欧盟有 3 亿左右人口居住在乡村地区，宽带普及率只有 25%，比例只有城市地区的 1/3。为此，一些来自乡村地区的欧洲议员积极呼吁欧盟加大乡村数字化投入，积极发展低碳经济。欧委会此次智慧乡村行动的启动，就是对上述呼吁的一个回应，也是其落实数字总体战略的一项重要举措。该行动将在欧盟已有政策基础上，实施包括"智慧农业专题工作组""智慧农村专题工作组""农产品智能专业化平台""农业创新集群"等在内的 16 项新举措，并考虑设立欧盟智慧乡村协调机制，加快提升欧盟农业和农村发展。此外，该行动还希望通过加快数字化建设，进一步改观农村和农业的面貌，加大对外界尤其是年轻人的吸引力，集聚更多的建设资源。

3. 英国：康沃尔农村社区企事业组织合作模式

康沃尔地区是英国农村数字化综合战略实践前沿，主要实施宽带接入、数字培训、社区数字中心和电子健康等创新措施。宽带接入方面，建设 Superfast Cornwall 项目；建设数字培训与社区数字中心，包括社区数字中心部署高速无线宽带、可视化会议系统等基础设施；通过与康沃尔农村社区企事业组织合作，为当地居民举办系列数字技能课程培训，并引入先进技术如 VR 虚拟现实活动等缩小数字鸿沟；电子健康方面，探索互联网、应用程序和机器人技术在健康和社会保健方面的应用，目前已实施的应用包括基于视频通话的互联网医疗、康养 App、护理机器人、老年痴呆监测、应急设备无人机投送等。

4. 日本：数字技术与农业农村产业融合模式

日本未来将大力发展以农业机器人为核心的无人农场，并于2015年启动了"基于智能机械+智能IT的下一代农林水产业创造技术"项目。信息和通信技术：使用e-kakashi物联网工具（类似于AIOT系统），每十分钟收集一次关于湿度、日照、土壤温度、土壤含水量和田间二氧化碳含量等农业信息。Ek recipe应用程序①帮助农民管理水稻种植，说明水稻种植每个阶段所需的活动，并在检测到环境风险时提醒农民采取行动。Sofix土壤诊断程序：可分析评估微生物的数量、浓度以及土壤的氮、磷酸盐和钾含量。此外，还包括数字技术用于医疗和福利（如远程医疗、高龄老人监测）、运输和物流（如货运管理）、自然资源管理和灾害预防（如野生动物监测、水务监测、无人机监测），以及电子商务。自动化农机（如AI拖拉机、割草机、联合收割机、可变速率喷洒系统）及自动供水阀管理系统被引入稻田生产；数字技术提供社会、教育和医疗服务应用，如远程儿童看护、远程课程培训和互联网医疗咨询等。

（二）国内典型经验

1. 山东曹县：产业与电商平台协同发展

山东省菏泽市曹县紧紧抓住加快推进电子商务发展的有利时机，通过政策扶持、环境营造、平台搭建、体系建设，推动大众创业、万众创新，形成了电商产业"点上带动、面上开花、特色鲜明"的良好局面。近年来，县委、县政府科学决策，大力发展电子商务。在发展电商新业态、农产品上行、一二三产业融合、产业链、供应链完善、精准扶贫、乡村振兴方面，实现了标准化、体系化、生态化，实现了产业升级、模式再造，以汉服、木艺、特色农产品为产业依托，探索出了一条特色鲜明的农村电商推动县域经济发展的"曹县模式"。截至2021年底，曹县共有淘宝镇19个、淘宝村168个，汇聚电商企业商户5000余家、网店6万余家，带动35万人创业就业，年销售额200亿元以上，成为仅次于义乌的全国第二大农村淘宝产业集群，入选"2021中国县域网络购买力百强榜"。曹县的电商发展模式，可概括为"一核两翼"，即以农民大规模电商创业就业为核心，以电商平台与服务型政府双向赋能为两翼，使农村电商迅速发展，带动了农村产业振兴、人才回流、治理提升，助推电商产业从无到有、从弱到强，向区域化、集群化蓬勃发展，从而加快曹县

---

① 注：类似于农事作业系统。

"乡村振兴"建设步伐。注重组织领导,强化责任分工。设立县政府直属正科级事业单位"曹县电子商务服务中心"。注重整合资源,规划产业布局。按照"规划引领、龙头带动、园区支撑、环境优化"的思路,鼓励电商企业向园区聚集,重点打造一批集网上商品交易、物流配送、融资支持、综合服务、人才培训于一体的电商产业园区。投资 50 亿元,打造占地 6000 余亩的"e 裳小镇"电商产业园区、大集镇淘宝产业园、木制品电商产业园等 6 大园区,制定房租减免、宽带免费、办公设施免费、无息贷款等优惠政策,引导电商企业向园区聚集,带动并孵化电商企业达 1000 家,形成富有活力、特色鲜明、产城融合的产业布局。在县内建设面积 10500 平方米的电商公共服务中心,在各镇(街道)建设 1 处镇级电商服务中心,并根据地理位置、辐射半径等因素,建设 138 处村级电商服务站,实现县乡村三级电商服务全覆盖。构建县乡村三级电商物流体系,积极引进物流公司,通过合理的市场竞争降低县域物流成本,打通电商物流服务"最后一公里"。

2. 湖北省五峰土家族自治县

湖北省五峰土家族自治县是典型的山区农业县,农业人口占全县总人口的 70%。五峰特色产业资源丰富,但产品销售渠道不畅、市场价格不高,制约着产业发展。近几年该县紧抓机遇,大力发展农村电子商务。一是严控网销农产品质量。建立了包括可视化实时监管系统、农产品质量溯源系统和快速检测检验中心等在内的网货质量监管体系,确保网销农产品安全。二是重点培育本土电商龙头企业。充分调动社会资源,在电商增值培训、政策扶持、发展规划、融资服务、环境建设等方面给予重点倾斜,鼓励发展"电商+市场主体+产业+农户"的产业化经营新模式。三是深挖好山货,培育好品牌。一方面加速推进特色产品网货化,推进产品大数据建设,将全县 2623 种产品统一建库,进行开发培育;另一方面完成 40 多个本土网货品牌注册工作。四是对接电商平台。建立本土电商平台"五峰蓝",先后在供销 E 家、邮乐网、汉购网、当当网、京东等平台开通五峰地方特色馆,积极对接天猫、苏宁、1 号店、一亩田、"832"等交易平台。五是建设大物流。优化物流服务平台,建立三条物流专线,由县电商物流公共服务中心统一调配、协同配送,实现快递 24 小时到乡镇、48 小时到村。六是探索新模式。通过"电商企业+合作社+农户"模式,积极完善农产品产业链,合作社与农户签订包销协议,发展订单农业,扩宽农产品销售渠道,提高农产品交易速度。

3. 河北省肃宁县:"电商兴县"赋能产业发展

近年来,肃宁县凭借良好的轻工业基础、便捷的交通体系,电子商务产业迅猛发展。为进一步发挥电商对传统特色产业的赋能作用，充分激发市场主体活力，推动河北电商人货场、仓流展要素在肃宁集聚，肃宁县大力实施"电商兴县"战略，助推产业快速发展。一是扎实的产业支撑。肃宁县以轻工业为主，特色产品适合网上销售，目前针纺服装、裘皮服装、乐器、鱼竿渔具、出版印刷、电力装备、现代农业等特色产业与电商产业深度融合发展，呈现出产销两旺的良好态势。其中，鱼竿渔具线上销售率达 80% 以上，日发单量达 8 万单；针纺服装线上销售率达 50%，年产 1.8 亿件，年产值已达 200 多亿元；乐器产业线上销售率达 40%，年产 100 多万件，肃宁被授予"中国北方乐器之都"称号。二是便捷的物流体系。四通一达等16 家物流公司看好肃宁、齐聚肃宁；圆通快递分拨中心落户肃宁，日发单量超百万单，辐射沧、保、廊、衡 4 市；安能物流转运中心运行良好，正在谋划建设二期工程；依托保税物流中心，制定肃宁保税物流中心补贴办法，吸引周边产品向肃宁聚集。依托全国四好农村路试点工程，全面实施全国电子商务进农村示范项目，打通了农村物流"最后 1 公里"。三是良好的电商氛围。在全国率先实现"全宝镇"成功举办第八届中国淘宝村高峰论坛，成为中西部地区第一个举办该峰会的县；成功举办河北（肃宁）首届电商文化节，肃宁电商知名度和影响力不断提升，先后获得"电子商务促进乡村振兴十佳案例"、全国电子商务进农村综合示范县、国家数字乡村试点县、淘宝村百强县、数字乡村百强县等荣誉称号。截至 2022 年底，全县注册网店达 3 万多家，带动就业 8 万余人，年销售额超 150 亿元，发单量 11 亿单，连续四年同比增长 50% 以上。

4. 河北省赞皇县："直播电商"生态电商发展新路径

赞皇县从 2020 年入选全新电子商务进农村示范县升级版项目开始，细化工作成效，建设赞皇电商人才梯队，孵化直播电商人才，形成赞皇电商营销矩阵，以赞皇互联网特色品牌目标，致力于打造一个全省甚至全国农村电商标杆的全新升级模式。赞皇发展模式主要概括为四个方面。一是搭建直播电商全景生态，拓展线上新渠道。赞皇县结合自身产业优势，坚持以深化应用为核心，围绕创建"电子商务产业化，实体产业数字化创新服务平台精选典型案例和企业参与展示，通过电子商务公共服务中心布局网红直播、短视频、社群团购三大赛道，引进各类知名直播平台和 MCN 机构，搭建网红经济全景生态，形成示范引领和辐射带动效应，为企业在网红孵化培育、运营模式创新、品牌升级、私域流量打造等方面提供参考范本。二是汇聚新国货品牌，引领网货潮流风向标。"国货 + 潮流"衍生出的新国潮是当下的消费新动向、新趋势。赞皇县制定了赞皇县农特产品规划手册、赞皇县农特产品开发策划报告、农特产品营销话语体系手册等多种促进农产品上行的生产资料。通过产品挖掘、文化挖掘、品牌塑造与推广等新媒体技术进行品牌 IP 打造、形象包装设计，结合市场需求，依托"大美赞煌"县域公用品牌影响力，对农产品上行网货进行包装，直播基地汇聚细分垂直类、小众类国货产品，以"内容＋兴趣""文创＋研发"为方向，入驻十多家农产品供应链企业和 3 家直播团队，共计 100 种单品销售推动赞皇县 4 镇 7 乡产业发展，建立农特产品从田间地头到消费者通道，为企业选品和供应链合作提供更多选择，切实帮助企业与农户实现了增收，有效推动了乡村振兴战略实施。三是创新"直播电商＋扶贫助农"电商融合发展模式，助力共同富裕。"短视频＋直播"农产品电商地标农产品通常具有良好的商品质量和市场声誉，非常受消费者欢迎，主播群体可以利用短视频导流和直播卖货的双向红利，把合作农或自己种植生产的特色农产品通过互联网推广出去，可以将农产品的种植、采摘、处理、加工、派送全过程进行实时直播或者拍摄成短视频，让消费者在真实的场景产生信任和购买欲望。全县培训包括建档立卡户 294 人次在内的 3672 次学员，成功孵化电商从业者 283人，培训后新增年销售额 1 万元以上店铺 52 个，形成"短视频＋直播＋店铺"矩阵联动效应，探索"直播电商＋扶贫助农"新模式。

（三）经验启示

一些国内外地区在开展数字乡村建设和智慧农业方面的实践起步较早、发展较快，形成了具有借鉴价值的发展模式和路径。从数字乡村建设的发展趋势来看，随着数字化技术的不断创新，数字乡村建设也将不断发展，数字化技术将更加智能化、自动化，将为农村提供更加便捷、高效的服务。随着数字化服务的普及，越来越多的农民将享受到数字化服务带来的便利。数字化服务的普及也将促进农村经济的发展，提高农民的生活品质。此外，数字化服务的个性化将成为未来数字乡村建设的重要趋势，数字化服务将更加注重个性化需求，为不同的农村提供不同的服务，满足不同的需求。

在数字经济与数字乡村建设的实践过程中，我们应当清楚地认识到以下三个关键性突破口。第一，应因地制宜，使数字乡村建设与地方实际和发展模式相结合，走出一条中国式农业农村现代化之路。农业产业的数字化运用应充分考虑特色产业方向，针对各地休闲农业、农技服务、乡村淘宝、直播带货、绿色农场、康养小镇等不同发展战略，采用多样数字技术路径。第二，以数字技术推动政府、市场、社会协同共治是基本路径。数字技术和应用的开发需要紧贴乡村需求和地方特色，推动其在乡村数字化治理、农业生产智能化管理、一二三产融合发展、农产品市场流通等领域充分发挥作用。第三，积极培育乡村数字人才和增强农民数字素养，将数字技术积极运用于乡村福利、教育和环境等领域。通过引入区块链技术等建立公平合理奖励机制，激发村民参与乡村治理的积极性，增强人们的幸福感。河北省数字乡村发展要着眼未来乡村振兴发展愿景，而非单纯追求乡村的数字化水平。未来，数字乡村是充分体现乡村资源生态特色，嵌入数字化和集成化等新技术元素的美丽乡村和幸福乡村，要通过数字技术、数字平台、数字网络等数字化功能的发挥，促成乡村振兴和未来乡村建设中产业发展兴旺、生态环境宜居、文明乡风包容、公共服务高效、乡村治理有效、城乡关系融合、居民生活富足等目标的实现。

五、政策建议

（一）拓展农村数字化产品和应用场景服务

河北省是农业大省，数字经济与农业农村产业融合潜力巨大。我们应当从农村生产、生活、生态等方面的实际需求出发，充分利用现有工作基础，开展符合农村居民切实需求、实用有效的项目建设，为农村居民提供数字化产品和服务。加强对农村数字化产品的研发和创新，推动数字化产品的差异化和多样化，满足农村居民多样化的需求。同时，应拓展数字乡村建设的应用场景，形成全面的数字乡村建设应用场景体系，提高数字乡村建设的综合效益。具体来看，第一，要加快研发推广一批数字农业成套解决方案和应用，加快将各地区数字农业试点项目的经验转化为能够广泛推广的数字化农业生产模式，为农民提供数字化种养殖、农产品质量安全管理、农资进销存管理、农业科技信息查询、农业市场信息查询等满足农业生产需求的产品与互联网应用。第二，要探索信息惠农新模式，从农村居民生活出发，围绕农村电商、生态环保、文化服务、健康医疗、教育等领域，不断丰富满足广大农民群众实际需求的数字化应用，以数字红利的共享为落脚点。第三，夯实农业数字技术应用基础，明确基础设施投入重点，支持产地仓、田间冷库、物流站点、加工车间等项目的数字化改造，以及商贸物流节点的数字化转型，实现对产品质量、交易流通、市场消费等方面的大数据采集和监测，推动农产品供应链模式创新。盘活农业大数据资源，促进数据要素与农业深度融合。第四，积极探索和制定涉及农业数据采集、应用、共享等方面的标准体系，加快整合集成全产业环节和品类的大数据，更好发挥农业大数据的服务价值。

（二）完善数字乡村建设绩效指标体系的科学评价机制

进一步完善河北省数字乡村建设绩效指标体系的科学评价机制。随着数字经济与乡村产业、生活的融合发展不断加速，数字乡村建设需要从更深层次理解和量化其发展过程。一方面，要依据中国乡村产业的发展现状和未来趋势，加快建立和完善符合新时代的数字乡村建设评价指标体系，从而有助于测算和拟合预测各地区的数字经济与乡村产业融合发展水平，更为精准地对二者融合发展的静态、动态特征进行分析，以明晰二者融合发展的程度并找出不同地区的短板，进一步对已有运行机制方式进行完善。应建立科学、全面、客观的数字乡村建设绩效评价指标体系，包括数字化覆盖率、数字化应用率、数字化服务质量、数字化产业发展等多个方面，以真实反映数字乡村建设的实际效果，为数字乡村建设提供科学的评价依据。具体而言，除了以地区生产总值至上为目标之外，还应注重投入产出指标，同时考虑各地的资源禀赋和自然环境，尽量拉长时间长度和扩大空间维度，灵活构建具备前瞻指导性、科学实用性、客观直观性、定量操作简明性以及系统整体可控性等特点的多维度评价指标体系。另一方面，在国家自上而下地加大相关改革试点试验区发展的同时，鼓励自下而上具有内生动力的民间智慧的更多尝试，同时对相关实践进行考察和比较分析，通过单案例探索性研究和多案例对比性剖析等，对数字技术与农业产业融合发展的实践进行总结，提炼出可复制、可借鉴的经验和规律。

（三）提高农民对数字化的适应能力，支持高素质农民培育体系建设机制

在数字乡村建设中，一方面要不断提高农民对数字化的适应能力；另一方面也要重视数字赋能的有效性，把握农民对数字适应的平衡点与协同点，这就需要大力支持高素质农民培育体系建设。数字赋能是提高农民对数字化的适应能力的关键所在，其中产业数字化所催生出新的就业岗位，正是当下吸纳包括农民工在内的大量劳动力的重点，知识技能能够进一步转化为生产力和商业价值，因而对促进数字经济与乡村产业融合发展的人力资本进行投资和培育至关重要。既要在各地区开展线下相关的知识普及，普遍提高涉农从业人员对数字经济与产业融合的认知和应用水平；又要利用互联网、手机 App 等信息技术手段加快培育新型农业生产经营主体和产业化联合体，加强应用实践型人才的培育力度；同时健全相应的使用、评价、激励制度，并不断收集反馈信息，进而构建和完善形成广覆盖、多层次、类型丰富的现代高素质农民培育体系。与此同时，还应将远程教育和职业教育相结合，树立典

型，选拔优秀青年职业农民农闲时期定期通过互联网进行经验分享和交流学习，提升相关人员的金融素养及其金融风险防范意识，培养造就一批善用互联网、懂金融经济、懂技术、善经营、有情怀、守法纪、德才兼备的有利于促进数字经济与乡村产业融合发展的现代高素质农民群体和农业农村数字人才。通过建立实习和研学基地，面向技术应用需求，通过校企合作等方式，加快数字化人才培育，拆解数字"围墙"、破解数字"孤岛"、分化数字威权成为数字红利人人共享的重要抓手。通过对"互联网福利"和"数字红利"的在乡利用，有益于增加农户个人资本积累，从而提升农村资本和社会资本。

（四）探索多元主体参与、可持续的数字乡村建设发展模式

探索多元化、可持续的数字乡村建设模式，进一步深化改革创新，发挥市场在资源配置中的决定性作用，倡导政府、企业、社会多方参与数字乡村建设。政府应加大数字化基础设施建设力度，鼓励农村电商的发展，推广智能农业技术的发展。这些措施将有助于推动数字乡村建设的发展，提高农村经济的发展水平和农民的生活品质。在政府主体层面，要以财政投入撬动社会投入，政府在数字乡村项目用地、用电等基础设施方面给予保障，发挥政府投资的最大效益，通过优惠政策吸引企业积极投身数字乡村建设。在市场主体层面，撬动更多社会力量参与数字乡村建设，创新数字支农、扶农业务，鼓励政策性、商业性金融机构在业务范围内为试点地区建设提供信贷支持，逐步形成既让农民受益又让市场主体有积极性的建设发展机制，强化、细化监管，避免盲目投资、盲目建设项目。在农村居民主体层面，要发挥农村居民主体作用，联合市场主体可以通过直接投资、股份合作、"保底收益＋按股分红"等形式与农民建立紧密的利益联结机制，使农民分享数字化发展收益，通过农村电商、乡村旅游等方式获得经营性收入，通过打工就业获得工资性收入，通过资产入股、资源入股获得财产性收入等，以此调动农民的积极性、主动性。以多主体协同共促数字乡村建设的创新体制机制推进数字乡村建设试点示范开展，循序渐进，宜通过试点分阶段推进，提升已有农业数字化有关试点项目建设成效，鼓励对物联网、生物传感器、人工智能和机器人等前沿技术的中试推广，强化相关技术和工艺在不同作业环节的适用性。用好涉农类园区和示范区政策支持，布局一批创新中心和示范基地等，开展农机智能装备集成应用和智慧农业场景应用示范，扎根河北省农业优势特色产业，以数字赋能农业产业集群建设为依托，逐步形成可借鉴、可复制、可推广的河北省数字乡村建设发展模式。

参考文献

［1］方福前，田鸽．数字经济促进了包容性增长吗：基于"宽带中国"的准自然实验［J］．学术界，2021（10）：55－74．

［2］何雷华，王凤，王长明．数字经济如何驱动中国乡村振兴？［J］．经济问题探索，2022（4）：1－18．

［3］姜长云．发展数字经济引领带动农业转型和农村产业融合［J］．经济纵横，2022（8）：41－49．

［4］李雪，吴福象，竺李乐．数字经济与区域创新绩效［J］．山西财经大学学报，2021，43（5）：17－30．

［5］李怡，柯杰升．三级数字鸿沟：农村数字经济的收入增长和收入分配效应［J］．农业技术经济，2021（8）：119－132．

［6］马述忠，贺歌，郭继文．数字农业的福利效应：基于价值再创造与再分配视角的解构［J］．农业经济问题，2022（5）：10－26．

［7］司伟．经济转型过程中的中国农业农村现代化［J］．南京农业大学学报（社会科学版），2021，21（5）：11－19．

［8］田野，叶依婷，黄进，刘勤．数字经济驱动乡村产业振兴的内在机理及实证检验：基于城乡融合发展的中介效应［J］．农业经济问题，2022（10）：84－96．

［9］王学婷，张俊飚，童庆蒙．参与农业技术培训能否促进农户实施绿色生产行为？：基于家庭禀赋视角的 ESR 模型分析［J］．长江流域资源与环境，2021，30（1）：202－211．

［10］温涛，陈一明．数字经济与农业农村经济融合发展：实践模式、现实障碍与突破路径［J］．农业经济问题，2020（7）：118－129．

［11］朱喜安，马樱格．数字经济对绿色全要素生产率变动的影响研究［J］．经济问题，2022（11）：1－11．

［12］Couture V，Faber B，Gu Y，et al. Connecting the Countryside via E-Commerce：Evidence from China［J］. American Economic Review：Insights，2021，3.

［13］Onitsuka K，Hoshino S . Inter-community networks of rural leaders and key people：Case study on a rural revitalization program in Kyoto Prefecture，Japan［J］. Journal of Rural Studies，2018：S074301671730311X.

促进农民增收实现农民农村共同富裕的路径及对策研究

【摘要】 实现农民农村共同富裕是全体人民共同富裕的重点内容和难点所在。多年来，在一系列惠农富农政策持续作用下，我国农业农村取得了长足发展，但城乡之间和农村内部的收入差距也呈日益扩大态势。工资性和财产性收入差距不断增大是导致城乡收入差距持续拉大的主要根由，既往农村居民经营性收入优势已消失殆尽；农村内部收入差距不断加大则是由不同群体经营性、工资性和转移性收入差距愈拉愈大导致，其中尤以经营性收入差距为最。扎实推进农民农村共同富裕，让全体农民共享富裕"蛋糕"，要通过深入推进城乡要素市场化配置、大力推进农村产业现代化建设、全面推进农村民生事业建设、持续推进相对贫困治理等多种途径来实现。

推进农民农村共同富裕是实现全体人民共同富裕的关键和难点。习近平总书记在中央财经委员会第十次会议上指出，"必须把促进全体人民共同富裕作为为人民谋幸福的着力点，不断夯实党长期执政基础。"[①] 我国发展不平衡不充分问题依然突出，城乡区域发展和收入分配差距较大，促进共同富裕，最艰巨最繁重的任务仍然在农村。扎实推动共同富裕，要求把促进农民农村共同富裕作为攻坚克难的重点。多年来，党和政府致力于农业增效、农民增收、农村繁荣，部署实施了一系列重大决策和行动，在推进

---

① 途圣伟. 产业融合促进农民共同富裕：作用机理与政策选择 ［J］. 南京农业大学学报（社会科学版），2022（1）：23－30.

农民收入增加、生活改善方面取得了突出成效。但与城市相比依然存在较大差距。城乡收入差距在收入、城乡、地区三大差距中影响最为严重、改善其现状的诉求最为迫切、改善的收益最为深远。

一、城乡收入差距比较分析

改革开放以来，国家先后实施了包括家庭联产承包责任制、全面取消"农业税"、"以工补农以城带乡"、新农村建设、城乡一体化发展、精准扶贫、脱贫攻坚、乡村振兴等一系列重大战略和政策举措，农业农村生产力和农民生产积极性得到充分释放激发，居民收入持续增长，基础设施和公共服务不断完善，生态环境持续优化，农民居民的获得感、幸福感、安全感大幅提升。但城乡居民收入差距总体呈加大趋势，由 1978 年的 209 元增大到 2021 年 28481 元，城乡收入比由 1978 年的 2.56 倍增加到 2007 年的最大值 3.14 倍，此后遂呈下降趋势，但 2021 年依然高达 2.5 倍（见图 8-1、图 8-2、图 8-3、图 8-4）。

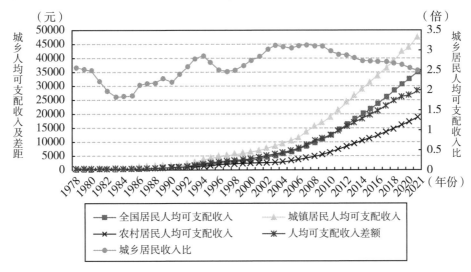

图 8-1　1978~2021 年城乡居民收入差距对比

（一）工资性收入差距

工资性收入差距是城乡差距的主要构成，虽然收入倍差持续缩减，但绝对额差距继续拉大，仍然是导致城乡差距进一步拉大的主要因素。工资性收入与行业、地区、劳动者文化素质和技能水平等密切相关。农村居民文化素质和劳动技能水平相

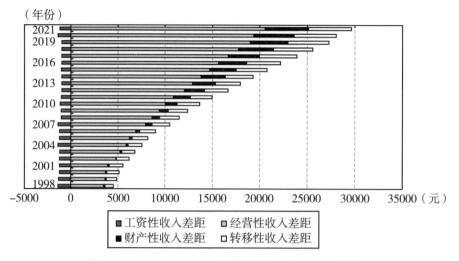

图 8 - 2　1998～2021 年城乡居民收入差距构成

资料来源：国家统计局官网。

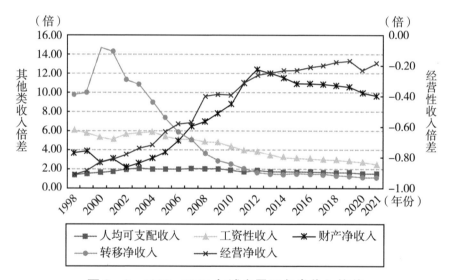

图 8 - 3　1998～2021 年城乡居民各类收入倍差

资料来源：国家统计局官网。

对较低，就业范围与领域多集中在村、镇和城市的高劳动量、低劳动技能要求、非持续、低薪酬的工作岗位，虽然近年来，国家大力推进农村技能培训、加大农民工权益保障力度，农村居民工资性收入快速增长，但其低薪、非持续境况并未得到根本性扭转，与城镇居民收入差距依然呈上升趋势。1998～2021 年，城乡居民工资性差距从 3504 元扩大至 20523 元，虽然在人均可支配收入中的占比呈逐年下降趋势，但 2021 年依然达到 72.06%，城乡收入倍差仍高达 2.58 倍，对城乡收入差距拉大贡献了 62.77% 的份额。2020 年新冠疫情的爆发极大抑制了农村居民外出务工，导致

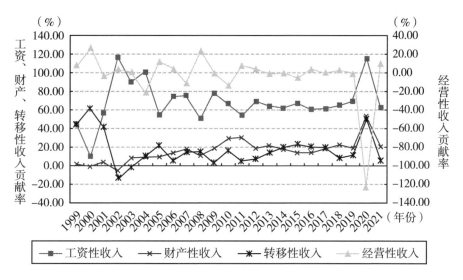

图 8 - 4　1999 ~ 2021 年城乡居民收入差距变动四类收入贡献率

资料来源：国家统计局官网。

农村居民工资性收入增长力度大幅缩减，虽然城市居民工资性收入力度受疫情影响也有一定萎缩，但其幅度显著小于农村居民，导致 2020 年工资性收入增长对城乡收入差距拉大贡献达到 116.44%。但即便是在正常年份，工资性收入对城乡居民收入差距拉大的贡献也多在 60% ~ 80%。

（二）经营性收入差距

经营性收入是农村居民收入的重要构成，亦曾经是缩小城乡收入差距的主要因素，但其增长步伐长期滞缓，几乎处于"躺平"状态，对减小城乡收入差距的作用和贡献仅在个别年份显著（2004 年、2013 年、2020 年），有些年份甚至为负贡献（2000 年、2008 年），尤其是近年来优势逐渐消退殆尽，对减小城乡收入差距的贡献萎缩至近乎为 0。具体来说，经营性收入在农村居民收入中占有重要比重，1998 年为 67.85%，此后一直呈下降趋势，2021 年降至 34.68%。其与城市居民的差距呈缩小状态，1998 年农村居民经营性收入比城市居民多 1329 元，到 2021 年这一差距减少到 1184 元。虽然经营性收入对农村居民收入增长贡献较大（2021 年贡献了近 30% 的份额），然而因其增长速度显著低于城市居民经营性收入增长速度，其对缩减城乡居民收入差距的贡献极不稳定，仅在个别年份显著（2004 年、2013 年、2020 年），有些年份甚至为负贡献（2000 年、2008 年），尤其是近年来优势逐渐消退殆尽，对减小城乡收入差距的贡献极度萎缩甚至近乎为 0（2012 ~ 2019 年贡献率均低于 5%，2014 年、2017 年、2019 年三年均低于 1%）。我国农业仍以"大国小农"

为主，小农户仍然是农业生产的主力，"小农户数量占到农业经营主体的98%以上，小农户从业人员占农业从业人员的90%，小农户经营耕地面积占总耕地面积的70%"[①]，中国全部农业投入的97%是家庭小农户场。全国2.3亿户农户，户均经营规模7.8亩，经营耕地10亩以下的农户有2.1亿户，人均一亩三分地，户均不过十亩田[②]。小农式农业生产，除需面临自然风险、市场风险等农业生产的系统性风险外，还要因为处于信息、市场、资金、技术、人才等劣势，以及国家维持物价稳定、保障粮食安全、保护环境生态等政治需要，生产资料涨价，产业门槛低竞争激烈等原因，面临产业价值空间被挤占难以拓展、生产结构调整困难等问题，导致经营性收入增长缓慢，增速远远落后于城市经营性收入增长速度，进而虽然其促进农民收入增加效果明显，但对减小收入差距作用微乎其微（与1998年经营性收入额相比，2020年城市增加了5238元，农村增加了5093元）。

（三）财产性收入

财产性收入差距虽然在城乡收入差距中所占份额不大，2021年最高为16.09%。但对城乡差距拉大的贡献总体呈上涨趋势，2009~2019年，贡献率在14.1%~31.2%之间波动，总体呈上升趋势，2020年达到最高53.15%，2021年又回落至21.09%。财产性收入是指通过资本、技术和管理等要素与社会生产和生活活动所产生的收入，是指家庭拥有的动产（如银行存款、有价证券）和不动产（如房屋、车辆、土地、收藏品等）所获得的收入，包括出让财产使用权所获得的利息、租金、专利收入，财产营运所获得的红利收入、财产增值收益等。农村居民拥有的资源性资产以银行存款、宅基地、农用地等为主，银行存款大都数量不多，宅基地和农用地转让出租的比例和租金都不高，同时又缺乏财产运营能力和渠道，导致财富增值能力差，与城市居民财产性收入差距逐年扩大。1998~2021年，农村居民财产性收入增长了439元，增长了14.63倍，城市居民财产性收入增加了4909元，增长了34.33倍，城乡财产性收入差距从113元扩大到4583元，倍差由3.77倍扩大到10.77倍。

（四）转移性收入

转移性收入城乡差距总体呈扩大趋势，由1998年的959元增加到2021年的

---

① 全国98%以上的农业经营主体仍是小农户［EB/OL］.（2019－3－1）［2023－03－11］.新华网.
② 李实，詹鹏，杨灿.中国农村公共转移收入的减贫效果［J］.中国农业大学学报（社会科学版），2016（10）：71－80.

4560 元，在城乡收入差距中的占比总体呈下降趋势，由 2001 年的最高水平 34.71%下降到 2021 年的 16.01%。其对加大城乡差距的贡献总体呈缓慢抬升趋势，多数年份在 5%~24% 之间波动。2020 年，转移性收入城乡差距扩大到 4455 元，在差距中占比达到 16.68%，贡献率达到 52.05%，2021 年回落至 5.91%。农村居民可支配收入中的转移净收入，包括农业补贴、社会保障等来自公共财政的转移净收入和亲友馈赠、外出务工人员寄回收入等私人转移净收入。近些年，随着中央财政支农惠农力度的不断加大和城乡一体化发展的深入推进，"政府通过养老金或退休金、社会救济和补助、政策性生产生活补贴、新型农村合作医疗报销医疗费用等方式向农户转移的收入明显增加，更重要的是农户家庭非常住成员通过外出务工经商等方式寄回带回的收入迅速增多"，[①] 使得农村居民人均可支配收入中转移性收入由 1998 年的 97 元快速增加到 2021 年的 3937 元，23 年间增长了 39.59 倍，远高于同期城市居民 7.05 倍的增幅。但"依靠政府大规模补贴来支撑农民收入增长的空间不断缩窄，事实上也不具有长期可持续性"[②]。

二、农村农民内部差距

在中国的总体收入差距中，城乡间的不平等因素是主要成分，而农村与城市内部的不平等因素则是次要成分。2021 年，城乡年人均可支配收入相差 28481 元，农村高收入组与低收入组相差 38226 元。城镇低收入组与其他各收入组之间的比重为 1∶1.8∶2.54∶3.52∶6.13，农村低收入组与其他组之间的比重为 1∶2.39∶3.41∶4.77∶8.87，高收入与低收入组收入倍差城镇为 6.13 倍，农村为 8.87 倍，可以说农村低收入组家庭人均收入与其他组的差距相对城镇来说更大。可见，相对于城乡收入差距和城镇内部收入差距来说，农村居民内部低收入户与高收入户的收入差距更大，且存在比城镇更为非均衡的群体收入结构。

（一）农村内部差距总体表现

1. 农村是贫困群体最集中地区

全面打赢脱贫攻坚战后，农村绝对贫困人口全部脱贫，但农村仍是贫困的集中

---

① 途圣伟. 产业融合促进农民共同富裕：作用机理与政策选择 [J]. 南京农业大学学报（社会科学版），2022（1）：23-30.
② 罗楚亮，梁晓慧. 农村低收入群体的收入增长与共同富裕 [J]. 金融经济学研究，2022（1）：36-46.

区。一是农村收入水平普遍较城镇偏低，农村各组人均可支配收入较城镇同组收入低60%~80%，2021年农村各组占城镇各组的比重，基本为2013年以来最高，其占比从低收入组到高收入组依次为29%、38.45%、38.93%、39.26%和42%。二是农村低收入人数规模较大。2021年，全国20%低收入家庭户、约3亿人月人均收入低于1000元（694.42元），农村40%家庭户、约2亿人月人均收入低于1000元（其中，中间偏下收入组月人均收入为965.5元，低收入组月人均收入仅为404.67元）。

2. 农村内部存在较为突出的收入差距

农业农村发展不充分是我国发展不充分的最突出表现，不仅表现为相对于城镇的发展不充分，也表现为农村内部不同群体之间的非均衡发展。在农村内部，因为占有资源不同、发展能力和自身素质等的迥异，不同群体增收致富能力也存在明显差异，突出表现在收入水平上。一是各组之间收入绝对差距越来越大。2013~2021年，农村内部各收入组之间收入差距总体呈持续加大趋势，尤其是高收入组，与其他各组之间差距增加明显，其他四组之间差距增长相对平缓。2013年各收入组相对低收入组的差距，中间偏下组、中间组、中间偏上组、高收入组家庭收入差距，依次为3088元、5560元、8938元、18446元，到2021年这一差距分别扩大到6730元、11690元、18311元、38226元。二是各组增长速度相差不多，但低收入组和高收入组受政策影响增长相对较快。2015年10月，中央提出实施旨在解决绝对贫困、增加低收入人口收入的脱贫攻坚战略；2018年又提出惠及全体乡村和农村居民的乡村振兴战略，低收入组作为政策重点惠及对象，收入实现了相对快增长。2015~2021年，低收入组、中间偏下组、中间组、中间偏上组、高收入组家庭月人均可支配收入增长了51.69%、43.91%、42.68%、43.66%、48.07%，年均增长10.98%、9.53%、9.29%、9.48%、10.31%。

3. 经营性收入差距是导致农村内部收入差距过大的最主要原因

罗楚亮、梁晓慧（2022）利用中国居民收入分配课题组分别于1988年、1995年、2002年、2007年、2013年和2018年的全国农户调查数据，分析了我国农村低收入群体（农村收入最低40%人群）收入增长情况。整理其数据资料发现：（1）农村低收入群体与农村总体人群收入差距逐年拉大，从1988年的371.55元增加到2018年的8941.1元，农村低收入群体总收入占农村总体人群收入的比例从1988年的46.72%下降到2018年的37.18%。（2）四项收入中，财产性收入绝对差距呈先增后减趋势，其他三项收入绝对差距呈逐年增大趋势，2018年四项收入差距分别为3918.43元、3250.47元、499.13元和1273.08元，相应比重依次为43.83%、

36.35%、5.58%和14.24%。但受益于国家农村劳动力素质培训、扶贫战略（"三变"）的实施，低收入群体工资性收入和财产性收入实现了高速增长，抑制了差距的进一步拉大，使该两项收入的相对差距缩小。1988～2018年，农村总体人群四项收入分别增长了78.45倍、6.71倍、580.04倍和51.26倍，而农村低收入群体四项收入分别增长了207.52倍、2.79倍、723.12倍和77.73倍，从而使工资性收入和财产性收入差距2018年比2013年少增加了1215.85元和530.5元。（3）经营性收入差距是导致农村内部收入差距增大的主要因素。与农村总体不同的是，农村低收入群体的经营性收入绝对值总体呈缓慢上升趋势，近十年呈先升后降趋势（2007年、2013年、2018年分别为1034.89元、1511.34元和1142.5元，在总收入中的占比呈持续下降趋势，由1988年的92.58%降至2018年的21.59%，降幅达70.98个百分点，比农村总体高20.24个百分点。2018年，经营性收入差距在农村低收入群体和总体人群总收入差距中占比为36.35%，为差距拉大贡献了48.48%，其他三项收入对收入差距拉大的贡献率分别为工资性收入29.37%、财产性收入 - 2.53%、转移性收入24.68%。

（二）农村内部各类差距变动分析

不同群体的收入差距可归结为个体之间人力资本和要素禀赋的差异，包括不同的受教育程度、不同的劳动技能和不同的社会资本等，现实表现则为不同群体四类收入不同的获得能力和水平。

1. 经营性收入

因其重要性和复杂影响，另起讨论在此不赘述。

2. 劳动力综合素质参差不齐是导致农村居民工资性收入差距大的主要原因

就业脱贫是精准扶贫的一项重要举措，国家和各级政府从强化职业培训和开拓就业渠道两个方面入手，着力促进低收入人群稳定就业取得突出成效。但农村低收入人群，一方面受教育年限普遍较短导致文化素质不高、接受新知识提升劳动技能水平的能力不强，只能从事低技能、低薪酬职业；另一方面低收入群体中有很大一部分个体是弱劳动力或半劳动力、丧失劳动力或无劳动力人群，或者家庭成员中有失能人群需要照料的普通劳动力，因为自身或家庭原因只能从事低强度、低技能、短时间、间续性劳动，导致低收入群体工资性收入普遍偏低，与农村高收入群体工资性收入形成较大差距。2020 年中国社会科学院农村发展研究所"中国乡村振兴调查"（CRRS）数据显示，2019 年全部农村居民样本按照收入水平五等分组，高收入组人均年工资性收入为 17839 元，低收入组为 1032 元，从高收入组到低收入组各组比例依次为 17.29 : 10.34 : 6.52 : 3.32 : 1。

3. 财产性收入

如前所述，农村居民因为财产性资源、财产运营能力和渠道都普遍匮乏，且不同群体之间区别不大，导致农村不同收入群体之间财产性收入绝对差距相对较小，而且，瞄准贫困户财产性收入增加的资产收益扶贫政策、产业扶贫政策的实施都不同程度促进了低收入群体财产性收入的较快增长，2013～2018 年，农村全体和低收入群体财产性收入分别增长了 12.14% 和 107.24%，二者共同导致了低收入群体与农村全体差距的缩小。

4. 转移性收入

转移性收入在农村低收入群体中所占比重要明显高于全体农村居民，说明低收入群体收入更加依赖转移性收入，但人均转移性收入绝对额却显著低于农村全体。多重因素共同导致了农村内部不同群体之间较大的收入差距。如前所述，政府支农惠农政策、城乡融合发展和社会保障兜底扶贫等的大力深入实施，有力推进了农村居民转移性收入的快速增长，尤其是精准扶贫"五个一批"的深入实施更是大大提升了农村低收入群体的财政转移支付收入，大大提升了其脱贫的速度和概率，使低收入群体与其他组之间差距虽然仍在变大，但差距变大的幅度在缩小。

三、农村居民经营性收入影响因素分析

当前，农村经营性收入结构已趋于多元化，影响因素也更加复杂。但各界普遍认为，家庭人口数、受教育程度、年龄、性别等是影响家庭收入的主要因素。本报告运用统计软件对 1500 份农户调查数据进行了回归、单因素方差和独立样本 T 检验等统计分析，研究发现，产业类型、年龄、性别、文化程度、经营年限等都对经营性收入产生了或强或弱的影响。

（一）农户总体经营性收入影响因素分析

经营产业类型对人均经营性收入影响显著。畜牧业显著高于其他产业户，产业

种植户与非农产业户无差别，且都显著高于普通农户。性别方面，男性人均经营性收入显著高于女性。文化程度方面，文化程度越高，人均经营性收入水平越高，但高中（中专）与大专以上无显著差异。年龄方面，60 岁以上农户显著低于 60 岁以下农户，但 60 岁以下农户人均经营性收入水平无显著差别。家庭成员中有无村干部对人均经营性收入无显著影响。对职业的坚守也是影响人均经营性收入的因素，总的来说，20 年是个坎，职业时长 20～40 年的人均经营性收入显著高于 20 年以下和 40 年以上的农户，而 40 年以上农户，年龄大都在 60 岁以上，其人均经营性收入显著低于其他年龄段。从散点图来看，0～20 年，尤其是 0～10 年农户敢想敢干，高收益的农户显著多于其他时间段，但风险也高，低收益的农户也显著多于其他时间段农户。是否加入合作社对总体农户人均经营性收入无显著影响，但参加技能培训的农户，其经营性收入要显著高于没有参加技能培训的农户。从家庭人口规模来看，总的来说，家庭人口规模在 4～7 人户的家庭，其人均经营性收入水平要显著高于 1～3 人户和 8～10 人户，9～10 人户人均经营性收入水平要显著低于其他人户。4～7 人户家庭，家庭结构相对稳定，人口增加概率较小，高龄人口占比较低，劳动年龄人口占比相对较高，代际生产生活劳动的合理分工、高劳动力占比等，使得其人均经营性收入水平显著高于其他农户。

农户的总体数据反映了总体的特征，但分类农户特有的特征也有可能被掩盖。挖掘不同产业类农户人均经营性收入的影响因素，还需对不同类农户单独分析。

（二）不同产业类型农户经营性收入影响因素分析

1. 种植产业户

从种植结构来看，小麦玉米等大田作物的人均种植收入显著低于其他非粮作物种植，即使是小麦玉米与其他非粮作物混合种植，其收入也远高于单纯粮食作物种植。性别、文化程度、家庭成员有无村干部对种植产业户人均经营性收入无显著影响，这可能与种植的高机械化水平、完善的社会化服务、到位标准的技术服务有关。36～50 岁的农户，其家庭人均经营性收入水平显著高于其他年龄段农户，这个年龄段的农户，生产条件、技术水平、经营能力、市场敏锐力、社会关系等综合生产能力和水平较高，使其收入水平相对较高。经营年限在 3～10 年的农户，其家庭人均经营性收入水平显著高于 1～2 年农户，但随着年限的增长，其人均经营性收入水平反而呈下降趋势，11 年及以上农户的收入水平要高于 1～2 年段农户、低于 3～10 年段农户水平。合作社和技能培训对增加农户经营性收入影响明显，参加合作社的农户的人均经营性收入显著高于不参加合作社的农户，参加技能培训的农户经营性收入要显著高于没有参加技能培训的农户。家庭人口规模上，6 人口家庭的人均经营性收入水平要显著高于其他人口数家庭，但其他人口数家庭之间人均经营性收入水平并不存在明显差距。种植规模方面，虽然人均经营性收入水平与种植规模呈正相关关系，但在统计意义上，200 亩是个坎，200 亩以上的人均经营性收入水平显著高于 200 亩以下，且 200 亩以下不同规模之间、200 亩以上不同规模之间的人均经营性收入水平在统计意义上没有显著差异。总之，学历（高中最高）、年龄（36～50 岁收入最高）、经营年限（3～10 年）与人均经营性收入水平呈现倒"U"型曲线关系。

2. 畜牧产业户

常见畜牧养殖的人均经营性收入水平显著低于非常见养殖，养猪户人均经营性收入水平显著高于养羊户和养鸡户，其他品种养殖户之间的经营性收入水平在统计意义上没有明显差距。单一品种养殖户人均经营性收入水平显著高于混合种类养殖户人均经营性收入。性别、是否加入合作社、家庭规模对农户人均经营性收入水平没有显著影响。文化程度对畜牧产业户影响明显，人均经营性收入水平随文化程度提升而大幅提升，不同文化程度农户的人均经营性收入存在显著差异，尤其是高中文化农户人均经营性收入显著高于初中文化农户人均经营性收入，而大专文化农户人均经营性收入又显著高于高中文化农户人均经营性收入。人均经营性收入水平随年龄增长而逐渐降低，年龄在 35 岁及以下农户，人均经营性收入水平显著高于其他年龄段农户，50 岁及以上农户人均经营性收入水平显著低于 50 岁以下农户人均经营性收入水平。畜牧业是个经验工种，人均经营性收入水平随从业时长增加而增长，5 年以上农户的人均经营性收入水平显著高于 5 年以下农户人均经营性收入水平。农户家庭中有村干部的，能显著增加其经营收入，村干部家庭的经营性收入水平显著高于非村干部农户人均经营性收入。但技能培训对畜牧户增收影响显著，参加技能培训的农户，其人均经营性收入是没有参加技能培训农户人均经营性收入的 3 倍多。

3. 非农产业户

涉农类第二、第三产业经营户的人均经营性收入水平显著高于非农类第二、第三产业经营户，男性农户高于女性农户，但文化程度、年龄、职业时长、家庭人口规模等对人均经营性收入水平无显著影响。家庭成员中有村干部的家庭，其人均经营性收入水平要显著高于没有村干部的家庭；参加过合作社的家庭，其人均经营性收入水平要显著高于没有参加过的家庭；参加过技能培训的农户，其人均经营性收入水平要显著高于没有参加过的家庭。

4. 普通农户

经营种类方面，纯养殖户人均经营性收入水平显著高于无种无养户、各类种植户和种养混合户。性别、年龄、有无村干部、职业时长、是否参加技能培训、家庭人口规模等对农户人均经营性收入无明显影响。初、高中文化程度的农户其人均经营性收入水平显著高于小学和大专文化程度的农户。合作社对小农户增收影响明显，参加合作社的农户人均经营性收入水平显著高于没有参加合作社的农户。

四、结论与建议

（一）结论

1. 城乡收入差距

从绝对差距及其构成来看。城乡收入差距绝对额呈持续扩大趋势，2019 年增长到 26338 元，收入倍差虽然经最高点（2007 年为 3.14 倍）后呈持续下降趋势，但依然高达 2.5 倍以上。（1）工资性差距是城乡居民人均可支配收入差距的主要构成，多年来占比在 70% 以上，虽然所占比重呈下降趋势，但差距在逐年拉大，2019 年达到 18982 元。（2）经营性收入是缩减城乡居民收入差距的主要因素，但随着城镇居民经营性收入的快速增长、农村居民农业经营性收入增长的滞缓，农村居民经营性收入优势渐趋衰微，到 2019 年已缩减为 922 元，占总差距比重仅为 −3.5%。（3）财产性收入差距是城乡居民收入差距的重要组成，多年来一直呈持续快速扩大趋势，2019 年增加到 4014 元，在总差距中占比提升到 15.24%。（4）转移性收入差距也是城乡收入差距的重要构成，与财产性收入不同的是，近年来，虽然差距持续扩大，2019 年达到 4265 元，但在总差距中的占比却总体呈下降趋势，2019 年降低到 16.19%。

从差距变动幅度及其贡献构成来看。城乡收入差距增幅总体呈增大趋势，2019 年，城乡居民收入增幅要高出农村居民收入增幅 1704 元，也就是说，城镇居民人均可支配收入比农村居民多增长了 1704 元。（1）工资性收入增幅差依然是主要构成，多年来总体呈扩大趋势，2019 年增加到 1186 元，但贡献率（增幅占总差距增幅的比重）总体稳定在 60% ～ 70% 之间。（2）经营性收入增幅几乎可以忽略不计，2019 年农村居民仅比城镇居民多增长了 7 元，意味着农村居民经营性收入相对优势几乎殆尽。（3）财产性收入增幅亦是重要构成，增幅和比重总体都呈震荡扩增趋势，2019 年增幅为 328 元，所占比重为 19.25%。（4）转移性收入增幅也对差距拉大贡献了重要份额，尽管增幅和比重均呈波动起伏状态，但 2019 年依然分别达到 197 元和 11.56%，城镇居民转移性收入增幅高于农村居民依然是多年来的固定态势。

2. 农村内部群体收入差距

从农村全体与农村低收入群体之间收入的绝对差距及其构成来看：（1）工资性收入差距是农村内部群体收入差距的重要构成，多年来差距持续扩大，尤其是 2002～2013 年，差距快速拉大，其后随着农村低收入群体就业帮扶力度的加大，差距增幅缩减，2018 年达到 3918.4 元，在农村内部群体收入总差距中的占比为 43.83%。（2）经营性收入差距也是农村内部群体收入差距的重要构成，多年来差距持续扩大，尤其是 2002 年以后差距增幅显著扩大，到 2018 年差距达到 3250.5 元，占比 36.35%。（3）财产性收入差距相对要小得多，2018 年为 499.13 元，占比 5.58%，多年来差距呈先增后减趋势，虽然依然存在，但增幅在 2013 年后呈现缩减趋势。（4）转移性收入差距虽较工资性和经营性收入差距规模要小很多，但对农村内部群体收入差距增加也贡献了不小份额，且呈持续扩大趋势，尤其是 2007 年以后，增幅显著扩大，2018 年该差距达到 1273.1 元，占比 14.24%。

从农村全体与农村低收入群体之间收入差距变动幅度及其贡献构成来看：（1）经营性收入差距是导致农村内部收入差距过大的最主要原因。多年来，经营性收入差距增幅持续扩大，2018 年其对农村内部不同群体收入差距拉大的贡献率达到 48.48%。（2）转移性收入差距是导致农村内部收入差距过大的重要原因，其差距增幅多年来亦呈持续扩大趋势，2018 年其对农村内部不同群体收入差距拉大的贡献率达到 24.68%。（3）工资性收入亦是导致农村内部收入差距过大的重要原因之一，虽然其差距增幅在 2013 年以后出现了回落，但 2018 年其对农村内部不同群体收入差距拉大的贡献率依然达到 29.37%。（4）财产性收入是缩小农村内部不同群体收入差距增幅的唯一因素，但作用较小，其对缩减差距增幅的贡献率仅为 2.53%。

3. 农村居民经营性收入差距影响因素

（1）总体来看。产业户收入高于普通农户收入，畜牧产业户收入高于其他产业户收入。男性收入高于女性收入。文化程度越高，收入越高。60 岁以下农户收入水平要高于 60 岁以上。从事某个产业的时间越长，收入水平越高。职业技能培训对农户收入水平的提高有显著促进作用，4～7人口家庭收入水平要高于其他人口规模农户收入。家庭成员中有无村干部、是否参加合作社对收入无影响。（2）单从种植产业户来看。非小麦玉米种植、各类混合种植的收入水平都显著高于单一小麦玉米种植收入。36～50岁农户收入水平相对其他年龄段农户都要高。经营年限在3～10年的农户收入水平要高于其他经营年限农户。参加合作社和职业技能培训对增加种植产业户收入有显著促进作用。6人口农户收入水平要显著高于其他规模农户。规模经营200亩以上农户收入水平显著高于200亩以下农户收入水平。性别、文化程度、家庭成员有无村干部对种植产业户人均经营性收入无显著影响。（3）单从畜牧产业户来看。猪牛羊鸡等重要农产品养殖收入水平显著低于其他品种养殖，养猪户收入水平要高于养羊户和养鸡户，单一养殖户收入要高于混养户。文化水平提升对促进养殖产业户增收效果显著。年龄在35岁及以下农户，人均经营性收入水平显著高于其他年龄段农户，50岁及以上农户水平显著低于50岁以下农户水平。5年以上农户的人均经营性收入水平显著高于5年以下农户水平。农户家庭中有村干部的，能显著增加其经营收入，参加技能培训也能显著增加农户收入。性别、是否加入合作社、家庭规模对农户人均经营性收入水平没有显著影响。（4）非农产业户。涉农类第二、第三产业经营户的人均经营性收入水平显著高于非农类第二、第三产业经营户，男性农户高于女性农户，但文化程度、年龄、职业时长、家庭人口规模等对人均经营性收入水平无显著影响。家庭成员中有村干部的家庭，其人均经营性收入水平要显著高于没有村干部的家庭；参加过合作社的家庭，其人均经营性收入水平要显著高于没有参加过的家庭；参加过技能培训的农户，其人均经营性收入水平要显著高于没有参加过的家庭。（5）普通农户。经营种类方面，纯养殖户人均经营性收入水平显著高于无种无养户、各类种植户和种养混合户。性别、年龄、有无村干部、职业时长、是否参加技能培训、家庭人口规模等对农户人均经营性收入无明显影响。初高中文化程度的农户其人均经营性收入水平显著高于小学和大专文化程度的农户。合作社对小农户增收影响明显，参加合作社的农户人均经营性收入水平显著高于没有参加合作社的农户。

（二）路径

从城乡差距来说。（1）工资性收入差距是城乡收入差距的主要构成，缩小城乡差距，还要从增加农村居民工资性收入着手。一要大力开展职业技能培训，提升农村居民职业素养，一方面针对劳务需求开展点对点式、专项化劳动技能培训；另一方面结合劳务市场发展，开展常态化、职业性技能培训，满足农村居民提升职业技能需要。二要大力发展组织化劳务输出，把组织农村居民劳务输出作为政府专项行动、常态化任务、日常工作。纳入绩效考核内容来抓；同时要着力完善农村居民劳务环境，构建完善农民工务工正常合理权益维护保障机制。（2）增加农村居民经营性收入。一方面着力增加农业经营性收入，通过提升农业现代化水平、发展电商农业等增加农业经营性收入。另一方面着力增加非农经营性收入，一是大力推进农村产业融合发展，延伸拓展产业链价值链，优化完善利益联结机制；二是大力推进农村加工业发展，推进农产品产地加工和粗加工发展；三是积极推进城市劳动密集型产业向县域、城镇、乡村疏解转移等多种方式增加农村居民非农经营性收入。（3）增加农村居民财产性收入。深入稳慎推进农村土地改革，"三变"优先向低收入群体集中倾斜。（4）增加农村居民转移性收入。加大农村居民政府补贴力度，从养老、医疗、失业、工伤、生育、低保、社会救济、社会救助等多个方面推进城乡均等化建设。引导农村基层、村集体加大对低收入群体的社会互助。

从农业生产角度来说。大力发展特色种养业，强化技能培训和文化教育，提升种植业组织化水平，强化畜牧业政策性保险力度和覆盖范围。

（三）建议

实现共同富裕，不仅要缩小城乡收入差距，更要"熨平"农村内部差距。要尽可能用好三次分配的各种制度、政策和机遇，把乡村振兴的过程转化成为缩小城乡差距、实现农业农村现代化、实现共同富裕的过程。"不断推动幼有所育、学有所教、劳有所得、病有所医、老有所养、住有所居、弱有所扶取得新进展。"

1. 深入推进城乡要素市场一体化建设，提升农村资源要素收入

劳动力、土地、生态等要素是农村农民的宝贵资源。虽然其市场价格主要由自身综合素质、供需情况、所处地域和市场化程度等决定，但城乡二元体制在限制其市场价值增长方面依然产生了不小影响。增加农村居民工资性收入和财产性收入，需要进一步破除阻碍城乡要素双向流动的"藩篱"阻滞，构建城乡统一的要素市场。一是继续推动农民工进城，着力增加农民工资性收入。一方面，通过职业技能培训、素质提升行动等大力提升农民工现代劳动技能、职业素养和文化水平，提升其劳动力市场价格。另一方面，着力完善进城务工农民的务工环境，建立健全农民工常态化权益保护机制，推动城镇公共服务向进城农民延伸覆盖。二是推动城市要素下乡，盘活农村资源，增加财产性收入。一方面畅通城市资本、技术、智力下乡

通道，积极引导城市现代生产要素利用农业农村生产、生活、生态资源，在不破坏农村生态环境的前提下开发新产业、新业态和新模式；积极探索农村生态资源参与城市产业、城市要素下乡发展产业的渠道、途径和市场价值变现机制和方式。另一方面，稳慎有序推进农村"三块地"和农村集体经济组织制度等改革，适度放活城市居民下乡使用农村宅基地、农民房屋、集体建设用地、四荒地等的门槛、限制和权益，激活农村资源资产市场价值；同时"创新宅基地收益取得和使用方式，探索让农民长期分享土地增值收益的有效途径"[①]，增加农民财产性收入。三是深入推进农村"三变"改革，拓展农村"三变"改革覆盖的广度、深度和维度，推动农村农民更多资源、资产，以更多方式、更多渠道、更深合作参与到由更多主体参与的新型农业经营中，以分享更多的资源增值收益。

2. 提升农村产业现代化（产业化、组织化）水平，提升农民经营性收入

缩小城乡差距，提高农村居民收入水平，发展是硬道理。提升农民经营性收入，要在保障粮食安全的基础上大力发展特色产业，通过财政补贴均衡各类农产品生产；在确保耕地红线的基础上推进产业融合发展，通过农业全产业链使农民分享发展收益；在落实生态保护红线、环境质量底线、资源利用上线的基础上推进生态产业化，通过生态资源价值化使农民农村获益。

一是大力发展现代农业，提升农业劳动生产率。通过强化科技投入、发展特色农业、提升组织化水平、发展适度规模农业、打造区域公共品牌等举措，提升农业生产效率和土地产业效率，进而提升农业劳动生产效率和农民经营收入水平。二是深入推进农村产业融合发展，让农民分享更多产业收益。当前我国农村产业融合发展已经进入高质量持续推进的新时期。新形势下，让农村居民通过融合发展实现更多经营性收入，既要深入挖掘拓展农业农村多种功能催生共享型产业融合新模式新业态，又要构建打造农业全产业链拓展农业农村产业增质增效空间，同时探索构建真正实现"利益共享、风险共担"的多种利益共同体和联结机制及模式，全方位、高质量、持续推进农村产业融合发展和农民分享收入收益的增加。三是优化农业经营补贴，均衡农业生产效益。粮食作物、肉、蛋、奶等重要农产品的生产收益显著低于其他农产品。保障粮食安全和重要农产品有效供给，要大幅提高重要农产品生产者的生产收益，综合运用有效市场和有为政府两种手段，增加扩大价格、保险、耕地地力等补贴补助力度，提高其生产收益水平。四是大力发展扶贫产业。适度放宽低收入群体农业经营的"非粮化"限制，结合地方农业全产业链培育发展，推动

---

① 叶兴庆. 以提高乡村振兴的包容性促进农民农村共同富裕［J］. 中国农村经济，2022（2）.

其大力发展特色种养业，深度融入特色产业链生产环节，强化政策性特色农业生产经营保险覆盖范围和力度，保障其生产经营及收入的稳定持续增加。

3. 提升农村社会保障水平，增加农村居民社会福祉

城乡差距的主要表现之一是城乡公共服务差距，既包括生产生活基础设施和公共服务供给差距，也包括基本社会保障的差距。集中体现为农村供给总体不足、标准偏低和建管护机制不健全。扎实推动共同富裕，要聚焦民生短板和人民群众最关心的领域，坚持"大水漫灌""精准滴灌"相结合，结合城乡差距补足补齐农村生产生活基础设施和基本公共服务，结合农民农村发展特色精准提供改善提升型生产生活设施和公共服务，增强农村居民的生产生活便利性和幸福感。

一是强化乡村建设行动。以城乡发展规划和乡村振兴规划为基础，全面推进农村生产生活基础设施和基本公共服务建设，对标城镇标准加快补齐民生短板和历史欠账，当前尤其要着力健全完善水电路气网、通信、排污等生产生活设施，以及教育、医疗、养老等基本公共服务建设，着力构建城乡均等的基础设施和基本公共服务。分步有序推进农村人居环境建设，稳步提升农村村容村貌。统筹规划县域、中心城镇和重点乡村生产生活设施和公共服务一体化建设，提升公共设施和资源的承载能力及服务范围，实现服务能力县域全覆盖。结合农业农村农民生产生活发展提升需求，分阶段分地区开展相关设施与服务建设，因地制宜提供"低消费、高福利"的公共设施和服务，如物流、养老、幼教等，提升农村居民幸福指数。二是强化乡村社会保障。对标城镇基础医疗和养老、社会救助、社会福利、社会保险、社会优抚等执行标准，提升农村适配居民的社会保障标准与之持平。健全农村居民社会保险体系，按照应保尽保原则，推动实现失业保险、工伤保险、生育保险农村居民全覆盖。加快整合完善城乡社会保障相互衔接与转换机制，将进城农民工、灵活就业人员、新业态就业人员等人群全部纳入社会保障范围，探索常态化检查监督机制，杜绝"漏保""脱保""断保"情况发生。采取多种筹资措施强化社会保障顺利进行，建立健全基本养老、基本医疗保险筹资和待遇调整机制，适当提高乡村退休人员基本养老金和基础养老金标准，并确保按时足额发放。

4. 强化贫困治理，提升低收入群体获得感、幸福感、安全感

共同富裕是全体人民的共同富裕，促进低收入群体共同富裕是实现全民共同富裕的底线任务。全面打赢脱贫攻坚战后，脱贫地区和脱贫人口的经济社会、生产生活和收入水平等实现了跨越式发展，但脱贫地区和人口的发展基础、发展能力和发展动力依然薄弱，部分地区和人口还存在较为严重的返贫风险。扎实推动

共同富裕，要坚持底线思维，在巩固拓展脱贫攻坚成果的基础上，强化贫困治理，着力建立促进低收入群体稳定增收的长效综合作用机制，持续有效推动低收入群体稳定增收。

一是巩固拓展脱贫攻坚成果，全力防范返贫风险。以"两不愁三保障"为核心，构建完善常态化与动态化相统一的风险监测和政策帮扶体系，将低收入群体全部纳入监测范围。对濒临返贫风险的低收入群体，针对风险因素精准实施靶向性帮扶措施，杜绝绝对贫困现象再次发生。针对低收入群体和需要帮扶的重点人群，着力加大基本社会保障金补贴制度，推动帮助其普遍参加基本医疗和养老保险，健全基本生活救助和专项救助制度，通过社会保障和转移支付等手段，扶助促进低保对象、特殊困难人员、残疾人和低收入家庭生活水平合理提升。二是建立常态化贫困治理机制，推动低收入群体稳定持续增收。调整"过渡期"扶贫政策向低收入群体和落后地区延展覆盖，强化低收入群体和落后地区的优质要素支撑，增强其发展能动力。探索财政资产益贫长效机制，探索构建财政扶贫资产稳定增收和收益合理分配机制，让财政扶贫资产收益惠及更多低收入群体。探索构建社会慈善事业益贫机制。综合采用财税"政策激励、社会环境营造、舆论生态建设、国民财富和社会责任观念教育"等方式，疏导引流慈善资源致力于农村扶贫事业发展。

参考文献

[1] 杜鑫.当前中国农村居民收入及收入分配情况：兼论各粮食功能区域农村居民收入水平及收入差距[J].中国农村经济，2021（7）：84-99.

[2] 李实，詹鹏，杨灿.中国农村公共转移收入的减贫效果[J].中国农业大学学报（社会科学版），2016（10）：71-80.

[3] 罗楚亮，梁晓慧.农村低收入群体的收入增长与共同富裕[J].金融经济学研究，2022（1）：36-46.

[4] 庞兆丰，周明.共同富裕中不同群体的致富能力研究[J].西北大学学报（哲学社会科学版），2022（3）：74-82.

[5] 孙敏.嵌入视野下农业规模经营的实践机理：基于汨罗市C村"千亩大户"的个案分析[J].农业经济问题，2022（1）：79，88.

[6] 途圣伟.产业融合促进农民共同富裕：作用机理与政策选择[J].南京农业大学学报（社会科学版），2022（1）：23-30.

［7］新华社．全国98%以上的农业经营主体仍是小农户［EB/OL］．（2019 - 03 - 01）［2021 - 12 - 11］．http：//www. gov. Cn/xinwen/2019 - 03/01/content_5369755. htm.

［8］叶兴庆．以提高乡村振兴的包容性促进农民农村共同富裕［J］．中国农村经济，2022（2）．

［9］扎实推动共同富裕［J］．求是，2021（20）：4 - 8.

河北省城乡融合发展新形势
新问题与思路对策研究

分报告九

【摘要】从新时代十年分析中国城乡关系面临的新转变，在新型城镇化战略和乡村振兴战略协调推进背景下，提出城乡融合发展面临的新问题。立足河北城乡关系历史方位与战略定位，从加快推进城市群都市圈扩容、加快完善县城生产服务功能、推动城乡产业加快融合发展、加快完善体制机制政策体系四个战略方向，提出深化城乡统筹示范区改革试点、持续优化城镇体系空间布局、构建城乡产业融合发展共同体三方面战略举措，推进河北城乡加快融合发展。

新时代十年，中国城乡关系发生历史性巨变，城乡融合发展取得历史性成就。据有关部门统计，2022 年末，全国城镇常住人口 92071 万人，常住人口城镇化率为 65.22%，分别比 2012 年末增加 20889 万人、12.62 个百分点，实现了 1.3 亿农业转移人口和其他常住人口在城镇落户，城镇新增就业年均超过 1300 万人，城乡基本公共服务覆盖范围和均等化水平显著提高。城镇居民和农村居民的人均可支配收入分别达到 49283 元、20133 元，二者名义收入分别是 2012 年的 2 倍和 2.5 倍，农村居民收入增长速度持续快于城镇居民，城乡居民可支配收入之比由 3.1:1 缩小到 2.4:1，人民群众的获得感、幸福感、安全感显著增强，工农互促、城乡互补、协调发展、共同繁荣的新型工农城乡关系初步建立。①

---

① 2022 年数据源自国家统计局发布的数据，2012 年数据源自《中华人民共和国 2012 年国民经济和社会发展统计公报》。

随着全国新型城镇化进入高质量发展新阶段，乡村振兴战略进入全面推进新时期，中国城乡关系在迈上全面建设社会主义现代化国家新征程上，也将持续深化并提高到更高层次。《京津冀协同发展纲要》赋予了河北省"三区一基地"的明确定位，站在全国城乡新发展格局的全局视野，审视河北城乡关系的历史方位、战略定位、战略方向、战略重点，按照党的二十大提出的战略部署和河北省委十届三次全会确定的战略安排，提出适宜河北的本土化、针对性对策建议，加快推进并构建河北城乡融合发展新格局，对建设经济强省、美丽河北具有重要现实意义。

一、新征程中国城乡关系的新转变

党的二十大报告提出，"加快构建新发展格局，着力推动高质量发展""推进以人为核心的新型城镇化，加快农业转移人口市民化。以城市群、都市圈为依托构建大中小城市协调发展格局，推进以县城为重要载体的城镇化建设"。[①] 按照党中央的战略部署，加快构建城乡新发展格局，着力推动新型城镇化高质量发展，是未来一个时期深化中国新型城乡关系的主攻方向。从理论要义上看，高质量发展是指经济数量增长到一定阶段之后，经济发展新动能转换、效率提升和结构优化的状态。[②] 新型城镇化高质量发展同样涉及新动能转换、效率提升和结构优化等重大问题。从实践探索来看，中国常住人口城镇化率已经突破65%，闯过了中期快速攀升的阶段，进入到城镇布局和功能优化、城市公共服务提升、城乡深入融合发展的新阶段，其动力体系也相应由土地等传统要素资源投入向数字、信息、文化、创意、服务、营销等新型创新要素驱动加快转变。同时，随着乡村振兴战略全面推进，农村的基础设施、生态环境、公共服务得到更好完善和更快提升，农村的生态、田园、文化、康养、休闲、旅游等多元化功能和价值进一步显现，城镇和乡村之间以价值交换为基础促进融合发展的新格局正在形成，城镇与乡村接续发生的深刻变化引领并促进城乡人口、资本、科技、人才、政策等要素资源、体制机制及政策体系加速向农村回流和优化配置。这些新的变化逐步打破了原有的城乡二元结构，促进了中国城乡关系正在并将持续发生新的转变。

---

① 高举中国特色社会主义伟大旗帜 为全面建设社会主义现代化国家而团结奋斗——在中国共产党第二十次全国代表大会上的报告［R/OL］. （2022 – 10 – 16）［2023 – 03 – 11］. http：//jhsjk. people. cn/article/32551700.

② 仁保平，赵通. 高质量发展的核心要义与政策取向［J］. 红旗文稿，2019（13）：23 – 25.

（一）新型城镇化迈进高质量发展新阶段

1. 新型城镇化进入下半程

城市化是一国或地区经济活动和人口就业由乡村向城镇转移的过程。按照配第 – 克拉克定律，随着经济发展和人均国民收入水平的提高，劳动力呈现首先由第一产业向第二产业转移，然后再向第三产业转移的演进趋势。因此，在城镇化前期和中期，第一产业和第二产业是驱动城镇化率提升的主要动力，其要素结构以土地、劳动力、能源、资源等传统要素为主。按照诺瑟姆城镇化"S"型曲线规律，城镇化初级阶段的城镇常住人口城镇化率一般不超过 25%，城镇化加速阶段的城镇常住人口城镇化率大多介于 60%～70%。2022 年末我国城镇常住人口城镇化率已经超过 65%，进入城镇化加速发展阶段的末期，按照近年来我国城镇化率平均每年提高 1.27 个百分点推算（见图 9 – 1），到"十四五"末期，我国常住人口城镇化率将突破 70%，城镇化将进入到成熟发展阶段。所以，从当前来看，我国新型城镇化已经进入高速发展的下半程，即进入到高质量发展的新阶段。

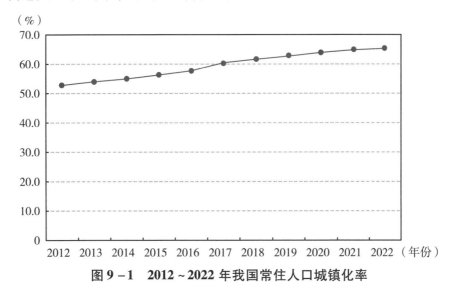

图 9 – 1　2012～2022 年我国常住人口城镇化率

资料来源：根据国家统计局公布的 2012～2022 年历年《国民经济和社会发展统计公报》整理。

2. 城乡人口流动呈现新特点

与新型城镇化进程相对应，城乡人口亦呈现新的流动趋势。从中长期来看，1978 年以来，我国乡村人口经历了一次增长高峰之后，呈现逐年快速减少的趋势。相应地，城镇人口一直呈现快速增长趋势（见图 9 – 2）。截至 2022 年末，我国城镇常住人口增长到 92071 万人，乡村常住人口减少到 49104 万人。当前我国常住人口城镇化率达到 65.2%，按照城镇化发展的一般规律，城镇化率在达到 70% 以前，乡村人口向城镇人口持续流动的大趋势仍将继续。但是，从我国人口"七普"和近两年城乡人口的变化情况看，城乡人口流动出现了一些新特点：一是 2022 年全国总人口出现拐点，比 2021 年减少 85 万人。二是城镇常住人口增长总量开始下降，2022 年城镇常住人口仅增加 646 万人，比上年减少 559 万人。三是乡村常住人口减少量也开始趋缓，2022 年乡村人口减少 731 万人，比上年减少 426 万人。在不考虑城乡人口自然减少的情况下，城乡人口变动的新特点可能预示着城乡人口流动的动力在减弱。城乡人口流动受各种复杂因素影响，包括宏观经济形势、城市就业压力大，同时乡村生产生活和生态条件大幅改善，客观上既吸引了城市"两栖"人口向乡村回流，也延缓了乡村人口向城镇的持续转移。这种情况一旦形成新的趋势，意味着城乡之间融合发展的关系也将面临新的调整。

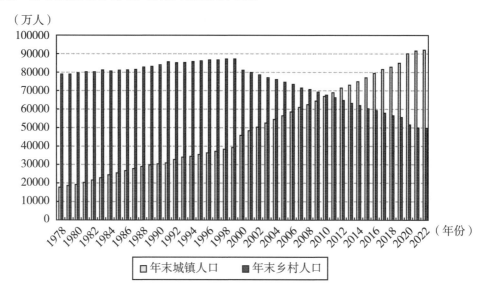

图 9 - 2　1978 ~ 2022 年我国城乡人口变化趋势

资料来源：历年《中国统计年鉴》。

（二）乡村振兴进入全面推进新阶段

党的十九大报告提出，农业农村农民问题是关系国计民生的根本性问题，必须始终把解决好"三农"问题作为全党工作的重中之重，实施乡村振兴战略。到 2022 年，乡村振兴战略第一个五年计划（2018 ~ 2022 年）顺利收官。五年来，我国以农业供给侧结构性改革为牵引，大力推动农村一二三产业融合发展，持续实施农村人居环境整治行动，农村生产生活和生态条件极大改善，农村居民可支配收入持续快于城镇居民，乡村振兴的基础性制度框架和政策体系基本形成，乡村振兴取得了阶段性重要进展。党的二十大胜利召开，我国社会主义建设事业踏上全面建设现代化国家新的征程，站在团结带领全国各族人民全面建成社会主义现代化强国、实现第二个百年奋斗目标，以中国式现代化全面推进中华民族伟大复兴的战略全局，党中央对全面推进乡村振兴作出了新的部署。要从整体的、战略的角度看待全面推进乡村振兴的时代意义，全面推进乡村振兴要完整、准确、全面贯彻新发展理念，从各地农村的整体性和全局性进行安排，综合运用市场机制和政府力量以制度创新和技术创新加以推进，依托城市和农村的共同发展推进城乡一体化发展，从而实现系统性推进乡村产业、人才、文化、生态、组织全面振兴。[①]

（三）新形势下城乡融合发展新问题

在城乡人口流动新趋势的带动下，城乡之间的要素配置机制也将面临一些新问题。例如，在耕地保护红线约束和建设用地"增存挂钩"约束下，乡村产业用地如何保障的问题；在城市回流乡村的人口逐步增多、乡村人口流出继续减少、投身到乡村振兴各领域的专业技术人才（人员）持续增加等新情况，对进一步完善提升乡村的公共服务质量和水平、生态环境保护修复和建设、乡村传统优秀传统文化的传承、保护和发扬等提出了更高的要求；在城乡生产生活逐步一体化的进程中，城乡社会治理一体化日益成为新的发展需求；等等。在乡村振兴进入全面深入推进阶段，既要促进乡村产业、人才、文化、生态、组织等各个领域逐步振兴，还应该注意到如何促进并形成各个领域协同发展、融合发力的新机制。

二、河北城乡关系历史方位与战略定位

河北省环绕京津，是京津两个特大城市的直接腹地，空间区位、经济区位、生态区位和安全区位等地位和条件在全国独一无二。《京津冀协同发展纲要》赋予河北省"三区一基地"明确定位，站在全国城乡新发展格局的全局视野，要确定未来时期河北城乡融合发展的战略方向和战略重点，首先要明确河北城乡关系的历史方位及其战略定位。

---

① 高帆. 全面推进乡村振兴与全面建设社会主义现代化国家［N］. 光明日报，2023-04-04（11）.

（一）河北城乡融合发展历史方位

党的十八大以来，河北省委、省政府全面贯彻落实中央决策部署，大力推进新型城镇化建设，加快推进农业农村发展，努力构建新时代新型城乡关系。从城乡人口流动趋势看，到2022年底，河北省常住总人口达7420万人，比2021年末减少28万人。其中，城镇常住人口4575万人，比2021年末增加21万人，常住人口城镇化率61.66%，比2021年末提高0.51个百分点。2022年末全省乡村常住人口2845万人，比2021年末减少49万人。从中长期来看，2021年省域常住人口出现了首次历史性减少，城镇常住人口增长量出现萎缩，乡村人口流出量开始下降。2021年全省总人口比2020年减少13万人，2022年比2021年进一步减少28万人；2021年全省城镇常住人口比2021年增长72万人，2022年城镇常住人口比2021年的增量缩减至21万人；2021年全省乡村常住人口比2020年减少85万人，2022年乡村常住人口比2021年的减少量缩减至49万人（见图9-3）。若不考虑人口向省外流出的情况，可以判断，河北城乡人口流动的总体特点与全国情形总体上保持了一致，但区别是河北省城乡人口流动发生质的变化的时间拐点比全国提前了一年。

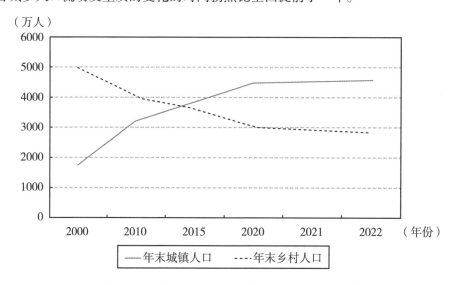

图9-3 2000~2022年我国城乡人口变化趋势

资料来源：2020年数据引自《河北省人口"七普"第六号统计公报》，其他年份数据引自历年《河北省国民经济和社会发展统计公报》。

常住人口城镇化率是城乡人口流动的集中反映。河北省与全国的城镇化率变化（见图9-4）反映出两个鲜明特点：一是河北省城镇化率增长趋势总体一致，但在2010~2020年我国城镇化率较快发展的阶段，河北省城镇化率的增长幅度始终慢于全国增长速度；二是 2020 年之后，河北省城镇化率与全国城镇化率的增幅趋于一致，使得河北省城镇化率与全国城镇化率的差距始终难以弥补。这两个特点对加快调整和推进河北省城乡关系、构建河北城乡融合发展新格局带来一定困难，即全省既面临加快城镇化速度，为优化调整和构建新型城乡关系提供重组动力，也面临乡村人口基数较大，促进农村产业特别是现代农业提质增效、推进乡村全面振兴的任务和压力较大。

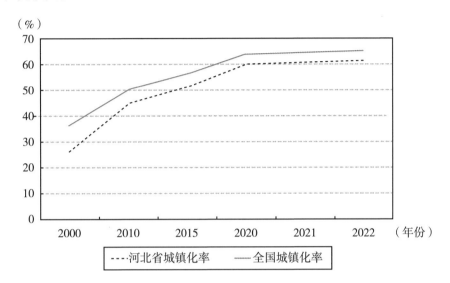

图 9 - 4　2000～2022 年河北省与全国常住人口城镇化率变化
资料来源：根据全国和河北省历年《国民经济和社会发展统计公报》数据计算。

从城乡居民收入水平看，2022 年河北省城镇居民人均可支配收入 41278 元，比 2021 年增长 3.7%，农村居民人均可支配收入 19364 元，比 2021 年增长 6.5%；而同期我国城镇居民人均可支配收入 49283 元，比 2021 年增长 3.9%，农村居民人均可支配收入 20133 元，比 2021 年增长 6.3%。2022 年河北省城镇居民人均可支配收入和农村居民人均可支配收入分别比全国平均水平低 16.2% 和 3.82%。所以，从城乡居民整体角度看，河北省居民的平均收入水平与全国居民平均收入水平相比还有较大差距（见图 9 - 5）。

从京津冀协同发展战略的角度看，河北省承担着"全国新型城镇化与城乡统筹示范区"的功能定位，这一定位赋予了河北省在建构新型城乡关系上应该在全国起到应有的示范性作用，甚至要走在全国其他省（区、市）前列。但是，从城乡人口流动趋势、新型城镇化建设进程、城乡居民收入水平等角度衡量，河北省仍需进一步加快构建新型城乡关系的步伐，在不断超越全国平均水平的基础上，实现"全国新型城镇化与城乡统筹示范区"的功能定位目标。

（元）

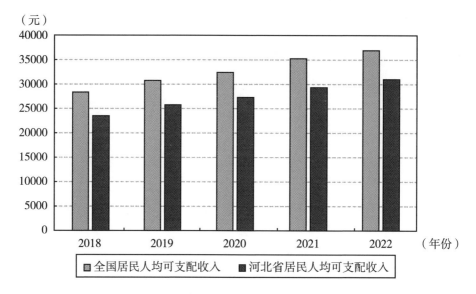

图 9 – 5　2018～2022 年河北省居民与全国居民人均收入变化

资料来源：《河北省 2022 年国民经济和社会发展统计公报》《中华人民共和国 2022 年国民经济和社会发展统计公报》。

（二）河北城乡融合发展战略定位

河北省委书记倪岳峰同志在回答《经济日报》采访时强调，党的二十大对推进京津冀协同发展提出明确要求，注入新的动力。河北省要深入贯彻习近平总书记重要指示和党中央决策部署，以承接北京非首都功能疏解为"牛鼻子"，加快落实"三区一基地"功能定位，坚持全域对接、全面承接，深化重点领域合作，打造重点承接平台，在对接京津、服务京津中加快发展河北，努力实现优势互补、互利共赢。① 城镇与乡村是承载国民经济和社会发展两个大的空间单元，各自承担着相应功能，从当前河北省城乡关系的历史方位判断，推动京津冀协同发展向纵深推进，有利于全省加速构建新型城乡关系；反过来，不断完善新型城乡关系、持续优化城乡发展格局会更好促进京津冀协同发展。所以，从深入实施区域协调发展战略的角度看，加快构建河北城乡融合发展新格局，一方面要继续加快新型城镇化步伐，尽快赶上并超过全国城镇化的平均水平，充分发挥新型城镇化对促进城乡融合发展的"拉力"作用；另一方面要加快推进乡村全面振兴，发挥乡村粮食和重要农产品的生产功能、农村居民安居乐业的生活功能、保障城乡发展全安的生态功能和传承中

---

① 倪岳峰. 开创加快建设经济强省美丽河北新局面——访河北省委书记、省人大常委会主任倪岳峰［N］. 经济日报，2023 – 03 – 31（1）.

华优秀传统文化的文化功能，提高乡村在城乡融合发展进程中的功能价值，形成以工促农、以城带乡、工农互惠、城乡一体的新型工农城乡关系。

三、河北城乡融合发展战略重点

综合研判，河北城乡融合发展面临加快推进新型城镇化步伐、加快全面推进乡村振兴、加快提高城乡居民人均收入等多重任务挑战，应围绕城市群都市圈扩容提质、增强县域经济生产服务功能、促进城乡产业融合发展、建立完善城乡融合发展体制机制和政策体系等一系列重点任务。

（一）加快推进城市群都市圈扩容

当前，全省已形成 300 万~500 万人的 I 型大城市 3 个（石家庄、唐山、邯郸），100 万~300 万人的 II 型大城市 3 个（保定、秦皇岛、张家口），50 万~100 万人的中等城市 7 个（衡水、廊坊、邢台、承德、沧州、定州、任丘），20 万~50 万人的 I 型小城市 17 个和 II 型小城市 102 个。根据各市发布的国民经济和社会发展统计公报，截至 2022 年，石家庄市总人口为 1122.35 万人，城镇人口达到 801.8 万人，常住人口城镇化率达 71.4%；唐山市总人口为 770.6 万人，城镇人口为 507 万人，常住人口城镇化率达 65.8%。2021 年末，邯郸市总人口为 936.7 万人，城镇人口为 558.2 万人，常住人口城镇化率仅为 59.6%。所以，从大城市空间布局看，河北已形成北部、中部、南部均有大城市带动新型城镇化发展的基本格局。但是，在三个大城市的外围分布较多的是 20 万~50 万人甚至是 20 万人以下的小城市，缺乏 50 万人以上的中等城市，大城市形不成都市圈协调配套的城市体系，限制了都市圈进一步扩展。因此，下一步大城市发展的战略重点，不是进一步强化大城市中心城区的集聚功能，而是要加快提升城市的空间拓展能力，大力发展中心城区外围的经济实力较强、地方文化相对突出、城镇等级和城镇化发展较快的郊县，使中心城区外围的郊县形成与中心城区协调配合的支撑力量，推动大城市都市圈尽快形成。

（二）加快完善县城生产服务功能

县域是国民经济的基础单元，是全省经济竞争力的重要支撑，更是加快推进城乡融合发展的主要载体。县域经济发达与否既关系城乡融合发展是否能够一体化推进，也关系全省统筹城乡示范区建设能否成功。完善县域的生产和服务功能，一方面要加快发展县域特色产业，提升县域开发区经济聚集能力，加大园区招商引资力度，推动县域产业园区扩能提质、增比进位，形成具有县域经济特点的特色产业集群，扩大县域经济规模。另一方面要加快推进以县城为载体的新型城镇化，着力增强县城综合服务功能。加快完善市政交通设施，建立完善机动车、非机动车、人行道路交通体系，发展停车场、社区、路旁停车系统，优化城市和城乡交通线路，畅通城乡道路通达性、便捷度。加快完善城市管网设施，实施城区燃气、供水、污水、电力等管道线路更新改造，充分利用地下空间，实施地上管网入地工程。提升县城防灾减灾能力，建立健全灾害监测体系，提高预警预防水平，加强对火灾、暴雨等的防范治理，推进建筑消防设施达标建设，按要求配置消防栓、蓄水池、微型消防站等配套设施。合理布局应急避难场所，强化公园、体育场馆等公共场所和建筑应急避难功能，完善避难场所供水、供电、通信等生命必备设施，提高城市应急抢险和应对突发灾害的综合能力。提高县城公共服务能力。提升教育服务能力，推进义务教育学校扩容增位，鼓励高中教育多样化发展，全面改善普通高中办学条件，消除普通高中"大班额"。提升医疗卫生服务能力，深化与省、市三甲医院合作，推进县级公立医院升级，加强公立医院、急救中心、疾控中心医疗设施改造，提升县域医疗卫生服务能力。提升养老托育服务能力，完善公建民营管理机制，扩大基本养老和长期照护服务床位，增加普惠养老床位供给。充分利用各类资源，盘活整合社区闲置建筑，采取通过政府回购、租赁、改造等方式用于普惠性托育服务。提升文化体育服务能力，将全民健身事业纳入改善民生和精神文明建设工作范畴，加快完善公共图书馆、文化馆、体育馆等场馆功能，建设全民健身中心、公共体育场、健身步道、户外运动休闲场所。

（三）推动城乡产业加快融合发展

城乡产业融合是城乡融合发展的关键支撑，也是畅通城乡循环的关键所在。加快城乡产业融合目的是深化城乡产业互动，建立城乡一体化产业分工体系。要持续深化农业供给侧结构性改革，针对农业产业链短、营销力弱、附加值不高等问题，推进农业与第二、第三产业融合发展。发挥乡村资源优势、地域优势、比较优势，因地制宜选择主导产业，培育符合自身特点和市场需要的特色产业。依托粮棉油、肉蛋奶、果蔬等特色农产品，下大力气壮大农产品精深加工产业，提高初级农产品质量和产品附加值。加强农产品公共品牌培育、宣传力度，加强专业营销团队建设，利用好"互联网＋"电商、微商、传统批发市场等各种平台和手段，把河北优质特色农产品推向全国大中城市。弥补城乡数字"鸿沟",打破城乡信息壁垒,加强现代通信基础设施建设,优化县级电子商务平台,推进精准农业与电子商务融合发展。发挥数字技对城乡产业融合的催化作用,运用数字技术打破不同行业、不同企业、不同市场之间的无形壁垒,挖掘生产者、消费者、贸易商之间的海量数据,搭建消费互联网平台、工业互联网平台、共享数据平台,促进城乡一二三产业融合发展。促进数字技术与农业经济深度融合,加快农业、商贸、物流、旅游等产业转型升级,留足留好产业链对接融合接口,推进农业全产业链融合发展。推进数字经济与制造业深度融合,建设智慧工厂、智慧车间,推进传统制造业转型升级,用数字技术反向倒逼传统农业转型升级,促进现代工业与现代农业融合发展。推进数字技术与现代服务业深度融合,利用现代技术装备,加快物流、商贸、餐饮、旅游、体验、医疗、文化、体育等服务业现代化转型,形成以数字化供应链整合、带动城乡产业融合发展。

（四）加快完善体制机制政策体系

当前,城乡融合发展体制机制还不健全,存在某些制度短板和薄弱环节,突出表现在:城乡要素流动障碍还需进一步破除,城乡劳动力流动限制较多,超大特大城市及大城市对外来人口尤其是普通劳动者的落户门槛仍然较高,乡村吸引人才、留住人才的通道还没有完全打开。农村集体经营性建设用地入市尚未全面推开,入市主体、入市规则和收益分配等具体制度细则尚不明确。乡村各类资产抵押担保存在各种制度障碍,乡村金融资金供给不足。城乡公共资源配置尚待进一步优化,乡村基础设施和基本公共服务设施历史欠账较多,农村污水和生活垃圾处理率还低于城市,农村义务教育阶段教师待遇不高,城乡教师流动施教机制尚未形成,县级医院和农村基层医疗服务设施还不完善,与基层群众就医需求相比仍有差距。农民增收长效机制不完善,农民收入特别是财产性收入增长乏力,城乡居民收入比降幅有所收窄,继续缩小城乡居民收入差距仍然任重道远。加快推动城乡融合发展,还需要在健全完善体制机制和政策体系上持续发力。加快农村承包地制度改革,巩固完善农村基本经营制度,保持农村土地承包关系稳定并长久不变,落实第二轮土地承包到期后再延长 30 年政策,在依法保护承包地集体所有权和农户承包权的前提下,平等保护并稳步有序放活承包地经营权。健全土地流转规范管理制度,发展多种形式适度规模经营,加快培育家庭农场、农民合作社等新型农业经营主体,健全农业专业化社会化服务体系,实现小农户和现代农业有机衔接。稳慎改革农村宅基地制度,深化农村宅基地制度改革试点,落实宅基地集体所有权,保障宅基地农户资格权和农民房屋财产权，稳慎适度放活宅基地和农民房屋使用权，完善宅基地分配、流转、抵押、退出、使用、收益、审批、监管等制度。加快探索农村集体经营性建设用地入市制度，按照国家统一部署，在符合国土空间规划、用途管制和依法取得的前提下，依法允许集体经营性建设用地入市，允许就地入市或异地调整入市，允许农民集体在农民自愿前提下，依法稳妥地将有偿收回的闲置宅基地、废弃的集体公益性建设用地转变为集体经营性建设用地入市，推动城中村、城边村、村级工业园等可连片开发区域土地依法合规整治入市，稳妥探索集体经营性建设用地使用权和地上建筑物所有权房地一体、分割转让。深化农村集体产权制度改革，完善集体产权权能，完善农民对集体资产股份占有、收益、有偿退出及担保、继承权，推进集体经营性资产股份合作制改革，稳步探索以股份或份额形式量化到本集体成员，对财政资金投入农业农村形成的经营性资产，鼓励各地探索将其折股量化到集体经济组织成员。①

四、推进河北城乡融合发展的对策建议

加快推进河北城乡融合发展，要在继续深化城乡统筹示范区改革试点基础上，持续优化新型城镇化动力体系，加快构建城乡产业融合发展共同体，加快体制机制和政策体系创新。

（一）深化城乡统筹示范区改革试点

1. 加快农村土地制度改革试点探索

继 2015 年定州市被确定为国家农村土地制度改革试点后，2020 年 9 月，经中央农办、农业农村部批复，全国 104 个县（市、区）以及 3 个地级市启动实施新一轮农村宅基地制度改革试点，河北省定州市、平泉市、邢台市信都区、邯郸市峰峰矿区再被确定为农村宅基地改革试点。同时，《河北省城乡融合发展综合试点方案》确定，辛集市等 13 个县（市）被确定为省内城乡融合发展综合改革试点。至此，全省基本建立国家试点县带动、省内试点县突破的改革试点体系。应围绕各改革试点任务，加快集体经营性建设用地入市、提高被征地农民补偿标准、宅基地制度的

---

① "十四五"规划《纲要》解读文章之17：健全城乡融合发展体制机制［EB/OL］.（2021 – 12 – 25）［2023 – 03 – 11］. https：//www.ndrc.gov.cn/fggz/fzzlgh/gjfzgh/202112/t20211225_1309705_ext.html.

有偿退出机制、城乡融合发展体制机制和政策体系等探索力度，用足用好改革试点政策红利，充分释放改革带动示范效应。

2. 加快农村三产融合改革试点探索

河北省已制定印发《关于推进农村一二三产业融合发展的实施意见》（以下简称《实施意见》），对建立农村一二三产业融合发展的现代农业产业体系进行了总体部署。根据《实施意见》，全省将推进产业园区与城镇化融合发展，培育农产品加工、商贸物流等专业特色小城镇，以县为单位制定政策，编制产业园区建设规划，引导农村第二、第三产业向县城、重点乡镇及产业园区集中，形成产业链条完整、功能多样、业态丰富、利益联结紧密、产城融合协调、城乡一体发展的新格局，建成一批类型多样的农村产业融合发展示范县、示范乡、示范村。为此，河北省选取了一批县（市）级试点，实施了一批农村一二三产业融合发展重点项目，加快推进农村三产融合改革探索。2020 年 4 月，河北省迁安市政府承担的"迁安市基本公共服务标准化专项试点"正式启动，由唐山供销农业开发有限公司承担，迁西县市场监管局、迁西县农业农村局、迁西县文旅局共同参与的"国家花乡果巷一二三产融合标准化示范区"两个国家级标准化试点项目，覆盖全国 21 个省（市、区），涉及公共教育、劳动就业创业、社会保险、医疗卫生、社会服务、住房保障、公共文化体育、优抚安置、残疾人服务等 9 个领域。"国家花乡果巷一二三产融合标准化示范区"是第十批国家农业标准化示范区，将充分利用自身优势，坚持以农为本、突出田园特色，在建设中全面引入标准化理念，建立完善一二三产业融合发展综合标准体系，在农业生产、休闲农业与旅游服务、特色农产品生产加工等领域实施标准化，推动农业绿色发展，带动农村经济转型升级，助力实现"农业强、农业美、农业富"的农业经济高质量发展[1]。2023 年 3 月，迁安市人民政府承担的国家级"基本公共服务标准化（文体服务保障）专项试点"项目顺利通过考核组终期评估，项目梳理出四大服务标准体系 231 项各级各类标准，起草编制《体育场馆运营服务规范》唐山市地方标准，编制 11 项基本公共文化体育服务标准规范，研制 7 个标准化场景手册，规划建设村级文化活动室 530 余个，全市村（社区）综合服务中心设置率达 100%，打造第四级公共文化服务平台 22 个，成立文化类社会组织 31 个，圆满完成了试点各项任务。[2] 河北省应发挥好好国家级试点项目示范带动作用，持续开展农村三产融合试点改革探索，进一步发挥试点改革对促进农村三产融合的支撑引领作用。

---

[1]　河北这个三产融合国家级标准化试点项目获批建设［N］. 河北日报，2020 – 04 – 15.
[2]　迁安市标准化建设再添国家级样板［N］. 河北日报，2023 – 03 – 23.

（二）持续优化城镇体系空间布局

1. 加快建设京广沿线都市圈和沿海地区都市圈

长期以来，河北省城镇体系一直沿京广线为轴布局，沿海地区除唐山之外，秦皇岛和沧州两城市的带动能力始终不足，应从完善空间服务功能的角度，持续优化全省城镇体系空间布局。按照河北省发展和改革委《冀中南转型升级示范带建设规划（2022—2025年）》要求，冀中南地区要构建西、中、东三轴发展格局，落实主体功能区战略，推动新城新区、自贸试验区、省级以上开发区及高新区等优化升级和能级提升，加快构筑与冀中南地区空间结构相适应的梯次衔接、集约高效的区域增长极体系。西部发展太行山高速沿线发展轴主轴为太行山高速沿线，涉及平山、井陉、井陉矿区、赞皇、临城、内丘、信都区、武安、涉县、峰峰矿区等县（区），规划确定了一批支撑性转型升级重大工程，其中，转型升级重大工程任务之一是加强统筹城乡发展示范，推进农业转移人口市民化，推进城乡要素配置合理化，推进城乡基本公共服务均等化，推进城乡基础设施建管一体化。中部石邢邯发展轴为107国道、石安高速、京广铁路等沿线，涉及石家庄主城区、正定、鹿泉区、栾城区、藁城区、元氏、赵县、高邑、晋州、无极、深泽、行唐、新乐、灵寿、定州、邢台市襄都区、任泽、南和、隆尧、柏乡、宁晋、沙河、邯郸市主城区、永年、肥乡、磁县、成安、临漳等县（区），转型升级重大工程包括：打造现代化省会都市圈，推进邯郸、邢台两市全面协作等重点内容。东部衡邢邯发展主轴为106国道、大广高速、京九铁路沿线，涉及衡水市主城区、冀州区、武邑、武强、安平、饶阳、辛集、深州、枣强、阜城、景县、故城、新河、南宫、巨鹿、平乡、广宗、威县、清河、临西、大名、鸡泽、邱县、曲周、馆陶、广平、魏县等县（区），转型升级重大工程为统筹城乡发展示范，示范内容包括：推进农业转移人口市民化，推进城乡要素配置合理化，推进城乡基本公共服务均等化，推进城乡基础设施建管一体化等[①]。可以看出，京广沿线及其两侧的冀中南区域都市圈崛起将步入"快车道"。与之相比，沿海都市圈仍处于慢速聚集过程中，应从优化区域开发格局的角度，进一步加快沿海都市圈的建设步伐。

2. 加快推进以县城为重要载体的城镇化

县城是城镇体系的重要组成部分，是城乡融合发展的关键支撑，对促进新型城

---

① 冀中南转型升级示范带建设规划（2022—2025年）［R］．河北省发展和改革委，2023 – 01．

镇化建设、构建新型工农城乡关系具有重要意义。河北省历届省委、省政府高度重视县城建设，坚持"小县大县城"战略，将县城建设作为推动县域经济高质量发展、促进新型城镇化与城乡统筹发展的关键举措，相继开展县城建设三年攻坚行动、县城建设提质升级三年行动，全面提升县城综合承载能力和功能品质，推动县城建设实现跨越式发展。2021年全省启动县城建设提质升级行动以来，建立健全"五级三类"国土空间规划体系，印发《关于进一步加强国土空间规划编制工作的指导意见》，全面开展国土空间规划和总体城市设计编制工作，为全面提高县城服务城乡居民高品质公共服务、保障民生福祉等重要功能，全省各地加快补齐县城建设短板弱项，将增强县城承载力和吸引力作为提升县城品质的重要举措，大力实施城市更新、完善公共服务配套、打造绿色低碳环境，取得了显著成效。2021年，全省县城棚改开工2.33万套，建成4.36万套，改造县城老旧小区1498个，改善居民居住条件15万户，全省县城建成区227个城中村全部启动改造，4.6万户县城居民居住条件将得到改善。优化公共服务设施分级布置，持续推进文教体卫设施建设，兼顾老城改造提升和新区开发建设，完善公共服务网络体系。加快构建国家三级养老服务网络，乡镇养老服务中心取得长足发展，全省140个县新建建筑中绿色建筑占比达到90%以上，创建三星级以上公园（游园）63个，省级园林式单位、小区、街道119个（条），新建、改造公园绿地708个，新增公园绿地面积553公顷，临漳、固安、迁安、邢台市任泽区成功创建首批省级生态园林城市，正定、乐亭被授予"2020—2021年度河北省人居环境奖"，同时创建了一批卫生城、森林城、节水城、洁净城，形成了特色鲜明、生态优美、宜居宜游县城发展路径①。所以，全省还应持续不断增强和完善县城服务功能，发挥县城在推动城乡融合发展进程中的带动作用，使县城真正成为推进新型城镇化的重要载体。

3. 加快完善乡镇功能服务体系

乡镇直接服务农村农民，是推进城乡融合发展的"桥头堡"和"中转站"。近年来河北省政府一方面以推进政府职能转变和"放管服"改革为契机，全面加强农村基层综合服务站建设，有效提升基层政务服务能力和服务水平，构建省市县乡村五级贯通、线上线下深度融合政务服务体系。另一方面加快完善县域商业服务体系，新建改造乡镇商贸中心，支持重点商贸流通企业新建改造一批商贸中心、超市、餐饮等服务网点，具备农产品收购、农资销售、物流配送、便民生活服务等功能，建设升级村级便民商店，新建改造一批村级连锁商店，为村民提供日用消费品等多样

---

① 河北加快推进县城建设提质升级［EB/OL］.（2022－06－08）［2023－3－31］. https：//politics. gmw. cn/2022－06/08/content_35796257. htm.

化服务。健全物流配送网络，按照"统一仓储、统一分拣、统一中转、统一配送、统一服务"的原则，加强货源、仓储、车辆、人员、线路、信息等资源整合，推进日用消费品、农资下乡和农产品上行等物流统仓共配。加快农村电商发展，拓展农村电商功能，鼓励县级电商公共服务中心与邮政快递物流等设施重组整合，支持农村电商建设品牌网货研发中心、公共物流仓储配送中心。提升农产品流通效率，健全农产品供应链体系，推进农产品产地批发市场改造升级，打造以农产品产地市场为核心的现代农产品供应链体系。规范农村市场秩序，加大监管力度，深入开展专项执法检查，严厉查处侵权假冒等行为。规范市场管理，加强农村市场准入管理，积极引导农资经营者建立购销台账、质量追溯、质量承诺、重要农资备案、种子留样备查等自律制度①。

4. 创新乡村服务功能和多元价值实现路径

建立完善农村功能和价值体系，创新利用乡村资源，发展乡村特色产业，推动乡村自然资源、人文资源、生态资源有机结合，实现资源多元化利用、产业多元化发展。加快增加农民收入，夯实乡村可持续发展社会基础。促进乡村功能服务与乡村社区融合发展，激发乡村内生动力，发挥新型集体经济集聚带动，促进乡村集体资产集中利用、产业集中发展、乡村居民普遍增收，提升村集体组织、带动、服务多重功能，提高乡村公共治理综合能力。促进乡村功能完善与乡村有效治理协同共进，推进乡村公共服务方式转型发展。促进乡村多元价值实现与优势特色产业融合发展，建立全产业链产业体系，培育产业化生态体系，创新乡村生态服务新业态新模式，开辟乡村功能服务新领域。

（三）构建城乡产业融合发展共同体

1. 增强城市消费带动能力

提高城乡居民消费能力，将居民消费活动、投资活动与社会保障统筹考虑，减轻居民养老托育负担，增加城乡居民收入，为城乡居民创造宽松的消费条件。加强投资对提高收入、促进消费的拉动效应，建立投资带动就业、促进增收、扩大消费的良性循环，为城乡居民消费创造有利条件。健全多层次社会保障体系，筑牢民生底线，提高保障水平，为城乡居民扩大消费减轻顾虑。优化城乡居民消费环境，合

---

① 河北加快推进县域商业体系建设［EB/OL］.（2023-02-09）［2023-03-31］. http：//he. people. com. cn/n2/2023/0209/c192235-40294187. html.

理引导消费预期，创新促进消费的方式手段，鼓励实施家电以旧换新、家电下乡，扩大和丰富城乡消费对接活动，扩大农产品销售网络，延长经营场所夜间消费营业时间，出台各类鼓励消费、便利消费的经营举措。激发激活潜在消费领域，完善新能源汽车消费政策，进一步延续减税降费政策，鼓励直播电商、即时零售新模式新业态创新发展，以数字经济激活现代消费市场。

2. 完善乡村特色产业体系

依托区域特色、资源禀赋、区位条件，统筹开发、系统挖掘乡村山水自然资源、历史古迹和民风民俗人文资源，盘活农村闲置的空间资源、设施资源，建立乡村资源系统开发与乡村产业协同发展融合机制，促进乡村资源优势转化为特色产业优势。打造乡村特色产业名片，创新乡村自然资源与人文资源融合开发路径，创新农文旅融合发展新模式新业态，促进乡村特色产业与乡村现代旅游业融合发展。推进省级和区域农业公用品牌、"一县一特"优秀品牌建设，实施地方名菜、农产品名牌、餐饮名店、食品名企、冀菜名县等品牌培育行动，利用好农民丰收节、中国国际现代农业博览会、"5.18"经贸洽谈会、数博会、中国—中东欧国家（沧州）中小企业合作论坛等展会、论坛活动，加大河北优质特色农产品宣传推介力度，加快构建完善乡村特色产业体系。

3. 加强城乡要素优化配置

增强组织体系优化城乡要素渠道作用，推动党政组织、市场组织、公共组织等组织体系信息一体化建设，搭建各类组织内部的资源要素云平台，畅通各类组织之间的信息交换渠道，强化信息网络覆盖、智能对接，推动各类组织优质要素高效下沉乡村，补齐乡村基层要素短板。构建组织体系内部和外部要素补偿及利益分享机制，激发要素向乡村流动的动力、活力。强化产权对城乡要素优化配置激励作用，围绕农村承包地"三权分置"、农村集体产权制度改革、推动城乡要素顺畅流动，促进城市要素向乡村流动、农村资源优化配置。发挥新一代信息技术对城乡要素优化配置赋能作用，城乡地理关联是城乡要素优化配置的重要因素，发挥新一代信息技术使城乡地理关联对要素流动的弱化功能，促进城乡要素流动会从传统线下关联向数字信息交换线上网络关联转变，改善城乡要素配置方式、提升配置效率，突破要素流动束缚。发挥基本公共服务和基础设施对城乡要素合理配置的基础作用，不断缩小城乡基本公共服务和基础设施水平差距，从根本上改善乡村投资、产业发展和农村居民生活条件，吸引城市优质资源要素向乡村流动①。

---

① 张延龙. 城乡要素合理配置的四条路径［N］. 经济日报，2022－08－19.

参考文献

［1］倪岳峰．开创加快建设经济强省美丽河北新局面：访河北省委书记、省人大常委会主任倪岳峰［N］．经济日报，2023 – 03 – 31（1）．

［2］2022 年数据源自国家统计局发布的数据，2012 年数据源自《中华人民共和国 2012 年国民经济和社会发展统计公报》。

［3］仁保平，赵通，高质量发展的核心要义与政策取向［J］．红旗文稿，2019（13）：23 – 25.

［4］高举中国特色社会主义伟大旗帜 为全面建设社会主义现代化国家而团结奋斗：在中国共产党第二十次全国代表大会上的报告［R/OL］．（2022 – 10 – 16）［2023 – 03 – 11］．共产党员网.

［5］张延龙．城乡要素合理配置的四条路径［N］．经济日报，2022 – 08 – 19.

典型县调研报告：
河北省乡村振兴典型县调查

阜平县：全面打造原深度贫困县乡村振兴新样板

阜平县位于河北省保定市西部太行深山区，辖8镇5乡，209个行政村，693个自然村，总面积2496平方公里，人口22.77万。拥有丰富的生物资源、矿产资源和水资源。地处两省四市九县交汇点，被誉为"冀晋咽喉""畿西屏障"，保阜、西阜两条高速过境，区位优势明显。

阜平是两个"动员令"发出的地方，新中国成立的"动员令"在阜平发出。1937年创建晋察冀边区抗日根据地，被毛主席亲笔授予"抗日模范根据地"光荣称号。1948年4月，毛主席率领中央机关来到阜平城南庄，发布"五一口号"，第一次具体描绘了新中国的"蓝图"，成为新中国成立的"动员令"。2012年12月29日至30日，习近平总书记到阜平考察扶贫开发工作，发出新时代脱贫攻坚的"动员令"。历经近十载的艰苦奋斗，积累了大量干事创业历史成就和典型经验，特别是"1+6+4"产业从无到有，让革命老区在新时代更加熠熠生辉。2020年2月，全县164个贫困村全部脱贫出列，10.81万贫困人口全部稳定脱贫。2021年2月25日，党中央、国务院授予中共阜平县委"全国脱贫攻坚先进集体"荣誉称号。2022年10月成功入选国家乡村振兴示范县。2023年1月入选促进乡村产业振兴改善农村人居环境等乡村振兴重点工作拟督查激励名单。2023年3月2日被农业农村部授予村庄清洁行动先进县。

一、具体做法与建设成效

（一）坚持高位推动，强化体制机制保障

落实县、乡、村三级书记一起抓、党政同责同推进工作机制，实行县委书记、县长"双组长"负责制，将全县划分为 8 个战区，组建 12 个重点工作推进专班，全部由县委常委牵头包联。乡镇干部包联本辖区所有行政村，村两委干部和驻村工作组分组包联脱贫户与监测户。采取座谈走访、现场查验等方式开展督导检查，同时把乡村振兴内容纳入对乡镇领导班子考核评价中。在抓好每月一次乡镇党委书记擂台赛基础上，将擂台赛延伸到村支部书记，以打擂找不足、促提升，展示乡村两级书记精神面貌，激发工作热情，推动形成比学赶超良好氛围。

1. 完善农村组织体系

深入推进抓党建促乡村振兴工作，大力开展乡村振兴主体培训，横向到边、纵向到底，实现培训全覆盖。在完成乡镇管理体制改革任务的基础上，推动县直部门人员编制向乡镇倾斜。

2. 巩固基层组织建设

村"两委"班子成员结构比例、政治水平、素质能力明显提高，209 个行政村全部实现书记、主任"一肩挑"，村党支部书记 50 周岁以下 166 名，大专以上学历152 名。持续巩固全国农村基层组织建设联系点创建和基层组织建设"二三三"工程。

3. 坚持党建引领

充分发挥农村基层党组织领导作用和党员先锋模范作用，鼓励引导党员带头创办、领办农民合作社、家庭农场等新型农业经营主体。通过"飞地"抱团等形式，发展多种形式股份合作制经济，加大对集体经济薄弱村帮扶力度，因地制宜发展食用菌、高效林果等集体产业，通过入股分红模式，推动村级集体经济不断发展壮大，截至 2023 年 3 月，209 个行政村全部实现收入 5 万元以上，20 万元以上的村达到 90%。

（二）突出政策导向，统筹资源要素支撑

1. 强化财政支撑

始终把农业农村作为一般公共预算优先保障领域，争取国家、省、市各级财政支持，做好县级财政配套。2021年本级财政"三农"资金投入同比增长23.88%，全县土地出让收益用于农业农村比例达到81.23%；2022年本级财政"三农"资金投入同比增长6.7%，全县土地出让收益用于农业农村比例达到84.07%。

2. 强化金融支撑

建立"政府＋保险＋银行＋农户（企业）"的金融模式，构建县乡村三级金融服务网络，建立"联办共保"机制。探索"政府＋企业＋农户"模式，依托政府和金融机构支持阜裕公司集中力量兴产业。

3. 强化用地支撑

用足用好农业用地政策，坚持县乡级国土空间规划安排不少于10%的建设用地指标，优先用于发展乡村产业。

4. 强化科技人才支撑

与中国农业科学院、河北农业大学、"九三学社"等科研机构和高等院所等开展合作，成立李玉院士工作站、太行山食用菌研究院、河北农大阜平产业研究院，建设5家农业创新驿站。建立人才引进"绿色通道"，实施人才本土化战略，加强复合型人才培养，累计引入148名专业技术人员。

（三）聚焦产业带动，增强乡村发展动能

按照习近平总书记"因地制宜、科学规划、分类指导、因势利导"重要指示精神，构建"1＋6＋4"现代产业体系（"1"，以乡村振兴统领经济社会发展全局；"6"，脱贫攻坚期间培育起来的食用菌、高效林果、中药材、规模养殖、家庭手工业、全域旅游六大富民产业；"4"，以光伏为引领的新能源装备制造、以装配式建筑为主导的绿色建材、以预制菜为主要方向的绿色农产品加工和以资源再生利用为主的循环经济），推动产业快速发展。

1. 聚力发展六大富民产业

按照习近平总书记"宜农则农、宜林则林、宜牧则牧、宜开发生态旅游则搞生态旅游"指示精神，大力发展了现代食用菌、高效林果、中药材、规模养殖、家庭手工业、生态旅游六大产业，形成"长短结合、多点支撑、绿色循环"扶贫产业体系。食用菌。建成规模园区 102 个，面积 2.1 万亩，建设标准化棚室 4658 栋，年产值 9 亿多元，覆盖 140 个行政村，直接带动群众 1.5 万余户，户均增收 2 万元以上。阜平食用菌产业列入全国精准扶贫案例，被确定为"十四五"食用菌产业科技示范县。高效林果。坚持"绿水青山就是金山银山"的发展理念，按照"矮化密植、水肥一体"种植模式，种植苹果、桃、梨等高效林果 10 万亩，年产量 75000 吨，覆盖 135 个行政村，带动 2 万余户 6 万余人，人均年增收 3000 元以上。规模养殖。坚持龙头企业带动，建成养殖小区 376 个，建成全国最大的硒鸽养殖基地 1 个。中药材。坚持规模化、标准化种植，面积达到 10 万亩，产值约 2 亿元，3 家合作社入选河北省"定制药园"。家庭手工业。发展到 226 家，带动上万名群众家门口就业。全域旅游。依托"红色＋绿色"资源优势，建成 4A 级景区 3 个、3A 级景区 1 个、乡村旅游示范村 13 个，2021 年被生态环境部命名为国家生态文明建设示范区。

2. 蓄力推进四大强县产业

开发风光储资源。境内未利用地约 57 万亩，光伏发电可开发容量约 10GW。还拥有 3GW 左右的抽蓄资源和 1.5GW 左右的风能资源，配合地面光伏电站，可实现风光储蓄一体化发展。开发砂石资源。有煤、辉绿岩、铁、石灰石等多种矿产资源，对全县矿山固体废弃物进行资源化利用，可加工生产 5 亿立方米的砂石骨料，对全县 29 条河流实施河道综合整治，可利用河砂总量约 7600 万立方米。发展预制菜产业。食用菌、高效林果、规模养殖产业可提供丰富原材料；Ⅱ类标准地表水总量约 2.75 亿立方米，资源丰富，拥有华北地区单体最大的冰温库，可实现原材料产地直采。以此为基础，谋划以光伏为引领的新能源装备制造、以装配式建筑为主导的绿色建材、以预制菜为主要方向的绿色农产品加工和以资源再生利用为主的循环经济四大强县产业，目前均已实现龙头企业落地。

（四）紧盯民生需求，统筹推进乡村建设

高标准建成 21.12 平方公里的开发区 1 个，形成了"一区五园"发展格局，

1 万余亩工业用地实现"九通一平"企业入驻条件，具备承接京津、雄安新区产业转移能力，发展基础进一步夯实。2021 年，在河北省重点生态功能区分类中获评 A 等次。

1. 持续完善基础设施

建成搬迁安置小区 39 个，通过改造、搬迁等方式，解决近 11 万群众安居问题，阜平县在全国易地扶贫搬迁论坛上作典型发言。建设完成 1 座生活垃圾焚烧发电处理设施，实现全域行政村环卫市场化运作，生活垃圾无害化处理率保持在 100%，建筑垃圾资源化利用率接近 50%；确立"一心（县城路网）、两环（县城环线和乡镇环线）、七射（以县城为中心辐射乡镇的七条干线路网）、八联（县域内乡镇、景区、园区、交通节点之间的连接公路）"格局，新改建公路 1211 公里，2021 年获评"四好农村路"全国示范县。雄忻高铁过境阜平并在开发区内设站，通用机场也将启动建设，"十四五"末京津保一小时经济圈将成为现实。

2. 全面提升公共服务

优化中小学布局，全面完成中心城区学校提质改造和乡村小规模学校、寄宿制学校改善提升，九年义务教育巩固率达到 100%。新建 13 所农村寄宿制学校，改造提升 93 所乡镇薄弱学校，是河北省第一批义务教育优质均衡先行创建县；在国管局的定点帮扶下，高标准建成阜平县职教中心，成立北京—燕太片区职教扶贫协作区，职教扶贫的做法被新华社、人民日报社写入内参，入选全国脱贫攻坚交流基地，被农业农村部评为乡村振兴人才培养优质校。完善提升 13 所乡镇卫生院和 209 个村卫生室，新建中医院、妇幼保健院、疾控中心，河北医大第二医院、中国中医科学院分别托管帮扶县医院、中医院，成立医疗卫生集团，与 5 家京津冀医疗机构建立合作帮扶关系，全县医疗水平大幅提升。

3. 持续优化生态环境

坚定不移走生态优先、绿色低碳发展之路，深入践行"绿水青山就是金山银山"理念，巩固提升国家生态文明建设示范区创建成果，全力打造生态文明强县阜平场景。持续开展大气、水、土壤污染防治，统筹推进山水林田湖草沙一体化保护和系统治理，严格落实河（湖）长制、林长制，确保空气质量综合指数持续优化，做好水污染防治，工业污水和生活污水达标处理率实现 100%，县域内河流水质持续保持地表水 II 类以上标准。在招企业、上项目过程中严把生态环境准入关，严格按照"三线一单"生态分区管控要求实施建设。广泛开展绿色机关、绿色家庭、绿色社区、绿色出行创建行动，健全废旧物资循环利用体系，稳步推进"无废城市"建设。

（五）致力和美发展，打造和谐幸福乡村

以建设太行最美乡村为目标，挖掘传承阜平县太行山区特点、田园特色元素，统筹自然绿色廊道、生态路径、村庄公共空间，彰显特质风貌，打造美丽乡村精品线、特色精品村以及一批农业生态园。深入实施农村人居环境提升行动，高水平建设新时代美丽乡村国家级1个、省级1个、市级2个。积极推进绿色生态村庄建设，实施村庄、庭院绿化工程，高标准推进村庄清洁行动，按照"政府建设、乡镇组织、村级负责，第三方协议处理"的模式，全面实施标准化运维管理。

1. 提升农村人居环境

建设美丽庭院19493个，精品庭院1800个，省级森林乡村3个，省级美丽乡村33个，精品村9个。持续推进"厕所革命"和厕所改造，新建改建农村户厕3.63万座，新建和改造提升108所乡镇寄宿制学校和薄弱学校，农村学前教育覆盖率达到100%。推进"空心村"治理，已完成19个空置率30%～50%的"空心村"治理任务。

2. 加强乡村精神文明建设

广泛开展文明村镇、文明家庭创建活动，县级以上文明镇达到100%、文明村占比达93%。县级新时代文明实践中心1个、乡（镇）文明实践所13个、行政村（社区）文明实践站全覆盖。弘扬和践行社会主义核心价值观，深入推进农村移风易俗，完善"两会一约"，整治农村婚丧大操大办、高价彩礼、铺张浪费、厚葬薄养等不良习俗。

3. 推进平安法治乡村建设

建成县乡村三级公共法律服务体系，创新建立"蓝马甲"治安志愿服务队，建立"帮大哥"机制，建成智慧安防社区190个。深入开展住农家、访民情、办实事活动，持续做好县级干部和单位负责人每半月到农户家住一晚、吃一顿农家饭、召开一次会议或帮助解决一个实际问题工作，2021年政法队伍人民群众满意度全市第1位，司法行政队伍满意度全省县级排名第1位，被河北省平安建设领导小组授予"平安河北建设示范县"称号。

二、建设经验与启示

（一）健全有力的组织机制是乡村振兴的"保障"

落实县、乡、村三级书记一起抓、党政同责同推进工作机制是乡村振兴工作推进的根本保障。同时坚持把党建引领作为乡村发展振兴的"主心骨"，突出组织引领，以党建带群建的方式整合辖区组织力量，在组织体系、工作机制、组织功能、支撑保障等方面提供组织保障。阜平县实行县委书记、县长"双组长"负责制，形成了上下联动、左右协同、密切配合、齐抓共管的良好工作格局。深入贯彻新时代党的组织路线，不断提升全国农村基层组织建设联系点创建水平，突出"规范化建设"和"组织力提升"目标，夯实了组织保障。

（二）高效持续的产业体系是乡村振兴的"基础"

产业振兴是乡村振兴的根本支撑。只有立足区域实际、科学谋划、各类要素保障、构建科学完善的产业发展体系，促进产业健康持续发展，带动农民持续增收，才能为乡村振兴提供支撑。阜平县构建"1＋6＋4"现代产业体系，坚持"规划引路、科技带路、企业铺路、农民走路"，构建"政府＋企业＋科研＋金融＋园区＋农户"的六位一体发展模式，实现"企业干两头，群众干中间，科技打头阵，保险担风险，金融做支撑，政府当靠山"的协作分工，推动产业快速发展。为乡村振兴夯实了基础。

（三）专业高素质人才队伍是乡村振兴的"动力"

乡村振兴离不开人才的强力支撑，阜平县通过产业与人才互相吸引、互相促进的联动路径、"留下来"与"请进来"协调发展的循环路径、区域性人力资源兼容发展的长效路径，与中国农科院、河北农大、九三学社等开展合作，成立李玉院士工作站、太行山食用菌研究院、河北农大阜平产业研究院，建设 5 家农业创新驿站，培育出了近 6000 名技术能手和 1000 多名致富带头人。筑牢了人才基础，为乡村振兴注入了强劲动力。

（四）完善高质的公共服务是乡村振兴的"底色"

不断完善的基础设施建设和公共服务能力的提升是农民群众获得幸福感的根本体现。阜平县通过推进乡村道路建设、安全饮水保障、农村电网升级改造、文明村镇创建、文明家庭创建、平安法治乡村建设、村庄清洁、"空心村"治理、农村人居环境整治和美乡村创建等工作，基础设施全面提档升级，公共服务水平持续提升，乡村治理水平不断完善，提升了乡村"颜值"，擦亮了乡村振兴的"底色"，换来了农民群众的"笑脸"。

三、存在问题和主要制约

一是产业现代化水平不高。阜平县已经构建了现代农业产业发展体系，但是在产业链条上尚不完善，例如，在林果、中药材等产业上还缺乏精深加工，产品附加值较低；本地农产品的知名度还不高，品牌建设和宣传还需要加强。

二是人居环境整治提升区域不平衡。乡镇与乡镇、村庄与村庄之间，因资源禀赋、现实基础、规划设计、推进力度等差异，存在区域不平衡、效果不平衡的问题。西部乡镇村明显比东部乡镇村效果好，典型重点村明显比普通一般村效果好。

四、优化举措

以国家乡村振兴示范县创建及 2023 年国家督查激励对象为契机，按照"产业兴旺、生态宜居、乡风文明、治理有效、生活富裕"的总要求，全面贯彻落实党的二十大精神，坚持农业农村优先发展，聚焦产业振兴、人才振兴、文化振兴、生态振兴、组织振兴，全面打造燕太片区原深度贫困县推进乡村振兴战略实施新样板。

一是推动富民产业发展壮大。以规模化、标准化、品牌化、数字化为方向，持续推动食用菌、高效林果、规模养殖、全域旅游等特色富民产业发展壮大，加快构建现代农业强县阜平场景。

二是推动现代工业做大做强。围绕四大产业方向，坚持以资源引项目的思路不动摇，进一步完善各种配套，在服务现有企业发展壮大、推动签约项目快速落地的同时，持续加大招商力度，引进一批投资规模大、科技含量高、带动能力强的项目落地，夯实强县的工业之基。

三是持续推进"三产"融合发展。充分发挥第一产业接"二"连"三"的作用。建立现代农业产业体系，延伸农业产业链、价值链，促进一二三产业交叉融合发展。以预制菜产业为引领，重点推进农产品加工业发展，与行业龙头等积极对接，从自有品牌化规模化和知名品牌原材料加工创新两方面入手，打造建设"北方预制菜之都"。大力发展都市农业、休闲农业，培育休闲度假、观光采摘、土地认养，积极发展"农业＋"中央厨房、文化娱乐、特色工艺、体验农业等新业态。

盐山县：推进现代农业和乡村建设融合发展

盐山县地处环渤海经济圈，坐落于沧州市东南部，位于"两省"（河北省与山东省）"三市"（沧州市、德州市、滨州市）的中心，素有"冀鲁枢纽""京津门户"之称。全县总面积 800 平方公里，常住人口 41 万余人，辖 2 乡 10 镇，450 个行政村，耕地面积 74 万亩。2021 年来，全面实施藏粮于地、藏粮于技战略，粮食年均种植 105 万亩、产量 27 万吨。2021 年荣获全国"农作物生产全程机械化示范县"；形成了高品质设施蔬菜种植、杂粮杂豆种植及深加工、银耳生产、金银花种植、蝴蝶兰特色花卉种植、牧草种植、生猪养殖等七大特色产业；启动了省级乡村振兴衔接示范区建设；深入开展"五清三建一改"行动，获得省级清洁行动全域示范县认定；拉开了现代农业和乡村建设融合发展的新局面。

一、盐山县推进现代农业和乡村建设融合发展基本情况

（一）农业产业快速发展

1. 粮食综合生产能力稳固提升

盐山县深入实施重要农产品保障战略，通过任务分解、压实责任，累计建成高标准农田 2.6 万亩，2021 年、2022 年小麦收获面积分别达到

44.56 万亩、42.36 万亩，产量分别达到 13.769 万吨、12.97 万吨；2021 年、2022 年玉米种植面积分别达到 58 万亩、60.14 万亩，产量分别达到 13.5 万吨、13.56 万吨。

2. 乡村特色产业形成七大板块

为深入推进全县"四个农业"发展，巩固拓展脱贫攻坚成果，发展壮大特色产业，盐山县制定实施了《盐山县 2022 年优质牧草试点推广实施方案》《盐山县关于推广金银花种植壮大村集体经济的实施方案》《盐山县银耳工厂化生产项目实施方案》《盐山县生猪产业示范园实施方案》《盐山县 2022 年度蔬菜产业发展实施意见》等农业产业结构调整系列文件，在全县形成七大特色产业板块。

（1）以河北恩际集团福农公司为龙头的银耳智能生产。自 2019 年来，陆续投入乡村振兴衔接资金 1.68 亿元，创新银耳家庭智能种植、村集体智能银耳车间模式，发展"1314"模式家庭智能车间 92 个、村集体智能银耳车间 109 个。"1314"家庭银耳智能车间生产模式，开启了产业引领、规模发展的新路径，即以"公司＋农户"为基础，由 1 个农户提供 3 间农房、1 万元保证金，实现年收入 4 万元，公司负责农房改造、设备投入和生产管理、产品回收。建成村集体智能种植车间及配套设施 109 个。带动 300 名群众和脱贫人口务工年均增收 2 万元；资产量化到 75 个村，村集体年均增收 7.6 万元，用于发展村级公益事业，村集体二次分配带动 222 户 432 名建档立卡脱贫人口和防贫监测人口增收。

（2）以新发地市场为依托的万亩果蔬示范区。蔬菜种植 2021 年达到 0.5 万亩，2022 年达到 1.06 万亩，主要种植西红柿、黄瓜、白菜等品种，在盐山镇、边务乡、圣佛镇等乡镇发展蔬菜种植 1 万余亩，在韩集镇、望树镇、孟店乡等乡镇发展水果种植 0.7 万亩。

（3）以清香食品为带动的杂粮杂豆及深加工产业。2021 年、2022 年仅大豆种植分别达到 0.3 万亩，0.9 万亩；建成清香食品自动化春卷生产线及速冻馒头、花卷、荷叶饼自动化生产线，2022 年实现出口创汇 482 万美元，直接带动农户达 2200 多户。

（4）以金银花种植为基础的特色中药材产业。带动发展金银花种植 1500 余亩、枸杞种植 500 亩、文冠果种植 200 亩、杭白菊 300 亩。结合相应的管理、烘干等技术，使产出的中药材达到《中华人民共和国药典》所规定的标准。以金银花为例，亩栽 500 株，盛产期每年每亩收干花 150 公斤，以最低保护价每公斤 140 元计算，每亩收入 21000 元，减去采花及种植的工资和肥料管理费用 5670 元，净收入 15330 元，解决 500 余人（年龄较大的农村劳动力及家庭妇女）务工问题。在盐山县韩集镇引进了以"薛记炒货"为龙头的"凤还巢"项目，2022 年试验种植瓜蒌 300 余亩，成效良好，实施"公司＋合作社＋农户"模式，签订收购合同，年均收益在1万元／亩。

（5）以沧州绿宣花卉种植为带动的精品花卉种植示范区。总投资3500万元，其中企业自筹投入资金1968万元，建成全智能连栋温室大棚8个、2万余平方米；政府投入整合资金1532万元，建成钢结构温室大棚5个、3.2万平方米。截至2022年底，繁育大小种苗500余万株，销售成品花卉30余万棵，为本地新增加就业岗位170余个，经济效益达1000余万元。

（6）优质牧草业。根据盐山县沿海型盐碱地现状，种植从加拿大引进的三系杂交桑莫草，通过采取"政府扶持引导，群众参与种植"的模式，2022年，全县共种植桑莫草691亩，其中边务镇种植面积336亩、杨集镇种植面积70亩、小营镇种植面积346亩，亩均受益1000余元。

（7）以温氏养殖带动的生猪养殖示范区。年均生猪生产任务（能繁母猪）已达0.6013万头。建设完成生猪产业示范园，园区内现有养殖场106家，盐山温氏畜牧有限公司等4家生猪养殖企业为"国家级生猪产能调控基地"。

同时，为打造高品质、有口碑的农业"金字招牌"，盐山县投入100余万元，全面打造了"盐山礼记"区域公共品牌，倾力打造小杂粮、设施果蔬、旱碱麦、有机银耳、金银花、枸杞等绿色康养农产品等特色产业品牌。

（二）乡村建设快速推进

根据省市农村人居环境整治五年行动方案，盐山县完善了农村人居环境整治工作领导小组，全面开展十项攻坚行动，先后出台了关于农村人居环境整治、美丽乡村建设、"厕所革命"等系列文件，制定了周暗访、季观摩、分级督导等系列制度，对农村人居环境整治工作进行常态化督导检查，分季度进行打分排名，排名纳入乡镇村干部考核内容。

2021年，盐山县被评为"河北省洁净城市"，小庄镇入选"四好农村路"省级示范乡镇，武千公路被评为"省级美丽村庄精品示范路"；2022年盐山县被认定为"省级清洁行动全域示范县"，韩集镇、孟店乡入选"四好农村路"省级示范乡镇，韩李公路被评为"省级美丽村庄精品示范路"。

1. 推进城乡人居环境整治提升

盐山县全域实行了"城乡环卫一体化""生活垃圾焚烧处理全覆盖"的基础上，持续开展农村人居环境整治提升活动、"五清三建一改"活动，清运垃圾12300

立方米；清理纳污坑塘 265 个、清除残垣断壁 78 处、清理畜禽粪污 550 立方米、清理乱堆乱放 1926 处，种植绿化树木 46 万株，新建小菜园、小游园、小公园 336 处。创建清洁行动示范村 280 个。

2. 精准推进农村"厕所革命"

2021 年为切实改变落后面貌，经多方取经咨询，聘请专业论证，采取高位标准、加压倒逼、加大投入的举措，改造户厕 23280 座、公厕 370 座；2022 年，改造户厕 15800 座、公厕 140 座。实行样板间、三级监督、倒排工期制度，确保工程质量和进度。同步实施农村厕所长效管护"五项机制"，初步实现了"厕具坏了有人修、粪污满了有人掏、掏了以后能利用、日常运行有监管，问题厕所随有随清"的目标。

3. 积极推进污水治理工作

2021 年在完成 123 个村的污水治理的基础上，盐山县积极争取中央预算内投资 2000 万元，在千童镇等 5 个乡镇完成了污水管网项目，铺设污水管网 3.2 万米，安装玻璃钢污水收集池 1966 个以及相关工程。充分利用农村人居环境整治和美丽乡村创建的契机，加大整合资金投入、鼓励社会资本筹措，完成全县 450 个村污水有效治理。

4. 加快美丽乡村创建工作

2021 年来，盐山县共创建省级美丽乡村 40 个，省级美丽乡村精品村 5 个。

（三）乡村振兴全面协同发展

盐山县深入贯彻"五级书记"抓乡村振兴，持续用力推进基层党建工作，充分将乡村建设与产业发展深度融合，发挥文化振兴启智润心铸魂作用，共同锻造推进全域振兴的硬核力量。

1. 筑牢组织保障

盐山县推行"一办法七机制"，实施农村"领头羊"工程，打造"五有"农村干部队伍，带动农村基层党组织的凝聚力、战斗力全面提升；深化党建引领，推动农村基层治理创新，建立健全新型农村党组织领导的村民自治运行制度，通过"四议两公开"等协商形式，引导广大群众参与村务管理；持续深化"开门一件事"活动，严格落实"年初承诺、季度践诺、年终评诺"，450 个村全部建立"目标监督台"，典型做法先后被多家媒体报道；重点培育了 36 个党支部领办合作社发展示范村，探索出全省首创的"4321"土地流转、"一社三统"土地托管等一批具有盐山特色的发展路径。

2. 夯实人才支撑

把人才作为乡村振兴的第一资源，大力实施"人才强县"战略，在 12 个乡镇全部设立了"乡村振兴人才服务驿站"，开展"流动技校""党员夜校""就业指导"等活动，提升群众的政治素养和致富本领，让大家既"口袋富"又"脑袋富"。在示范区创建中，挖掘培养致富能人 58 个，其中经营能手 36 个、种植大户 9 个、养殖大户 5 个、各类能工巧匠 8 人，发挥了良好的示范带动作用。

3. 抓好乡风文明

实施文明培育行动，持续推动移风易俗，举办"移风易俗零彩礼"主题宣誓活动，开展家训挂门楣，建设家风故事文化长廊；开展"好婆婆、好儿媳"等村级道德模范评选，建立"道德模范榜"，先后涌现出各类模范 500 余人，6 人获评"中国好人"，14 人获评"河北好人"，"沧州好人""沧州好人提名奖"获得者达 92 人；开展乡风文明示范街创建活动和美丽庭院、"十星级文明户"评选，共创建县级及以上文明村 310 个、省级以上文明村 2 个、全国文明村 1 个。

4. 推进产业与乡村建设的深度融合

以组织振兴为引领、产业振兴为基础，全面推进产业与乡村建设的协调发展，"致力让乡村美起来、致力让乡村富起来、致力让乡村乐起来、致力让乡村活起来"，连续两年来，盐山县投资产业发展 1.68 亿元，重点构建七大特色产业板块，投资 3 亿元加强乡村建设。2022 年底，又启动了投资 3.56 亿元的农村人居环境整治项目。同时，强化乡村服务能力、农村基础设施长效管护等制度，着力构建宜居宜业的和美乡村。

二、盐山县推进现代农业和乡村建设融合发展基层实践

（一）打造乡村振兴综合示范区——盐山县省级巩固拓展脱贫攻坚成果和乡村振兴有效衔接示范区

省级巩固拓展脱贫攻坚成果和乡村振兴有效衔接示范区涉及韩集镇和千童镇 2

个乡镇，34 个村，规划面积 3.3 万亩，人口 3.7 万人。项目总投资 33620.67 万元，2022 年内投资 20020 万元实施的银耳种植、肉鸽养殖、瓜蒌种植、千童东渡遗址公园修复、厕所改造、人居环境整治等 14 个项目已全部竣工完成。

示范区整体规划为"一轴、一核、四区"，重点打造以后韩村为核心的产业振兴示范片区、以王古宅村为核心的生态振兴示范片区、以薛堂村为核心的组织和人才振兴示范片区、以南街村为核心的文化振兴示范片区。项目建成后，示范区内村集体年均增收 259 万元，实现村集体经济"10 万 +"全覆盖，并全部达到省级美丽乡村验收标准，同时带动 1000 余名劳动力就近务工，示范区内人均增收 20%。

盐山县在乡村振兴衔接示范区创建过程中，坚持推进农业一二三产业融合发展，以河北省农业产业化龙头企业沧州恩际生物制品有限公司为依托，大力发展"公司 +基地 + 农户"的千户银耳种植工程。银耳种植过程中开发出银耳智能车间和"1314"家庭银耳种植两种模式，盘活了闲散劳动力、闲置房屋和废旧宅基三类闲置资源，撬动银行资金、社会资本、债券资金、政府各部门整合资金进行多元投入，实现了企业有效益、村集体有收益、群众有利益的三方共赢，为乡村振兴工程探索出了可复制、可推广的"盐山模式"，得到了王正谱省长的充分肯定。

（二）打造党建引领产业振兴示范乡——千童镇

一是"以一拖三"促发展，千童镇以杨庄村为试点，对接省级农业龙头企业恩际公司，引进银耳种植项目。盘活宅基地实施"1314"家庭银耳智能种植，盘活村民闲置房屋 60 户、200 余间。争取县级资金 226 万元，建设"银耳工厂"9 个，全托管种植银耳；组织 20 余名村民，成立"银耳种植服务队"，向本村及周边 300 多个银耳种植户提供服务；积极与市电商协会合作，搭建直播销售平台，组织有销售经验、直播意愿的村民，进行网络直播带货；二是"一社三统"搞托管，以北街村为试点，成立农业生产经营服务合作社，面向村集体和村民耕地，提供统购、统管、统销"三统"服务。实施社企合作、一社三统、集体示范。全村 1000 余亩及漳卫新河河套 3000 余亩耕地，将通过"一社三统"实现全托管。三是"四三二一"抓流转以马元子村为试点，对"无地、无人、无钱"的"三无"村集体，推广"4321"模式，即"村集体贷款 40 万元，流转村民土地 300 亩以上，确保村民、合作社两方受益，实现村集体经济组织年收入 10 万 +"。由支部领办、金融助力、规模经营。成功发放全省首笔村集体经济组织担保贷款 40 万元，为合作社启动注入血液，流转土地 300 余亩，实现村集体经济组织增收、土地流转、村民增收多方收益的目标。

（三）打造集体经济引领乡村产业振兴示范区——韩集镇薛堂村

薛堂村在加强美丽乡村建设、村风文明的基础上，以龙头带动为抓手，联农带农促进产业兴旺。薛堂村党支部与省级龙头企业恩际集团进行深度合作，通过"1314"模式，实施家庭智能车间银耳种植项目。通过党支部引领和带动，目前，薛堂村建有"雪菲宠耳家庭智能车间" 20 个、300 平方米的车间 1 个，2022 年村集体经济收入达到 15 余万元，户均增收 1.5 万元；建立人才振兴机制，吸引一批眼界宽、思路活、资源广的外出致富能人"凤还巢"，引进了"薛记炒货"人才、技术、销售、品牌等优势，逐年扩大瓜蒌种植面积，按照全镇规划，将韩集镇培育成"薛记炒货"旗下的瓜蒌种植基地，实行规范化管理、标准化生产、产业化经营，实现"订单农业"和销售渠道托底保障。韩集镇试种 300 亩，其中薛堂村种植 100 亩，2022 年亩产收入达到5500 元。2023 年拟增种 50 亩，新上农产品瓜蒌、蜜薯、石磨面粉深加工生产线三条。

三、存在问题

1. 产业与乡村建设融合效果仍不明显

产业发展、村集体经济壮大、农村面貌提升三项工作是一个相辅相成、相互促进的系统性工作，如果三者不能实现有机统一，在整体建设效果上会大打折扣。例如，部分村级在产业发展上，村级集体经济组织作用发挥不明显、不积极，从而导致农村集体经济收入难提升，村级无收入就直接导致村级面貌提升效果差。

2. 村级组织和群众对发展现代农业的认识度和积极性不高

乡村振兴，产业振兴是关键。以银耳种植为例，2022 年，盐山出台了关于银耳工厂化种植、金银花种植等调整产业结构的方案，组织部门也推行"党支部＋村集体经济组织"等试点模式，也起到了一定的成效。但仍然有部分村存在闲置集体资产未利用、部分农户闲置房屋未能整合推广现象。

3. 村级建设依靠政策投入多、自身造血少

近几年来，农业农村、乡村振兴部门投入了一定量的资金用于农村基础设施建设，也积极审批了一批项目。但整合资金和专项债券资金受限于负面清单，相关绿化、美化、管护、维修等资金配套不足。部分村集体经济薄弱、无社会力量支援，

导致建设力度不够。

4. 产业发展和乡村建设的融合质量水平仍需提升

农业仍然存在有产品无品牌、有品牌无规模现象；乡村建设中一般村和达标村多，精品村少。例如，小营乡的蝴蝶兰基地已经初具规划，但所在位置沿线及村庄面貌提升只是一般等。

四、改进措施

1. 深入挖掘产业发展资源

遵循《乡村振兴责任制实施办法》《盐山县蔬菜产业高质量发展行动方案》，充分发挥基层组织作用，深入挖掘辖区内一切可以利用的资源、资产，结合本地实际，加大农业招商、引进项目的力度，谋划、实施好本地的产业项目，形成一乡一园、一村一品、产业片区效应。

2. 充分发挥农村集体经济组织作用

依托农村集体经济组织，大力开展土地流转、托管服务工作，积极探索以农村集体经济增收途径。党组织引领，有能力和精力的党组织可以自身运营实施"党支部＋村集体经济组织"模式；没有的可以实施"党支部＋村集体经济组织＋合作社"模式。只有真正将农村集体经济组织运转起来，才能起到聚集、多赢的效果。

3. 加大和美乡村建设投入

加强农村人居环境整治经费的分配，不管是村级经费管理还是村级收益，要明确用于农村面貌提升配套、长效管护费用、经费的占比。让村级有人管事、有钱办事。同时，全面完善村庄设施管护机制，有制度、有标准、有队伍、有经费。在政策大量投入乡村建设的基础上，促进农村人居环境整治提升目标的实现。

4. 强化示范带动作用

不论是产业振兴，还是乡村建设，都需打造出一批精品，在区域范围内形成可复制的模式。盐山县要继续做大做强银耳产业，结合本地七大特色产业发展，形成一村一品、一乡一园的带头效应；在乡村建设上，发挥乡村振兴衔接示范区经验，进一步打造一批和美乡村示范带。

隆化县：坚持把产业振兴放在突出位置

隆化县位于河北省北部山区，是脱贫攻坚期内国家级贫困县、省级深度贫困县。脱贫攻坚战全面打响以来，隆化县委、县政府以脱贫攻坚统揽经济社会发展全局，精准施策、靶向发力，脱贫攻坚取得了全面胜利，2020年2月河北省政府批准脱贫"摘帽"，隆化县委被河北省委、省政府评为"脱贫攻坚先进集体"。"三农"工作重心转向全面推进乡村振兴以来，隆化县始终坚持把产业振兴放在突出位置，不断调整优化农业结构、强化要素保障和科技支撑、延伸优势和特色产业链条、培育壮大农业新型经营主体，乡村产业迅猛发展，农业强县建设快速推进，全面推进乡村振兴工作取得显著成效。

一、抓优势资源，现代农业发展蓝图更加清晰

一个地区要发展，必须把资源优势充分挖掘出来，转化为产业优势、竞争优势、发展优势。隆化生态优势明显、地理位置优越、自然资源丰富，具有得天独厚的土壤和气候条件，是发展优质、特色、高效、生态农业的理想区域。

1. 做强肉牛产业

隆化县气候温和、饲草地广阔，素有养牛传统，早在1978年就被列为

全国商品牛生产基地县，1998～2012年先后3次被列为国家级秸秆养牛示范县，是河北省肉牛标准化生产示范区，2016年在国家工商行政管理总局注册了"隆化肉牛"地理标志证明商标，2017年10月被授予"肉牛之乡"荣誉称号，2018年"隆化肉牛"被评为河北省特色农产品。近年来，隆化县委、县政府坚持"生产＋加工＋科技"一体化发展模式，抓基地、扶龙头、增投入、强服务，实现了肉牛产业由规模数量型向质量效益型的转型升级。基地规模大。按照小规模、大群体的发展模式，深入实施"十乡万户"母牛繁育和"肉牛快速育肥"工程，积极打造以隆化为核心的京津冀"百万头肉牛基地"，着力建设冀北山区肉牛产业生态循环示范区。目前，以郭家屯、山湾、步古沟等10个乡镇为主的深山区可繁母牛繁育产业带，以张三营、唐三营、偏坡营等7个乡镇为主的浅山区肉牛快速育肥产业带初具规模，全县肉牛饲养量达48.6万头，牛存栏达26.94万头，居全省首位。肉牛品质优。从20世纪70年代就引进西门塔尔、夏洛莱等肉牛优良品种进行黄牛改良，取得明显效果。近几年又先后引进日本和牛、安格斯牛、比利时蓝牛冻精进行杂交繁育，并且开展了牛的胚胎移植纯繁工作，全县优良肉牛品种不断增多。目前，全县良种牛比例达到了95%以上，西杂牛约占总存栏量的85%，夏杂牛约占6%，安格斯、和牛、弗莱维赫等肉牛品种的杂交后代约占5%。服务体系全。建立基层区域站9个，布袋改液氮罐50个，年处理利用秸秆25万吨，动物防疫服务网络、黄改技术网络、饲草饲料保障网络实现行政村全覆盖。同时，着力推进科技服务进村入户，年培训农民3.5万人以上，把成熟有效的技术送到田间地头、牛场圈舍，为助力群众增收提供有力科技支撑。增收效果好。经过多年发展，每个乡镇都培树了一批肉牛育肥和能繁母牛生产"大户"，逐步形成了一户带多户、多户带一村、一村带一片的"蝶变效应"，肉牛产业已然成为农民增收的"铁杆庄稼"。2022年，全县5头以上养牛户达到2万户，农民养牛收入占人均纯收入的60%以上。

2. 做精蔬菜产业

隆化县地域辽阔、雨热同季、水源充沛，是夏秋露地菜优势产区。全县蔬菜播种面积达24.5万亩，2010年被列为第一批国家级蔬菜标准园创建县，2012年被农业部列为全国蔬菜生产重点县。生产标准化。建成了高效设施栽培菜、西部露地冷凉错季蔬菜等各具特色的蔬菜生产基地，计划每年新建蔬菜标准化示范园区8～10个，蔬菜生产规模不断扩大，经济效益不断提高。全面执行蔬菜无公害生产技术操作规程，无公害蔬菜基地认证面积13.9万亩、产品135个，绿色蔬菜认证面积2.5万亩、产品24个，有机蔬菜认证面积900亩、产品3个。建设完成国家级综合质检站，检测机制逐步完善，实现了"从田间到餐桌"的全线质量安全保证。推广科技化。持续加大"新品种引进、新技术推广、新成果转化"力度，优良品种普及率达100%，新型节能日光温室、CO_2施肥、两网一膜、节水灌溉、生物肥料、防虫网、频振式杀虫灯等技术得到广泛应用。注册了"伊水禾源""彤丽园""四十家子"等绿色蔬菜品牌，产品打入京、津、沪等国内市场，蔬菜外销量占总产量的80%左右。带动龙头化。通过"合作社＋基地＋农户"的方式，把分散的农户整合起来，实现了从"单打独斗"到"抱团"闯市场，从分散种植到组织化、专业化、合作化的转变。目前，全县蔬菜营销合作组织达18家，蔬菜专业合作社达113家，经纪人达200人。

3. 做大中药材产业

隆化地处暖温带向寒温带过渡地带，属半湿润半干旱大陆性季风型气候，由于日照时数多，昼夜温差大，适宜多种中药材种植，2018年入选"河北省十大道地中药材产业县"，2019年被认定为河北省中药材特色农产品优势区，2021年被列为国家中药材产业集群创建县，2022年被认定为国家级区域性良种繁育基地、"十大冀药"苍术产业大县。环境得天独厚。经专业机构检测，大气、水质、土壤符合绿色食品产地质量标准，是理想的绿色柴胡、苍术、枸杞等药品生产基地。2000年实施"一退双还"工程以来，累计退耕还林31.9万亩，也为发展"林下中药材产业"提供了丰富的资源基础。全县从事中药材种植、加工的企业17家，专业合作社42家，家庭农场23家，年产地初加工能力2万吨以上。品种类型丰富。共有野生药材400余种，其中可开发利用50余种，包括黄芩、柴胡、桔梗、穿山龙、苦参、远志、赤芍、苍术等，是"热河柴胡"、"热河黄芩"及北苍术的主产区。所产柴胡、黄芩出口免检，质地坚、色泽正、疗效好，曾被对外经济贸易部评为优良药材产品，深受湖北、陕西等制药企业及安国、亳州市场的欢迎；所产苍术色泽好、品质优，尤其北苍术种子因纯正、籽粒饱满深受吉林、黑龙江、内蒙古等地客商及种植户的喜爱。科技支撑到位。在步古沟、八达营、韩家店等地建设示范基地3000亩，开展中药材品种、栽培、加工等技术研究，为产业发展提供了强有力的技术支撑。目前，全县中药材种植面积11.65万亩（含非耕地种植，但不含山楂及山杏面积110万亩），总产量达3.3万吨，产值20亿元，中药材产业已成为促进农民增收致富的重要渠道。

4. 做优温泉康养产业

隆化县地热温泉资源独特，已发现天然温泉5处，日出水量7000多吨，特别是七家—茅荆坝区域内地热资源具有分布广、水温高、水质优的特点，富含氟、氡、锶、锂等多种成分，水温最高可达98℃，是我国北方罕见的高热温泉。2018 年隆化县被中国矿业协会命名为"中国温泉之乡"。产业基础扎实。近年来，坚持整合资源创品牌、引进项目强支撑、推介宣传提形象，大力发展温泉旅游医养养老产业，加快建设隆化七家——茅荆坝温泉产业核心发展区，着力打造"热河皇家温泉旅游度假区"温泉康养品牌，为加快推进中国式现代化隆化温泉旅游医养养老产业发展提供了有力支撑。目前，已建成金水湾温泉度假村、枫水湾森林温泉城、天域温泉庄园、凤凰谷森林温泉小镇等高端文旅康养项目 13 个，旅游经营户发展到 131 家，年均接待游客约 50 万人次以上。政策机遇空前。2022 年 11 月，河北省省委书记倪岳峰莅临隆化考察，对温泉康养、清洁能源等产业进行现场指导，提出了明确要求，省市相继成立工作专班，精准研判、周密调度，强力推进中国式现代化隆化温泉旅游医养养老产业发展，重视程度前所未有，政策支持前所未有，推进力度前所未有。农旅深度结合。依托独特地热、历史、文化资源优势，不断延伸"温泉＋"产业链条，大力发展观光农业、休闲农业、体验农业等新业态，形成差异化互补的发展合力，推动全域旅游发展。2023 年，计划以承德市"一号风景大道"休闲农业产业示范带建设为重点，重点在七家镇、茅荆坝镇集中连片调整种植结构，因地制宜种植经济作物，进一步优化品种、结构和布局，打造生态景观带，补齐全域旅游短板。

二、抓关键环节，产业振兴机制链条更加巩固

坚持"宜工则工、宜农则农、宜游则游"工作思路，立足各乡镇、村产业基础和资源禀赋实际，因地制宜、因村定产，促进要素加速集聚、资源高效利用，为实现乡村全面振兴，提供了有力支撑。

1. 发展壮大产业链条

聚焦农业"一主两辅＋特色"产业架构，着力扩规模、提品质、延链条，产加销一体化发展模式初步构建，一二三产业融合发展格局基本形成。截至 2022 年，全县肉牛饲养量达到 48.6 万头，蔬菜播种面积 24.5 万亩、中药材 11.45 万亩、四季草莓 7500 亩，全县 80% 以上农户从事主导产业以及相关经营活动。七家、茅荆坝区域"一二三产融合发展、促进共同富裕"典型做法，被《中国乡村振兴》杂志专题刊发，全国推广。

2. 加快土地流转步伐

目前，全县流转土地 24.1 万亩，500 亩以上流转地块共 51 宗、2.93 万亩，流转

率达 39.47%。其中，流转入企业 4.97 万亩，流转入合作社、家庭农场 9.99 万亩，流转入农户 7.71 万亩，流转入其他组织 1.42 万亩。通过土地流转，经营权转租到企业、合作社和大户手中，进一步激活主体、激活要素、激活市场。目前，已在 17 个乡镇建设了肉牛产业基地，建成了承围公路沿线高效设施蔬菜和西部露地冷凉错季菜基地、以西部 11 个乡镇为重点的中药材产业基地。

3. 强化龙头企业培育

坚持把培育壮大龙头企业作为推进农业全产业链培育、助力乡村振兴、促进农民增收的重要抓手，龙头企业引领和带动作用日益凸显。目前，全县省级农业产业化龙头企业达到 16 家、市级 52 家；农民专业合作社 1586 家，其中国家级 3 家、省级 14 家、市级 26 家；农业产业化联合体 9 家；认定家庭农场 464 家，其中省级 26 家、市级 36 家、县级 93 家。承德北戎生态农业有限公司养殖基地被商务部确定为"肉牛贮备基地"，"北戎雪花牛肉"被确定为河北省高端精品；山东信德农业科技有限公司年加工生产有机肥 30 万吨以上，实现全县粪污资源化利用率达到 85% 以上；张三营、郭家屯两个大牲畜交易市场年交易量达到 15 万头以上，交易额达到 20 亿元以上。

4. 大力开展"三品一标"提升行动

培优品种，推广引进玉米、水稻、蔬菜等优质新品种 36 个、新技术 15 项，全县农作物良种覆盖率达到 98%。购置优质安格斯、比利时兰肉牛冻精 2.8 万只、优质胚胎 200 枚，肉牛良种覆盖率达到 95% 以上。提升品质，全县主要农作物绿色防控覆盖率达 53%，畜禽养殖场粪污资源化利用率达到 93.1%，秸秆综合利用率达到 97.4%，农膜回收率 85%。打造品牌，全县绿色食品认证数达到 15 家，有机食品认证达到 34 家。"隆化肉牛""隆化苍术"等地理证明商标达到 9 个。标准化生产，创建全国绿色食品原料玉米、水稻标准化生产基地 36.3 万亩，创建供北京冬奥会牛肉食材供应、隆化耀翔智慧农业产业园、承德百瑞国际标准化生产、承德民志中药材出口、承德京唐供港澳活牛出口等标准化生产基地 16 家，全县农业生产标准化覆盖率达到 72.3%。

三、抓政策投入，农业强县的美好愿景更加凸显

坚持以实施乡村振兴战略为总抓手，加强党的领导，完善政策体系，进一步整

合各级财政资金、金融资本、社会资金，集中向农业农村领域倾斜，加快解决涉农项目分散、资金支出进度不快、合力不足等问题，确保"三农"投入力度不断增强、总量持续增加。

1. 制定产业扶持政策

隆化县委、县政府每年结合产业发展实际，制定《产业发展扶持政策》，将衔接资金、专项资金及县本级资金合理统筹，用于扶持带动作用明显的龙头企业、合作社、家庭农场、种养殖大户等新型农业经营主体，促进农业产业快速发展。尤其是2023年度，进一步加大民宿经济、设施棚室、玉米大豆带状复合种植、重点区域种植结构调整等补贴力度，传递了鲜明政策扶持信号。

2. 加大项目推进力度

瞄准特色优势产业关键环节，大力引进产业链上下游配套项目，积极推动农产品加工企业向园区集中，逐步打造以生产、仓储、物流、深加工为一体的农业全产业链集群。2022年，全县共谋划实施项目116个，总投资21.4亿元。其中，政策类项目46个，争取上级专项资金2.7757亿元；招商引资类项目10个，总投资15.05亿元；涉农整合及衔接资金用于农业产业类项目60个，落实帮扶资金3.35亿元。

3. 强化园区要素保障

对于符合条件的新建农业产业园区，考虑水电配套投资较大，由政府出资进行扶持，产权归村集体所有，按照现行资产收益模式进行管理，极大地解决了经营主体后顾之忧。

四、存在的主要问题

隆化县作为农业大县，过去是脱贫攻坚主战场，现在是乡村振兴主阵地，巩固脱贫攻坚成果、全面推进乡村振兴，任务依然艰巨繁重。一是绝大多数农产品加工企业只是对农产品进行简单的初级加工和包装，如肉牛只分割成牛肉、西红柿加工成番茄酱、中药材切割成饮片，精深加工企业较少，对农产品附加值提高作用不大，产业链延伸不够；二是产业同质化严重，在市场上有一定知名度的品牌少，认证的绿色食品、有机食品等品牌，没有发挥出应有效益，缺乏市场竞争力；三是缺乏跨地区、跨行业的大型龙头企业，加之冷链物流、仓储加工跟不上产业发展和市场营销需求，一定程度上制约了产业发展。

五、优化举措

在新的历史起点上，隆化县将坚持把产业振兴作为重中之重，在全面巩固拓展脱贫攻坚成果的同时，下大力抓项目建设、抓招商引资、抓产业培育，切实以产业的率先突破，带动乡村全面振兴。

1. 坚持因地制宜、循序渐进的科学工作方法

聚焦农业"一主两辅＋特色"产业，持续深化供给侧结构性改革，大力发展高端设施农业产业集群，优化产业结构，增强带动能力，推进农业与旅游、教育、康养等产业深度融合，建设现代农业产业园、农业产业强镇、优势特色产业集群，实现串珠呈线、块状成带、集链成群。特别是以"存瑞精神"为引领打响红色文化旅游招牌，精深开发利用茅荆坝森林公园、莲花山、白云山、黑熊谷、牛毛环等自然景区资源，高端开发利用七家、茅荆坝、郭家屯、唐三营地表自流温泉，深入挖掘古安州、古兴州和清代御路文化，恢复修缮有代表性、有带动性、有价值的历史遗存，不断盘活优质资源，丰富旅游业态，切实让乡村"美丽资源"转化为"美丽经济"。

2. 持续提升粮食和重要农产品供给能力

隆化作为农业大县，将进一步结合地域优势，挖掘增产潜力，大力实施优质粮食工程，强力推进京津"菜篮子"产品生产供应基地建设，在粮食生产、加工、储运、销售等环节的生产经营实践中，逐步形成由农业龙头企业、合作社、家庭农场、种粮大户和一般农户组成粮食生产经营主体"雁阵"，推动形成关联紧密、联动发展的"雁阵效应"，促进粮食产业高质高效发展。

3. 充分调动农民的积极性、创造性

实施乡村振兴战略，农民是最直接的参与者和主力军。隆化县将始终尊重和支持农民首创精神，及时从基层发现推进乡村振兴的实招硬招妙招，通过就地培养、吸引提升等方式，发展壮大一支爱农业、懂技术、善经营的新型职业农民队伍，培育和筛选一批善于学网懂网用网的"新农人"，帮助他们开展更多高质量、有流量、

促销量的助农直播，为本地特色农产品、特色旅游插上"云翅膀"。同时，全县各级各部门将全面对标对表党的二十大提出的新理念、新举措、新要求，进一步增强服务意识，提升服务水平，畅通智力、技术、管理下乡渠道，引导和推动各类要素和资金参与乡村振兴，全力在建设高质量发展的"经济强县、美丽隆化"新征程上，再创新业绩、再谱新篇章。

定州市：强基础 补短板 奋力推进乡村全面振兴

　　定州市地处太行山东麓，华北平原西缘，河北省中部偏西，自古就有"九州咽喉地，神京扼要区"之称。京广铁路、京石高铁、107 国道、京港澳高速纵贯南北，溯黄铁路、曲港高速横穿东西。2013 年 4 月被确定为省直管市。定州市辖 25 个乡镇（街道）、544 个村街（社区）。全市常住人口 108.8 万人，总面积 1283 平方千米，土地总面积为 193.5 万亩，其中耕地 111.3 万亩，占全市总土地面积的 57.5%。

　　近年来，在河北省委、省政府的正确领导下，定州市坚持以习近平新时代中国特色社会主义思想为指导，深入学习贯彻习近平总书记关于"三农"工作重要论述，大力实施乡村振兴战略，对标对表"三农"领域重点工作，补短板、强基础、调结构，着力改善农村人居环境，不断深化农村改革，全面加强农村基层组织建设，乡村振兴工作取得了长足进步，先后被评为国家现代农业示范区、国家农业科技园区、国家农村产业融合示范园、国家级农村集体产权制度改革试点县、全国第三批基本实现主要农作物生产全程机械化示范县、河北省首批农业可持续发展试验示范区、河北省首批现代农业示范园区、第一批河北省农产品质量安全示范县、河北省农业特色产业发展先进县，定州葡萄和定州辛辣蔬菜被认定为河北省特色农产品优势区；"三块地"改革试点打造了农村宅基地改革的"定州模式"；2022 年成功举办"中国（定州）乡村振兴发展大会暨新农业发展研讨会"，为推进乡村振兴提供了有益支撑。

一、推进农业高质量发展，加快乡村产业振兴

（一）稳定粮食面积，提高粮食产能

定州市素有"冀中粮仓"的美誉，近年来，大力实施藏粮于地、藏粮于技战略，推广粮食作物新品种及配套新技术 20 项以上，粮食播种面积持续稳定在 175.5 万亩以上，年总产达 80.13 万吨，9 次荣获并连续 5 年被评为全国粮食生产先进市。花生播种面积常年稳定在 7 万亩，两次被评为全国油料生产百强县。

（二）发展高端高效农业

以市场为导向，推进农业产业化，大力发展生态农业、智慧农业、绿色农业。加强与高校、科研院所的深度合作，设立院士工作站 5 个，依托重点经营主体建设 20 个科技成果示范转化基地，实施黄家葡萄酒庄和幸福邑"留园"2 个 100 亩的现代化、规模化设施葡萄示范园区项目。举办河北·科技成果对接直通车（定州）现代农业专场对接会，促进企业代表参与项目对接交流。

（三）做强做优特色产业

实施引龙头、育产业计划，坚持"一乡一业、一村一品"，25 个乡镇（街道）全部根据资源禀赋条件，确定 1~2 个主导产业，成立招商团队，通过各种途径招资金、引项目。加强与国内知名农企对接，先后成功引进总投资 15 亿余元的首创中央厨房净菜加工、新希望生猪养殖、华电科工生物质天然气、农业嘉年华、千喜鹤等一批大项目、好项目。做大做强畜禽肉类、设施葡萄、辛辣蔬菜、中药材等特色产业，举办定州市 2022 年中国农民丰收节暨区域公用品牌发布会，发布定州白鹅、黑小麦、羔羊肉、蒜黄、韭菜等 5 个农业区域公用品牌，打造京津雄地区"精品粮""特色菜"基地。砖路镇、大辛庄镇被评为国家级特色产业名镇。

（四）发展壮大农村集体经济

明确目标，细化举措，制定《定州市关于进一步发展壮大农村集体经济的若干

举措》，摸清了村集体家底现状，进一步盘活农村资产。截至 2022 年底，村集体年收入 5 万元以下的村全部清零，收入 10 万元以上的村占比达到了 50% 以上，为乡村发展提供了后劲。

二、拓宽人才培训渠道，加快乡村人才振兴

（一）加大培育力度，定向培养高层次人才

一是成立乡村振兴读书教育培训工作领导小组，市委、市政府主要领导任组长，利用"线上＋线下"相结合的方式，组织开展政策、实用技能、法律科普等教育培训 500 多场次，9 万余人次。二是对村（社区）"两委"干部进行全覆盖培训，着力打造懂农业、爱农村、爱农民的"三农"工作队伍。三是开展高素质农民培训，2021 年以来累计培训 900 余人。四是开展创业指导服务。对失业人员、返乡农民工、高校毕业生、退伍军人、残疾人等群体开展"一对一"跟踪服务和个性化指导培训。召开市级综合业务培训会 20 场次，培训 600 余人次，指导乡镇开展培训 436 场次 1.4 万余人次。

（二）加强教育建设，培养基础人才

一是推进农村学校标准化建设，近年来投入 6605 万元，对 15 所农村薄弱学校实施 35109 平方米改扩建，提升学校功能室配置，优化运动场地。二是公开招聘教师，优先补充农村学校，补足补齐各学科教师。三是落实《义务教育学校管理评价标准》，推进义务教育课程改革，开足开全课程。四是强化监管督导，利用责任督学，采用校园巡查、推门听课、查阅资料、问卷调查、走访座谈等多种方式每月到校督导，确保工作落实。五是大力发展以公办幼儿园为主的农村学前教育，按照"一乡一公办中心园"的原则，合理规划布局农村学前教育资源。

（三）加强乡村医疗卫生队伍建设

努力提高医务人员综合素质，增强服务技能，加强学科建设，营造学知识、练本领、强技术、夯基础的浓厚氛围，培养和建设一支医德高尚、医术精良、素质过硬的医疗队伍，推进乡村医生队伍专业化规范化建设，将 1030 名乡村医生纳入乡村

一体化管理。

（四）加强农村文化人才培养力度

一是充分认识人才队伍建设的重要性，不断加大人才培养和吸引的力度，努力造就一批高素质文化人才，根据不同人才的能力和特点，合理配置，把人才配置到最能发挥作用的地方和岗位上。二是进一步健全基层文化管理队伍，增加文化专业人才配备，为优秀的文化专业人才提供机会。三是选拔专业文化人才投身于基层的文化事业当中，加大培训力度，确保文艺队伍基层专业水平提档升级。

三、加强精神文明建设，加快乡村文化振兴

（一）积极开展"听党话、感党恩、跟党走"宣传教育活动

围绕"感领袖真情、忆峥嵘岁月、晒幸福生活、树文明新风、讲善治故事、展振兴梦想"等六个方面精心组织，通过集中宣讲与举办丰收节活动等方式，形成了良好宣传氛围，取得了良好活动效果。

（二）积极开展宣传教育引导

组织各类媒体通过消息报道、案例分析、文明新风公益广告等多种方式，推动移风易俗观念深入人心。充分利用村广播、文化墙、宣传栏等农民群众身边的各类阵地，宣传移风易俗先进典型，用身边事教育身边人。以"喜迎二十大、奋进新征程"为主题，开展文艺下乡110余场次；新改扩建乡村文化广场15处1万余平方米，绘制文化墙3万余平方米。

（三）统筹城乡旅游发展

结合定州特色产业，做好"旅游＋"文章，以大辛庄镇、东亭镇为重点，夯实旅游基础服务设施，实施景村一体化建设，积极谋划推进森林小镇、东胜田园综合体等项目，打造农业休闲、农耕体验、特色民宿等乡村旅游产品。规范完善旅游点的导向标识，补助建设乡村旅游厕所、停车场、游客集散中心等基础服务设施。

（四）开展文明村镇创建

创建移风易俗试点乡镇，共培树省级试点乡镇 3 个、市级试点乡镇 8 个。推进文明户、文明村、文明镇（乡）创建工作，1 户获评全国文明家庭，2 个乡镇和 2 个村获评全国文明村镇，市级文明村、文明镇（乡）覆盖率分别达 64%、80%。

四、提升绿色发展水平，加快乡村生态振兴

（一）实施农村人居环境整治提升五年行动

一是扎实推进农村"厕所革命"。户厕要求基本入院，有条件的乡镇（街道）在积极推动厕所入室，农村公共厕所布局规划合理。二是生活污水无害化处理水平显著提高。完成 78 个村的生活污水无害化处理工程，全域范围内村庄生活污水乱排乱放得到有效管控。厕所改造与生活污水无害化处理有效衔接，生活污水资源化利用水平进一步提高。三是加大黑臭水体治理力度。集中开展农村黑臭水体排查整治工作，市主要领导多次深入各乡镇对排查整治工作进行检查指导。各乡镇作为排查整治行动的实施主体，对辖区内村庄进行地毯式摸排，确保不留死角死面。四是健全城乡一体化生活垃圾收运处置体系。共建设了 17 座农村垃圾中转站，覆盖全市 25 个乡镇（街道），实现了农村生活垃圾收集转运的全覆盖。现农村配备垃圾桶 17688 个、保洁三轮车 2585 辆、密闭式垃圾侧装车 115 辆、垃圾转运车 22 辆。做到了村庄范围内清扫保洁达到"七净六无"的标准，垃圾桶无外溢现象、保持清洁，生活垃圾按时清理运输、无洒落现象。五是积极开展美丽乡村创建，自 2021 年以来，累计创建美丽乡村 37 个。六是美丽庭院任务超额完成。共创建美丽庭院 5367 户，完成进度 107.34%，并在继续创建中。

（二）实施农村水利水务设施提升工程

一是提升农村供水保障能力。农村 75 万户居民生活水源江水置换工作已基本完成，新建地表水厂和管网建设已经完工，正在进行供水调试，逐步实现水源置换。二是顺利完成生态补水。自 2022 年以来，上游水库和南水北调向河道生态补水共计 7.97 亿立方米。其中，沙河生态补水 5.29 亿立方米，唐河生态补水 2.34 亿立方

米，孟良河生态补水 0.34 亿立方米。

（三）实施清洁取暖行动

一是推动农村电网巩固提升。制定农村通动力电规划，加大农村电网投资力度，优化农村电网网架结构，提高装备和自动化水平，全面提升农村电网水平和普遍服务水平。二是加快推广清洁能源建设。按照"宜气则气、宜电则电"原则，实施气代煤、电代煤、集中供热等清洁取暖改造工作，共完成清洁取暖改造 27.3 万户，彻底实现全域清洁取暖改造动态清零。

五、健全基层组织体系，加快乡村组织振兴

（一）完善农村基层组织

健全完善全市农村"五位一体"治理架构、社区"六位一体"治理架构，推行完善村级"服务事项清单"制度。形成了市委统筹协调推动、相关部门联合协作的乡村治理体系，加强乡村网络化巡逻防控和群防群治队伍建设，积极探索群防群治方式，搭建乡村治理新平台。创新乡村治理方式，建立农村"十户一长"和社区户长包联制度，截至 2023 年 3 月，全市共选配户长 14950 余名，累计有 986 名户长被党组织确定为积极分子，2543 名户长被列为后备干部重点培养对象。

（二）健全乡村治理工作体系

一是推进乡镇机构改革和市乡村三级综合服务体系建设，470 个村级综合服务站（点）已全部建设完成并实现党务政务服务全覆盖。二是建设自治、法治、德治相结合的乡村治理体系。加强对群众的宣传教育，推进移风易俗，弘扬时代新风。

（三）加强平安法治乡村建设

坚持和发扬新时代"枫桥经验"，建立常态化矛盾纠纷排查化解机制，深化人民调解、行政调解、司法调解"三调联动"有效衔接，开展无信访村（社区）创建，实现市级统筹、乡镇联动的综治中心网格化服务管理体系；严格落实普法责任

制，打通法律服务群众"最后一公里"。扎实推进"一村一辅警"制度，不断提升农村社会治安水平，杨家庄乡派出所被授予全国"人民满意的公务员集体"称号。高蓬镇钮店社区积极探索运用"积分制"开展乡村治理，取得良好效果，被定州融媒公众号以《"小积分"撬动"大文明"》为题广泛宣传报道。

六、巩固拓展脱贫攻坚成果同乡村振兴有效衔接

把巩固脱贫成果纳入市级领导干部重点工作包联，市委、市政府主要负责同志带头包联走访脱贫户，32 名市级干部分包 25 个乡镇（街道）和重点对象，对巩固脱贫成果工作明察暗访、一线调度 270 余次。健全统筹协调、定期会商、督导督办等 5 项工作制度，完善教育、卫健、医保、住建等市直部门协同推进机制，坚持月分析汇总、季报告调度，累计召开联席会议 27 次。健全组织机构，拓宽培训方式，协同市委组织部、成员单位开展帮扶政策、防疫知识、农业技术等综合线上培训 15 个班次 4.5 万余人次。深入开展"万企兴万村"行动，引导 36 个企业和相关村建立对接关系。组织社会组织参与消费帮扶，突出稳岗就业，举办就业服务活动 95 期，发布岗位信息 1.5 万个；兜底安置 1286 名脱贫劳动力就业。目前全市共有脱贫人口 4279 户 10706 人、防返贫监测对象 74 户 222 人。全市脱贫群众人均纯收入 14924.16 元，增幅 12.19%。无一人致贫返贫。

七、存在问题与改进建议

（一）存在问题

虽然在乡村振兴工作中取得了一定成绩，但由于城乡差距仍然较大，农村建设投入不足，农村经济社会发展中的一些矛盾还未根本解决：一是农村基础设施建设及服务水平有待提高。农村道路、供排水、教育、卫生、文化等基础条件依然与发达地区相比有一定差距。二是农业技术人才短缺和技术服务力量不足，制约农业生产。三是农业产业不强的问题依然存在，缺少在全省乃至全国知名的品牌。

（二）改进建议

一是加快农村基础设施建设，补齐农业农村短板。持续开展文明村镇创建，完

善农村公路、农房及庭院绿化美化等工程建设，统筹推进农村文化、教育、卫生、托老等公共服务发展。二是突出项目带动，推进农业产业融合发展。推动龙头企业与农户、合作社建立紧密型利益联结机制，大力发展特色产业，推进农业结构调整。三是加大农村生态环境建设力度，促进人与自然和谐共生，加大美丽乡村建设力度，建立乡村环境治理长效机制。四是支持发展乡村旅游和生态文化旅游，进一步全面完善旅游基础设施，以全域景观化、景区内外环境一体化为目标，统筹推进景区环境综合整治行动。开展"旅游厕所革命"，完成旅游景区停车场、游客服务中心、步游路等基础设施的升级改造。五是深化农村精神文明建设，健全乡村治理体系，提高农民文明素质和农村社会文明程度。深化文明村镇、文明家庭创建活动，进一步健全好人评选、典型宣传、帮扶慰问机制。六是加强党对"三农"工作的领导。完善农村工作领导机制，建立实施乡村战略领导责任制，确保乡村振兴战略有效实施；强化干部服务意识，提高干部队伍对新思想、新任务的认识，紧抓落实，提高办事效率。

魏县："一集中四治理"专项行动提升乡村治理水平

魏县全面深入贯彻中央和省市关于乡村振兴与乡村治理的决策部署，结合换届后农村工作实际，立足于抓住重点、补齐短板，开展了"一集中四治理"专项行动，"一集中"即集中开展扫黑除恶治乱斗争"百日会战"，"四治理"即深入开展农村软弱涣散党组织、"村霸"、集体资金资产资源、不良乡风四项治理，一系列数据展现了专项行动立竿见影的成效：基层组织"建强"——调整村"两委"干部 91 人；集体经济"削薄"——全县 561 个村集体经济收入全部达到 5 万元以上；黑恶势力"遁形"——刑事案件 21 个月下降 68.6%；陈规陋俗"刹住"——仅治理红白事大操大办即达 4157 例，节约资金 7067 万元。魏县"一集中四治理"专项行动的成功实践，为新时代人口大县做好乡村治理、推进乡村振兴提供了有益借鉴。

一、开展"一集中四治理"专项行动是巩固拓展脱贫攻坚成果同乡村振兴有效衔接的战略之需

魏县是邯郸市人口大县，也是脱贫摘帽的原国定贫困县。脱贫攻坚取得全面胜利后，"三农"工作重心发生了历史性转移，如何实现巩固脱贫攻坚成果同乡村振兴有效衔接，成为魏县当前最迫切工作任务。而实践中

存在的一些问题和不足，已成为全面推进乡村振兴的严重制约。一是部分两委"班子弱"，缺乏战斗力。换届后部分新上任村"两委"干部经验能力不足，遇事不能上，硬活扛不下，守"老本儿"勉勉强强，开新局缺少历练，凝聚力和战斗力有待增强。二是村级资产"底子乱"，缺乏增值力。村级资产资源由于历史原因造成管理混乱，收益低下，村集体"守着金饭碗没钱花"。三是"村霸"等黑恶势力"根子牢"，缺乏震慑力。由于地处冀豫两省交界，社情民情复杂，一些"村霸"违法乱纪、为非作歹现象屡打屡现，滋扰生事、无理取闹行为屡禁不止，严重影响社会稳定。四是不良风气"因子强"，缺乏约束力。随着农村生活水平的提高，高价彩礼、大操大办、封建迷信等不良风气滋生蔓延，"一婚穷十年"，群众反映强烈，也侵蚀着脱贫攻坚成果。这些问题的突出存在，严重阻滞了魏县乡村振兴推进步伐，必须立足于巩固脱贫攻坚同乡村振兴有效衔接背景，开展"一集中四治理"专项行动，为全面推进乡村振兴补齐短板、夯实保障、释放动能。

二、实施了系列举措——顶层设计、专班推进、机制保障、宣传造势

为开展好"一集中四治理"专项行动，魏县从顶层设计到部署专班，从机制保障到强化宣传，采取了一系列有效举措。

（一）谋好"一盘棋"——统揽乡村治理全局，做好做优顶层设计

立足巩固拓展脱贫攻坚成果同乡村振兴有效衔接和乡村自治、法治、德治"三治"融合，从战略的高度和全局的维度做好专项行动的顶层设计。

1. 聚焦问题制定"施工图"

立足站位高远、谋好全局，聚焦欺压残害百姓、操纵经营"黄赌毒"等13类恶势力，聚焦看摊守业难、进入状态慢、班子不团结等10类软弱涣散党组织，聚焦挤占抢占集体用地、承包租赁不符标准、擅自改变土地用途等7类农村资金资产资源，聚焦影响基层政权、侵害群众利益、阻碍经济发展等6类"村霸"，聚焦婚丧嫁娶大操大办、天价彩礼、封建迷信3类不良风气，打捆制定"一集中四治理"五个专项方案，以方案为"施工图"，做到剑指要害、精准发力，提纲挈领、有力有序。

2. 深谋远虑划定"时间段"

坚持标本兼治、长短结合，科学合理划分专项行动三个时间段，即："集中攻坚期"，集中三个月的时间攻坚克难，快掀高潮，打出声势，治出效果；"巩固成果期"，对专项行动开展"回头看"，巩固成果，查漏补缺，防止一阵风、大呼隆、走形式，避免"热热闹闹一阵子、过后重回老样子"；"常态治理期"，坚持自治为基、法治为本、德治为先，健全长效机制，完善制度配套，推进乡村治理体系和治理能力现代化，建设宜居宜业和美乡村。

3. 科学摆布谋建"强阵容"

客观审视乡村治理的系统性、复杂性、艰巨性，从三个层面谋划组织领导，摆布推进力量。一是成立领导小组。成立县委书记、县长任组长，42个县直责任部门和22个乡镇主要负责人为成员的"一集中四治理"领导小组，全面负责专项行动的决策和指挥。二是设立工作专班。领导小组下设办公室和扫黑除恶治乱、软弱涣散党组织排查治理、"村霸"治理、农村集体资金资产资源治理、农村不良乡风治理5个工作专班，分别由县委主管领导任组长，县党政班子其他主管领导任副组长，有关责任单位为成员，负责各专项行动的专职推进和协调督促。三是聚合部门力量。5个工作专班分别由县委政法委、县委组织部、县委宣传部、公安局、农业农村局为牵头部门，其他责任部门参与配合，整体一致、协同高效推进工作开展。

（二）拧成"一股劲"——兵团作战强势推进，五个专班同时出击

在成立专项行动领导小组和工作专班、建立督查机制的基础上，充分整合职能部门力量，实行兵团作战，五路出击，强势推进工作开展。

1. 专班兵团一：下沉驻村"多对一"，软弱涣散全转化

以县委组织部为牵头部门的软弱涣散党组织排查治理专班，坚持一村一清单、一乡一过堂、一周一调度、一乡一评估，针对摸排出的软弱涣散村党组织，分门别类，因村制宜，集中治理。对班子矛盾和问题解决难度较大的9个村，每个村明确1名县级党员领导干部联系，1名乡镇党员领导干部全程驻村，1个实力较强的县直部门结对，1名组织部班子成员分包，其他村由乡镇党委派驻工作队，集中优化两委班子，调整两委干部，加强教育培训，规范科学管理，形成转化软弱涣散农村党组织的强大态势。

2. 专班兵团二：集体资产"清乱账"，规范管理促增值

以县农业农村局为牵头单位的农村集体资金资产资源治理专班，采取实物盘点、核实账务等方式，彻底摸清农村各类资产家底，盘活"沉睡资本"，治理"流失资本"，整治"贬值资本"。对强占集体土地、欠缴承包费用、私自转包、擅自改变土地用途等违反法律规定或合同约定的，一律予以依法收回、追缴承包费、终止合同；对低价承包、一包多年等显失公平的，按政策重新估价审核、完善合同，依法收回集体土地，按市场价格重新发包，进一步盘活集体资源，实现有效利用。

3. 专班兵团三：黑恶势力"零容忍"，打出雷霆震慑力

以县委政法委为牵头部门的扫黑除恶治乱专班，针对黑恶势力的违法犯罪，坚持常态化摸排和法治化严惩相结合，着眼打早打小，强化"打财断血"，坚持"一案三查"，严格依法办案。特别是聚焦电信网络、自然资源、交通运输、工程建设等四大行业领域存在的突出问题，全面排查，深挖线索，重点打击。

4. 专班兵团四：深入排查"挖村霸"，严厉打击不姑息

以县公安局为牵头部门的"村霸"治理专班通过强化线索排查，摸清"村霸"底数，坚持有案必查。特别是紧盯城乡接合部、资源富集村、信访矛盾问题突出村、农村集贸市场等重点部位，依法打击"村霸"等黑恶势力侵占和垄断集体资产资源、欺行霸市等违法犯罪行为；紧盯村民议事、土地流转、征地拆迁、工程项目等重要事项及其关键节点，依法打击扰乱秩序、强揽工程、严重侵害村民和村集体利益、非法侵占或骗取国家项目资金等违法犯罪行为。

5. 专班兵团五：建立健全"四本账"，引导乡风向文明

以县委宣传部为牵头部门的不良乡风治理工作专班以治理婚丧嫁娶大操大办、"天价彩礼"、封建迷信为突破口，注重教育引导、制度约束、实践养成，在561个村建立健全红白理事会、道德评议会、彩礼标准台账和红白事办理标准"四本台账"，层层签订承诺书。同时，依托各乡镇、村新时代文明实践所、站，联合县妇联、县法院开展"木兰有约"巾帼志愿宣讲活动，倡导移风易俗、抵制高价彩礼，全面排查打击销售仿冒人民币冥币、塑料花等祭祀用品及制售纸车、纸马等封建迷信祭品行为。

（三）构筑"一条链"——机制保障贯穿全程，自始至终善作善成

把工作机制嵌入专项行动全过程，打造从头到尾、善始善终的闭合式机制链条，

以工作机制保证各项治理有条不紊、如火如荼、真见实效。

1. 责任清单机制

围绕"一集中四治理"专项行动，按照治理范围，在强化底数摸排、掌握焦点难点、明确任务目标的基础上，坚持"谁排查、谁签字、谁负责"，实行清单化管理，确保每项工作落实到部门、具体到乡镇、细化到人头，做到责任清、任务明，避免责任交叉。

2. 调度推进机制

坚持调度推进每日不停、每周不断、每月专题调度"过堂会审"。"一集中四治理"专项行动领导小组办公室每日以电话、微信、报表等形式调度五个专班行动推进情况，全面把握整体工作，动态掌握进展态势；各专班牵头县领导和包联县领导每周到乡镇村进行实地调度，了解存在问题，现场解决困难，感召和带动各级干部亲力亲为、狠抓治理；县委书记、县长每月召开专题调度会，听取五个专班工作汇报，过堂会审专项行动中存在的问题，深入挖掘苗头性倾向，研究相应对策，制定整改措施。

3. 督查通报机制

为营造一级抓一级、层层抓落实的工作局面，县纪委监委会同县委督查室、县政府督查室，对专项行动开展联合督查。既检查过程，也检查结果；既督责任，也督作风。对组织领导不力、工作敷衍应付的予以通报批评，该约谈的约谈，造成严重影响和后果的严肃追责问责，保证专项行动快启动、快推进、快见效。

4. 群众监督机制

发挥人民群众的强大力量，畅通线索举报渠道，完善群众举报平台，设立并公开举报电话、举报信箱和专门举报网站。充分发挥网络新媒体、融媒体宣传作用，提高举报奖励标准，严格落实举报人保护制度，全面激发群众积极主动参与的热情。"一集中四治理"专项行动开展以来，群众投诉举报问题线索占总数的比例高达28.7%。

5. 考核奖惩机制

把"一集中四治理"专项行动开展情况纳入党政领导班子和领导干部综合考核评价、乡镇（街道）党（工）委书记述职评议考核的内容，年终考核奖优罚劣，倒逼出各乡镇（街道）、各部门的责任感和主动性。

（四）奏响"一个调"——宣传造势舆论引领，家喻户晓深入人心

1. 多种形式浓厚氛围引领舆论

通过组建文艺宣传队、印发宣传品、开展主题活动等，开展"一集中四治理"专题宣传。县不良乡风治理专班和各乡镇（街道）共制作美篇、公众号宣传报道2200余篇，发布抖音、快手等宣传小视频800多个，制作条幅11900余条，舆论氛围更加浓厚。开展"送法进乡村""文艺表演＋理论宣讲"等活动1500多场；利用微信矩阵群、张贴宣传标语、农村大喇叭广播等群众喜闻乐见的方式，广泛宣传政策法规，弘扬社会主义核心价值观，营造积极支持、主动参与、自觉监督"一集中四治理"专项行动的浓厚氛围。

2. 正反两面打造典型引导行为

正面典型上，选树了魏城镇西南温村张路英"零彩礼"事迹，被《中国妇女报》、"学习强国"平台、长城网等媒体刊发，其家庭被评为河北省"最美家庭"；对野胡拐乡成立免费婚介志愿服务队、设立"心连心"微信群，回隆镇创新制作"街坊随礼不吃饭"红白两种牌子，牙里镇丧事不穿孝衣戴"白花"等典型予以宣传培树；召开"十佳百优"典型培树大会，对"十佳乡村振兴示范村""十佳乡贤""十大德善模范"等全县各条战线涌现出十大类100名模范典型集中授奖，有效发挥先进典型引领带动效应。反面典型上，开展典型案例"以案说法"，组织文艺宣传活动和巡回宣讲团对黑恶势力、封建迷信及邪教造成的危害等典型案例进行宣传讲解，对大操大办等陋习开展暗访并通过电视曝光，通过身边的人和事教育身边的人，发挥警示震慑作用。

三、取得了突出成效——在抓住重点补齐短板中奠定了乡村振兴的坚实基础

"一集中四治理"专项行动的开展，解决了一大批农村遗留的历史问题和矛盾困难，破解了长期制约和影响乡村振兴的发展"瓶颈"及体制弊端，取得了一系列显著成效。

（一）基层组织建强了，遇事更能上，乡村振兴有了强大"主心骨"

排查出的软弱涣散村党组织全部实现转化，共调整支部书记41名，调整其他干部50名，实现了村级班子建强、干部能力提升、宗族派性清底、家族势力干扰清障、基层党建信访积案清仓。专项行动开展以来，全县农村党组织带领干部和群众，累计清理残垣断壁、私搭乱建等2.37万处，建成小游园、小菜园、小果园2658处，拆除沿街高台2.3万处，硬化农村街巷200万平方米，魏县一举荣获全国村庄清洁行动先进县、河北省人居环境进步奖。

（二）村级资产理清了，管理更规范，乡村振兴有了厚实"资本金"

累计排查农村集体资金资产资源类问题1740条，增加集体经济收入4847.93万元，平均每村增加收入8.6万元。农村一大批"关系"地、"失联"地重新回归村集体，农村集体土地发包收入成为农村集体收入的主要来源，全县561个村集体经济收入全部达到5万元以上；村集体经济收入10万元以上的村达到298个，占比53.12%，蹚出了一条规范农村"三资"管理、壮大农村集体经济、提升基层治理能力、夯实乡村振兴经济基础的有效路径。

（三）违法犯罪打击了，社会更安全，乡村振兴有了稳定"压舱石"

通过集中开展扫黑除恶治乱百日会战，获取"黑、恶、乱"线索1230条，办结1223条，正在核查7条，办结率99.4%，打击违法犯罪分子396人，打击率3.8（万人比），从2021年5月到2023年1月刑事案件月发案率从51起下降至16起，近21个月的刑事案件月发案率下降了68.6%；通过深入开展"村霸"治理专项行动，打击涉黑恶乱霸类违法犯罪的嫌疑人457名，其中刑事打击151名，行政处罚306名，涉及严重侵害群众利益方面4名，严重影响基层社会稳定方面45名，严重阻碍经济发展方面11名，严重影响基层群众正常生产生活方面397名，扫黑除恶治乱和村霸治理起到了处理一起、打击一片、震慑一方的良好效果，相关做法被《河北法制报》《邯郸日报》，以及"今日头条""新华焦点""时间播报"等媒体转载报道。

（四）陈规陋俗刹住了，乡风更文明，乡村振兴有了良好"精气神"

全县乡镇（街道）、村（居委会）、县直各有关单位共制作美篇、公众号宣传报道 2200 余篇，发布抖音、快手等宣传小视频 800 多个，开展各类宣讲 1500 余次，制作条幅 11900 余条；共治理红白事大操大办典型 4157 例，节约资金 7067 万元；遏制烧纸钱、算命看相等封建迷信行为 3091 起，取消庙会 188 起；各乡镇（街道）共处理党员干部 44 人。

四、获得了重要经验——责任、载体、机制、群众路线一个也不能少

魏县"一集中四治理"专项行动的成功实践，为新时代人口大县做好乡村治理、推进乡村振兴带来诸多启示。

（一）责任决定担当，县级党委履行主体责任是做好乡村治理、推进乡村振兴的前提

2022 年中央一号文件明确提出："强化县级党委抓乡促村职责。"在国家治理结构中，县级党委承上启下、连接城乡，是发展经济、保障民生、维持稳定的重要基础。做好乡村治理、推进乡村振兴，县级党委必须落实主体责任，增强政治自觉，强化担当，勇挑担子。魏县立足乡村振兴全局、聚焦乡村现实问题开展"一集中四治理"专项行动，正是落实主体责任的生动实践，正是强化担当的行动体现。魏县的做法证明，责任意识决定担当精神，只有胸怀责任才能肩有担当，只有落实责任才能做实担当，这是做好一切工作的前提，做好乡村治理、推进乡村振兴尤其如此。

（二）载体决定活力，积极打造行之有效的载体是做好乡村治理、推进乡村振兴的基础

乡村振兴是一项系统工程，涵盖面大、涉及点多，必须找准切入口、寻求突破点、打造好载体，以重点突破带动整体推进。魏县坚持问题导向和目标导向，把切入口和突破点"押宝"在乡村治理上，把治理内容"打捆绑定"在"一集中四治理"专项行动这一载体上，以主题定载体、以载体彰主题，纲举目张、提纲挈领，"治"出了成效，"理"出了活力，为乡村振兴夯实了阔步迈进的基础。

（三）机制决定成效，建立健全一套善作善成的工作机制是做好乡村治理、推进乡村振兴的保证

调研中发现，做强机制保障是魏县能够开展好"一集中四治理"专项行动的重要因素。实际工作中，魏县在设立工作专班、实行兵团作战的同时，责任清单、调度推进、督查通报、群众监督、考核奖惩五项机制相继跟进、环环相扣、贯穿全程、链条闭合，保障了专项行动有力有序开展、强力强势推进、取得累累硕果。

（四）群众决定口碑，坚持走实群众路线是做好乡村治理、推进乡村振兴的关键

人民群众是历史的创造者，是社会变革的决定力量，要坚持以人民为中心，走实群众路线。魏县在开展"一集中四治理"专项行动中，始终坚持以人民为中心的工作导向，把群众路线贯穿全过程，倾心倾智于与群众共建共治共享乡村社会的实践努力。开展之前广泛走访群众，调研问题，问计问策，决策从群众来；推进过程充分发动群众，检举问题，反映线索，监督由群众实施；成效如何更是倾听群众，把群众感受作为衡量工作成效的标尺，口碑由群众定夺。据"一集中四治理"问卷调查显示，农民群众满意度达 98.6%，人大代表、政协委员、老干部的满意度达 100%。做好乡村治理、推进振兴，需要的就是这份为了群众初心、问计群众的诚心、依靠群众的决心和勇于让群众检验的信心。

冀州区：全力抓好生态振兴
助力乡村振兴

实施乡村振兴战略是党的十九大作出的重大决策部署，是新时代"三农"工作的总抓手。乡村要发展、要振兴，必须要以生态环境宜居为底色，把生态环境保护放在重要位置。近年来，冀州区委、区政府积极开展生态文明建设，深入实施人居环境整治，扎实推进全区环境治理、生态产业发展，打造美丽宜居生活家园，生态文明建设成效显著。

一、冀州区基本情况

冀州区位于河北省东南部，2016 年撤市建区，为衡水市市辖区之一，辖 6 镇 4 乡 382 个行政村，面积 878 平方公里，人口 33.8 万人。历史文化底蕴深厚，自西汉起便为州郡县三级治所，拥有 2200 余年建制史，河北简称"冀"就源于此。区域产业活力迸发，培育形成了大健康、新材料、装备制造三大主导产业，是国家康复辅助器具产业综合创新试点、省医疗器械产业高质量发展试点县、省新型工业化示范基地，2021 年跻身全省县域科技创新能力 A 类县。城乡环境宜居宜业，森林覆盖率达到 26.38%，林地保有量达到 6319.2 公顷，率先实现了"一人一亩林"目标。城区北倚国家级湿地保护区衡水湖，拥有 1 湖 20 河发达水系，建成区面积 21 平方公里，呈现"三分秀色二分水、一城风景半城湖"景观，先后荣获全国环境优美小城镇、国家级生态示范区、省级园林城市、文明城区、洁净城市、卫生城市等称号，目前正在全力创建全国文明城市、卫生城市、森林城市，全力打造宜居宜业宜游"富美冀州、生态湖城"。

二、推进生态振兴的具体措施

（一）大力整治提升农村人居环境，改善农民生产生活条件

按照数量服从质量、速度服从实效的要求，聚焦农村"厕所革命"、生活污水无害化处理、黑臭水体治理、生活垃圾无害化治理、建筑垃圾集中分类处理、村容村貌提升、农村绿化美化亮化、基础设施配套建设管护、公共服务设施建设等重点任务，坚持因地制宜、突出分类施策，统筹推进，大力整治提升农村人居环境。

1. 推进农村生活垃圾治理

按照区委、区政府安排部署，全区 10 个乡镇、382 个行政村垃圾清运工作按照市场化运营模式，通过公开招标进行托管服务，将配套的 13 座垃圾中转站及 60 辆垃圾清运车辆，全部交由第三方保洁公司管理使用。实现了"村收集、乡镇转运、区处理"的运行模式，做到了农村生活垃圾处理体系全覆盖。

2. 深入抓好农村"厕所革命"

按照统一规划、有序推进的要求，全面开展农村"厕所革命"，科学确定厕所改造技术模式，严把标准规范和工程质量，科学分类施策，统筹规划污水管网设施建设和公厕、户厕改造，高质量完成各项改厕任务。按照国家《农村户厕建设技术要求》和"应改尽改、愿改尽改"原则，坚持整村推进，严格对照农村户厕建设标准规范，全面推进农村户厕改造。因地制宜选择改厕模式，全面推进农村户厕入院，有条件的积极推动厕所入室，新建农房配套设计建设卫生厕所及粪污处理设施设备。2022 年新建改建户厕 914 座，新建公厕 91 座，农村户厕实现应改尽改。开展问题厕所"歼灭战"，实现问题厕所动态清零。截至 2022 年底，农村卫生改厕全部实现应该尽改，提前三年达到国家对于东部地区的改厕任务要求。根据冀州区实际需求，足额配置了抽粪车辆、粪污无害化集中处理设施，健全了厕所日常保洁、维修服务、粪污清运服务和粪污无害化处理利用长效机制，确保厕所损坏有人修、粪污填满有

人掏、维护服务有人管。

3. 开展农村生活污水治理和纳污坑塘、黑臭水体治理

制定了《衡水市冀州区农村生活污水无害化处理三年行动方案（2021—2023年)》《关于成立区推进农村生活污水无害化处理工程工作专班的通知》等文件，推进全区所有村庄实现无害化处理设施全覆盖，不断改善农村生态环境。2020 年建设农村厕所粪污无害化处理设施——集中式粪污收集罐 2160 立方米；2021 年建设集中式粪污收集罐 1510 立方米；共建设 61 座粪污收集池。两年共对全区 382 个村完成农村生活污水无害化处理设施任务，基本实现了全覆盖。

4. 常态化开展村庄清洁行动

2021 年，开展省级"村庄清洁行动全域示范县（区）创建"活动，主要任务为"五清三建一改"，即清理农村生活垃圾和积存杂物、清理村内外塘沟、清理畜禽养殖粪污等农业生产废弃物、清理残垣断壁和废旧房屋、清理家庭院落；对清理出的场地规划建设小游园、小菜园、小果园；改变影响农村人居环境的不良习惯。年底全区共完成清理农村生活垃圾及杂物 5.3 万立方米，清理村内沟塘 277 处，清理畜禽养殖粪污等农业生产废弃物 3.4 万立方米，全区共拆除残垣断壁 2002 处、44.7 万平方米，建设"小菜园、小果园、小游园、小片林、停车场"1281 处、22.9 万平方米。建设美丽庭院 2482 个，建设精品庭院 1487 个，225 个村对村规民约进行了修订或完善，各项指标均达到或超过预定目标，农村人居环境得到持续改善。2022 年 3 月，被认定为"村庄清洁行动全域示范县"。2022 年是党的二十大召开之年，也是农村人居环境整治提升"五年行动"的关键之年、发力之年。冀州区深入贯彻习近平总书记关于改善农村人居环境的重要指示批示精神，全面落实党中央、国务院和省委、省政府决策部署，结合农村疫情防控，以"共建洁美家园，喜迎党的二十大"为主题，以《农村人居环境整治提升五年行动方案（2021—2025年)》为指引，紧紧围绕"立足清、聚焦保、着力改、促进美"的 12 个字要求，因地制宜提高"五清三建一改"标准，突出清理死角盲区，突出建立长效机制，抓巩固、抓拓展、抓提升，推动由村庄面上清洁向屋内庭院、村庄周边清洁延伸，由"清脏"向"治乱""美化"拓展，在党的二十大召开前后，全区 382 个村共出动机械 2279 台次，11136 余人次参与清洁行动，清理各类垃圾 14800 余立方米，清理堆积柴草杂物 212 处，拆除残垣断壁 14 处，村庄清洁行动取得了明显成效，为持续改善农村人居环境、助力农村疫情防控作出了积极贡献。2023 年 2 月，冀州区被评为2022 年"河北省村庄清洁行动先进县"。

5. 开展村容村貌标准化建设

2021 年开始，按照"433"原则，开展村容村貌标准化建设，主要完成"硬化、净化、亮化、绿化、美化"五化行动任务，进一步改善村容村貌，提升农村人居环境。2022 年底，已按计划完成全区 70% 村庄的村容村貌标准化建设，2022 年度共硬化村内主街道 94668.6 平方米，胡同硬化 432463.51 平方米；新建公厕 27 座，拆除残垣断壁 176 处，拆除私搭乱建 84 处，清理积存垃圾 37839 立方米，取缔畜禽养殖 67 家；新装路灯 717 盏，更新维修路灯 464 盏；种植树木 69875 棵，种植冬青、卫矛等灌木 7346 平方米；清理墙体、电线杆小广告 1823 处，粉刷立面 217138 平方米，绘制文化墙 5394 平方米，建设广告栏 58 个。

6. 开展美丽庭院创建

依托"党政统领、妇联带动、群众参与"的工作格局，以区、乡、村、户"四级"美丽庭院擂台赛为抓手，层层比拼抓落实，掀起广大群众踊跃投身创建美丽庭院、建设美丽乡村热潮。组织广大家庭积极参与衡水市妇联美丽庭院打卡活动，9 人次获奖。2022 年完成美丽庭院创建 0.4181 万个，超额完成任务。整村推进村美丽庭院创建率达到 75%。

7. 开展国土绿化和村庄绿化

牢固树立和践行"绿水青山就是金山银山"的理念，尊重自然、顺应自然、保护自然，全面推行林长制，大力弘扬"塞罕坝"精神，以改善农村人居环境、维护森林生态安全和生态增量，重点推进村庄绿化、营林抚育工程，2022 年春季完成造林任务 3376.8 亩，其中城镇绿化 587.2 亩、道路河渠 332.6 亩、村庄绿化 1839.6 亩、退化林修复 617.2 亩，村庄绿化率达到 33%。

8. 抓好农村基础配套设施和公共服务设施的建设与运行

2022 年建设改造农村公路任务 33.3 公里。完成危桥拆除重建 3 座，桥改涵 5 座；坚持因地制宜，因村施策，在全区全部村庄主要街道实现硬化的基础上，全面推进村内支路和主街道两侧巷路硬化，2022 年完成 117 个村村内主街道两侧巷路硬化，到 2023 年，全面实现农村村内街道和主街道两侧巷路硬化；乡镇卫生院和村卫生室标准化建设覆盖率保持 90% 以上的基础上，新打造标准化卫生室 9 个，全区卫生室标准化建设率达到 94%；新增综合性文化服务中心"五个一"标准达标村数 12 个，达到 316 个；最大限度用好引江水、引黄水，推进河湖生态补水，2022

年向石津灌区引调黄壁庄水库春灌用水 860 万立方米，向衡水湖小库引调岳城水库水 1323 万立方米，其他渠道拦蓄过境水约 1000 万立方米，全力保障生产和生态用水。

截至 2022 年底，全区累计完成污水治理村庄达到 167 个。按照村收集、乡镇转运、区集中处理的垃圾处理模式，实现农村生活垃圾无害化处理。全区完成美丽庭院创建整村推进率达到 75%。2022 年，新增村庄绿化率达标村 30 个。改造农村公路 33.3 公里，改造危桥 3 座。新打造标准化卫生室 9 个，全区卫生室标准化建设率达到 94%。新增综合性文化服务中心"五个一"标准达标村数 12 个，达到 316 个。

（二）推进农业面源污染治理、化肥和农药等农业投入品减量化、畜禽粪污秸秆农膜等农业废弃物资源化利用

1. 积极推进化肥减量

制定了化肥减量增效实施方案，安排化肥利用率和肥效试验 13 个，优化肥料配方，鼓励农民施用有机肥，推广秸秆还田技术，增加土壤有机质含量。通过项目支持，推广膜下滴灌技术 5000 亩，推进水肥一体化技术发展。鼓励肥料深施和机械施肥，主要农作物肥料利用率达到 40%，测土配方施肥技术推广覆盖率达 95% 以上。

2. 积极推进农膜回收利用

为积极推进农膜回收利用工作，有效控制农田残膜污染，制定了《2022 年农膜回收利用工作方案》，开展农膜污染防治宣传培训，农村大集现场宣传 10 次，共发放标准地膜明白纸 2000 余份，悬挂宣传条幅 20 条，在冀州区公共资源中心举办农膜污染防治培训会 2 次（主要培训种植大户、家庭农场、合作社等新型经营主体），田间指导培训 2 次，培训群众 200 人次。积极推广标准膜、降解膜，根据地膜覆盖面积和典型作物，在全区布设 4 个农田地膜残留监测点。

3. 提高秸秆利用率

全区农作物秸秆利用量 43.88 万吨，其中玉米秸秆 16.2 万吨，小麦秸秆 20.3 万吨，棉花秸秆 5.07 万吨，其他（谷子等）1.34 万吨，秸秆综合利用率为 98.41%；其中肥料化利用 28.23 万吨，饲料化利用 10.43 万吨，燃料化利用 1.37 万吨，原料化利用 0.71 万吨。已形成了肥料化、饲料化利用为主，基料化利用稳步推进、能源化利用较快发展的秸秆综合利用格局。

4. 提高畜禽粪污综合利用水平

根据养殖场直连直报信息平台测算，畜禽养殖废弃物资源化利用率达到92.69%。其中，畜禽粪污资源化利用量 1142569.04 吨，规模养殖场粪污产生量976036.49 吨，规模以下养殖场粪污产生量吨 256661 吨，规模养殖场畜禽粪污资源化利用量 976036.49 吨，规模以下养殖场户资源化利用量 166532.55 吨。规模养殖场粪污处理设施配建率达到 100%。

（三）开展美丽乡村和全国休闲农业重点县创建，促进生态振兴向更高水平迈进

1. 创建美丽乡村

冀州区将美丽乡村作为实施城乡融合发展的有力抓手，以人居环境清洁、建筑风貌美观、基础设施完善、公共服务健全、特色产业壮大、乡村治理有效为主要目标，全面开展美丽乡村创建工作，现全区已认定省级美丽乡村 17 个、省级精品村 5个，2022 年创建省级美丽乡村 15 个，15 个村坚持不规划不建设、不设计不施工的原则，以村庄基础设施建设为突破口，完成了街道硬化、绿化、美化等硬件设施建设，硬化街道 32587 平方米，硬化巷道及辅路 100700 平方米，种植各类树木 10847 株、花卉 2220 株，提升改造墙面立面 128885 余平方米，绘制文化墙 2071 平方米，新增入村标识 4 个，更新更换路灯 307 盏，拆除残垣断壁 72 处，建设小游园 36 处，整治 15 处坑塘，拆除私搭乱建 132 处，清理垃圾 6531 立方，建设美丽庭院 211 户。2022 年 11 月份，全部完成了美丽乡村建设任务。其中，有 7 个村庄基础设施齐全，村庄环境优美、产业特色明显，达到了美丽乡村精品村的标准，在全区树立了美丽乡村建设标杆，能够起到示范引领作用，作为省级美丽乡村精品村予以推荐。

2. 开展冀州区全国休闲农业重点县创建

制定《河北衡水冀州区休闲农业发展规划》《冀州区全国休闲农业重点县实施方案》，通过建设休闲农业重点县项目，完成路网改造、村庄绿化、人居环境整治、污水管网建设等项目，改善城乡环境面貌、空气污染指数、区域内的水质、生活垃圾和生活污水处理，发挥休闲农业与乡村休闲旅游业在横向融合"农文旅"中的连接点作用，以农民合作社、家庭农场和农村新集体经济组织等为主体，联合大型农业企业、文旅企业等产业化经营主体，大力推进"休闲农业＋"行动，突出绿水青山特色、做亮生态田园底色、推动休闲农业与乡村旅游业高质量发展。

三、生态振兴难点和建议

1. 部分农民居民的生态意识较差，宣传教育力度不够

部分农村居民生态建设、环境保护意识的薄弱是农村生态环境遭到破坏的内在原因，在村庄建设和农民生产中忽视了对环保的教育。农村的发展更应注意生态文明建设，各相关部门、基层干部要将环境保护知识进行系统宣传，深入各村各户宣讲，组织宣传小分队、组织文艺活动、开展评选等多形式、多层次，以农民喜闻乐见的形式多开展宣传教育，不断增强群众的环保意识和参与意识。

2. 不断健全规范运行、长效治理的环境管护格局

乡村要发展，生态是底色，村貌蝶变促乡村振兴。生态环境提升不仅是实施乡村振兴战略的"必修课"，更是关乎群众对美好生活追求的"必答题"。不断建立完善综合协调联动体系，推动长效机制运行，以机制引导群众"养成好习惯、形成好风气、有个好环境"。以制度明确各方责任，形成村庄环境民建民管民享的长效机制，不断增强广大人民群众的获得感、幸福感、安全感。

固安县：凝心聚力 绘就乡村振兴美好图景

近年来，固安县委、县政府认真贯彻中央和省市工作部署，把实施乡村振兴战略作为推进县域经济社会高质量发展的"一号工程"，坚持在战略上定位、在投入上倾斜、在路径上创新，取得了明显成效。

一、取得成效

（一）以加快农业产业化发展为关键点，持续推进产业振兴

农业产业化是实现农业现代化的关键。近年来，固安县农业产业化经营水平不断提高，全县农业产业化经营率达到 70.2%，被认定为河北省农业产业化工作先进县。

1. 龙头带动效应显著

固安县农业产业化快速发展的关键因素是对于自身条件的正确剖析和龙头企业的带动，结合固安县蔬菜产业发展情况良好以及当前京津食品加工向外疏解的现状，政府通过实施"引龙""育龙"工程，吸引了首农集团、呷哺呷哺等国内外知名大型企业先后落户。截至2023年3月，全县共培育市级以上农业产业化重点龙头企业33家（国家级1家、省级3家、市

级 29 家），其中农产品加工企业 8 家（河北资源益嘉、参花面粉、豆豆厨食品、超洋肠衣、玉龙肠衣、中旭华晨肠衣、同利食品、又一家服务有限公司），累计培育中央厨房型企业 12 家，年产值超 10 亿元，开辟农超对接（京客隆、物美）、农餐对接（呷哺、西贝）、农食对接（央视、小米、京东食堂）、电商对接（盒马、美团、叮咚）等 4 种供应链渠道，年供京津蔬菜 120 万吨。

2. 乡村特色产业蓬勃发展

固安县以创建国家优秀旅游城市和打造京南都市休闲度假区为目标，坚持全域规划、全业融合、全局联动，全县参与旅游的企业达 100 余家，参与乡村振兴企业达 300 余家，实施项目有 700 余个，并形成了一批村街、企业、项目共建的振兴组团，带动了现代农业、乡村旅游、商贸服务和传统产业的全面发展。目前，全县已建成 A 级旅游景区 7 家，其中 3A 级旅游景区 5 家、2A 级旅游景区 2 家、省级乡村旅游重点村 2 家、市级农业旅游示范点 6 家、省级旅游示范村 2 家、市级旅游示范村 4 家。吸引京津市民到固安休闲采摘和观光旅游，年接待游客 28.5 万人次。

3. 特色品牌效应显著提升

围绕"固安黄瓜""固安番茄"等区域公用品牌打造，培育具备区域特色的"新""特""优"农产品品牌，做大做强精品蔬菜产业集群。累计培育各类"固字号"农业品牌 55 个，其中全国百家合作社百个优质农产品品牌 1 个（普春）、河北省服务名牌 1 个（盛世农合）、省级区域公用品牌 1 个（固安番茄）、省级企业品牌 1 个（参花）、市级区域公用品牌 1 个（固安黄瓜），形成了"区域公用品牌 + 企业品牌 + 产品品牌"的农业品牌体系。

（二）以加强乡村人才队伍建设为立足点，持续推进人才振兴

为推动乡村人才振兴，强化乡村振兴人才支撑，着眼于全县乡村人才队伍现状和今后一个时期农村现代化建设对乡村人才的需求，将乡村人才队伍建设与乡村振兴总体规划和各项建设紧密结合，着力破除束缚人才发展的体制机制障碍，激励各类人才在农村广阔天地大施所能、大展才华、大显身手，固安县制定了《固安县引进高层次人才暂行办法》，出台了《固安县推进乡村人才振兴工作方案》，就全县村人才开发工作提出了明确的目标任务、工作举措和保障措施，从加强新型职业农民队伍建设、加强农技推广人才队伍建设、加强农村实用人才队伍建设、加大专业人才引进聘用力度、支持青年人才返乡创新创业、鼓励社会人才服务基层六个方面入

手，打造一支懂农业、爱农村、爱农民的"三农"工作人才队伍，为乡村振兴提供坚强的人才支撑和智力保障。

（三）以引领乡风向善向美为落脚点，持续推进文化振兴

固安县以乡村新时代文明实践所（站）、道德讲堂、村委"五室"等平台为载体，以乡风民风营造、人居环境治理、文化生活建设和农村精神文明建设"十个一"为重点，常态化开展法治、健康、孝德等主题知识宣讲及文明实践活动，把最美固安人、身边好人、道德模范等典型先进事迹以新闻报道、文化演出、艺术展览等形式进行宣传，把乡风文明建设主题生活化、具体化、大众化，充分激发群众自觉参与文明乡村创建的积极性。2022 年，全县开展各类群众性精神文明创建活动 2000 余场，评选"十星级文明户"3000 余户；成立"道德评议会"等群众自治组织 230 余个，开展弘扬文明新风主题教育活动 86 次、宣传教育活动 54 场；省、市、县级中心示范户 24 户；各乡镇成立志愿服务队 399 支，志愿者达 4.7 万余人。大力扶持屈家营音乐会、小冯村音乐会、八卦掌、官庄诗赋弦等优秀传统文化项目，支持"三农"题材文艺创作，推出具有乡村特色、反映乡村振兴实践的优秀文化作品，加快村级综合性文化服务中心和村级组织活动场所建设，满足农民群众的精神文化需求。

（四）以建设美丽乡村为切入点，持续推进生态振兴

近年来，固安县坚持走乡村绿色发展的道路，累计投入财政资金 97.5 亿元，持续优化农村人居环境，不断加强农村环境综合治理能力、加快转变生产生活方式、改善提升村容村貌，美丽乡村建设实现新突破。实施乡村振兴战略以来，固安县持续推进 32 个村街有序开展"多规合一"实用性村庄规划编制，突出乡镇政府所在地和中心村街、薄弱村街基础设施建设和人居环境改善。大力实施路、水、绿、亮、净、美工程，逐项实施"路水电气讯、医学净保安、居行文体游"15 项惠民实事，全面提升农村基础设施和公共服务水平。截至 2023 年 3 月，全县农村厕所改造普及率为 93%，建成并投入使用日处理 1200 吨的垃圾焚烧发电厂及配套填埋场，累计安装农村路灯 2.37 万盏，村庄亮化率实现 100%，农村公路等级比例达到 100%，荣获"美丽农路精品示范路""四好农村路"国家级示范县等称号。建立"门前五包"责任制和健全联合督导机制，充分调动群众的乡村主人翁精神，积极主动参与美丽乡村的建设。截至 2023 年 3 月，全县 419 个村庄全部达到村庄清洁行动示范村

标准，基本实现村内外环境整洁有序，蝉联全省村庄清洁行动先进县称号。

（五）以强化干部队伍为总抓手，持续推进组织振兴

将基层党建工作纳入年度乡镇党委班子考核重要内容，推动基层党建工作由软到硬，由虚变实。保障责任落实抓从严管理。强化制度机制建设，完善"1＋18"基层党建制度体系，提升基层组织建设规范化水平。开展素质提升行动，出台《关于建立常态化"基层党组织书记大课堂"活动的实施方案》，截至 2023 年 3 月已经开办 19 期"基层党组织书记大课堂"，其中县委书记主讲 7 次，依托"钉钉"App网络平台，2300 余名基层干部参加学习，进一步充实基层干部知识储备。从严落实农村党组织书记末位淘汰机制，2022 年度排名末位的村党组织书记已全部履行退出程序。制定《关于进一步深化基层党组织星级堡垒指数考评机制推动基层党建质量全面提升的实施方案》，拿出基础职务补贴的 30% 作为个人绩效，以考核促担当作为。

二、主要问题和制约因素

（一）农业规模和产业化程度有待提高

固安县农业以蔬菜、水果、粮食等传统农作物为主导产业，与周边区县相比，特色并不突出，且产品多是初级农产品，附加值较低。与饶阳蔬菜、平泉食用菌等农业产业强县比起来，在农产品产值、交易额、加工业收入等方面还有很大差距。截至 2022 年，县内省级以上农业产业化龙头企业仅 4 家，省级以上农民专业合作社示范社仅 4 家，省级示范家庭农场仅 9 家，且全部为粮食种植，在农业生产规模、农业基础设施建设、农产品加工水平、农业科技创新能力、农产品品牌创建等方面都有待提升。

（二）土地和人才等发展要素支撑不足

近年来，尽管县财政支出和建设用地对农业农村领域有一定的倾斜，但在招引大型农业产业项目中，土地、资金、人才要素供给方面和落地优惠政策方面与先进地区还存在较大差距，对大项目吸引力不足。目前仍存在的一些问题：一是农产品

加工、中央厨房等现代都市农业类的项目落地都迫切需要用地支持，急需破解用地"瓶颈"。二是农业人才队伍建设需要强化，首先是农业专业技术人才短缺，其次是农业企业人才队伍需要培养，农业企业工作环境、薪资水平、劳动强度等方面对人才吸引力不足，农业企业很难招到高层次人才。三是近年来财政资金对现代农业产业扶持力度还不够强，需要吸引更多的资金支持，以引导固安现代农业产业高质量发展。

（三）村街集体经济造血机制尚未建立

近年来固安县结合基层建设年、农村面貌改造提升、基层党建提升年等活动，不断加大基层投入，建立经费保障机制，使农村生产生活环境得到明显改善，基层组织"无钱办事"的问题得到了有效解决，但是主要还是侧重于财政"输血"，只能保证基本村务工作正常运转，村街在实施基础设施建设、兴办公益事业以及建成设施后期运行维护方面还存在资金不足的问题，难以实现可持续发展。

三、继续推进乡村全面振兴的重点举措

下一步，固安县将把握主要任务，抓住关键环节，坚持精准施策，大力发展都市现代农业，加快推进"四个农业"建设，努力推动农业农村各项事业更好更快发展。

（一）大力发展都市现代农业

坚持都市现代农业发展定位，加快推进"四个农业"发展，打造产品绿色、产出高效、产业融合、资源节约、环境友好的都市现代农业。

一是大力推进特色产业集群建设。对接京津市场蔬菜产品高标准化需求，建设优质果蔬生产基地，积极打造精品蔬菜产业集群。加强4个环京周边蔬菜生产基地（顺斋、兴芦、农合、依人）扶持管理，培育一批重点企业，做大新型经营主体、做强产业龙头。二是加速推动项目建设落地见效。加快农产品精加工、商贸物流、乡村旅游、电商直播等产业布局，全力推进27个产业项目落地，实现投资总额21.83亿元，其中重点推进农业产业类项目8个，实现投资总额15.78亿元。三是大力发展休闲农业。加大农旅招商力度，支持发展休闲采摘、农耕体验等休闲农业，

打造休闲农业和乡村旅游精品线路 4 条以上，实现美丽乡村建设、乡村振兴和文化旅游深度融合。力争全年全县休闲旅游人数达到 30 万人次，带动就业 2000 人，实现旅游收入 7000 万元以上。四是积极争取资源要素支撑。积极"跑市进厅"，主动争取省市政策资金支持，在全县资源统筹分配的基础上应加大对农村地区需求的倾斜，对纳入项目的各类农业经营主体和载体所需要的农业设施用地、建设用地等统筹考虑，切实解决好现代农业发展的用地"瓶颈"。

（二）大力推进乡风文明建设

一是深入开展习近平新时代中国特色社会主义思想学习教育。在农村深入开展"听党话、感党恩、跟党走"宣讲活动，引导广大农民群众坚定信心跟党走，激发农民群众奋斗"十四五"、奋斗新征程的内生动力。二是健全"两会一约"。积极培树带头人先进典型，形成典型带动、比学赶超的良好氛围。借鉴邯郸市肥乡区、文安县赵各庄镇的典型经验做法，改善提升农村婚丧嫁娶习俗，积极弘扬中华传统美德，全面加强家庭家教家风建设，不断优化婚姻管理服务，全面形成婚事新办、丧事简办的社会文明新风尚。三是深挖乡村传统文化底蕴。加大对古乐、戏曲、脸谱、柳编、漆雕、香油、豆干等非物质文化遗产类乡村工商业的扶持力度，培育具有工匠精神的传承人，推动非遗文化赋能乡村旅游，不断创新推出乡村研学、乡村骑行、乡村古乐（戏曲）文化节等旅游产品，创造市场价值。

（三）引育新型农村创业人才

激励各类人才在农村广阔天地大施所能、大展才华、大显身手，打造一支强大的乡村振兴人才队伍。一是深化人才发展体制机制改革。实施常态化、经常化的督导机制，将人才工作目标完成情况纳入领导班子和领导干部综合考核重要内容，年底前对固安优秀人才和重才爱才先进单位进行表彰奖励。二是加大人才引进培养力度。组织做好各级各领域专家人才的推荐工作，摸清县重点企业高端人才技术需求，年内引进高端人才数量力争位列全市第一梯队。依托县域 3 所中等职业教育学校，实施"固安工匠"锻造计划，精准对接企业需求，切实为固安培养蓝领精英。三是强化人才发展项目载体。加强人才发展平台载体建设，积极引导企业与高校、科研院所等联合建设科技成果转化基地，积极培树省级创新驿站，在原有 7 个农业科研团队 21 名专家的基础上，积极争取中国农业大学、中国农业科学院、河北省农科院等科研机构人才和技术成果落户固安。

（四）进一步推进乡村治理体系建设

加强农村治理创新，建设充满活力、和谐有序的善治乡村。一是实施组织力提升工程。深化"五位一体"治理体系，常态开展村"两委"换届质量"回头看"，推进抓党建促乡村振兴，派强用好驻村工作队，提升村级组织造血能力，不断增强基层党组织组织力和凝聚力。二是实施创新力提质工程。完善基层党组织书记体系化培训链条，持续举办"基层党组织书记大课堂""初心夜校"，组织基层党建季度观摩拉练，努力营造担当创新、争先进位浓厚氛围。三是实施执行力提级工程。健全完善农村党组织"选拔—考评—管理—退出"考核奖惩体系，深化日常调整、分档管理、星级考评、末位淘汰等机制，全面提高农村干部履职能力和服务水平，凝聚基层治理强大合力。四是实施品牌力提标工程。深化"护城河上党旗红"党建品牌创建行动，倾力打造涵盖20个各领域党组织先进典型的"G"字形连线成片党建示范区，集中培树20个省级农村先进典型，不断提升固安基层党建品牌知名度和影响力。五是实施平安村创建工程。坚持推进"枫桥式"平安创建、"群众说事，干部解题"深度融合、综治中心实战运行、网格化服务管理、治安防控体系建设等有效举措，努力将大矛盾大风险化解在本地，把小矛盾小问题化解在基层。

北戴河区：扎实做好乡村振兴各项工作

实施乡村振兴战略，是党的十九大作出的重大决策部署，是决胜全面建成小康社会、全面建设社会主义现代化国家的重大历史任务，是新时代"三农"工作的总抓手。落实党的二十大精神，北戴河因地制宜落实好乡村振兴战略，取得了显著成效。

一、北戴河区基本情况

北戴河区下辖 3 镇 43 个行政村，总人口 9.7 万人，农村人口 6.3 万人。党的二十大以来，北戴河区扎实推进乡村振兴发展各项工作。建立完善乡村振兴组织体系，推进农业农村产业提质增效，推进农村环境整治、加大生态保护力度、加强乡风文明建设，农村产业、文化、环境及生活水平等有了质的飞跃。

通过开展农村人居环境整治三年行动，北戴河区始终坚持以习近平新时代中国特色社会主义思想为统领，秉承"人居环境助力乡村振兴"的方向，紧紧围绕上级要求，严格按照"4+7"的总体思路（即将人居环境整治工作与乡村振兴战略、生态文明建设、全域旅游发展和产业转型升级四方面有机结合；突出净、绿、通、亮、美、文、产七个方面重点），按照一类县标准，全面推动工作深入实施，实现了农村人居环境整治三年任务一年全部完成。2021 年 4 月，北戴河区因农村人居环境整治成效明显，受到国务院办公厅通报表彰。

二、实施乡村振兴战略的主要措施

（一）深化党建引领，加强组织领导

充分发挥基层党组织的引领作用和党员先锋模范作用，突出组织引领、责任引领、示范引领，探索建立"村民下单、站室派单、党员接单、现场结单"工作机制，形成了"工作在单位、服务在乡村、奉献双岗位"工作模式。各村组织成立党员志愿者服务队，广泛带动村民开展垃圾整治、污水治理等专项行动。依托联系村制度，北戴河区创新建立了"1＋3＋2"多元联动包村责任机制，即县级领导包村负总责、区直单位包村帮扶、企业对口帮扶、驻区休疗单位特色帮扶、镇级包村干部抓进度抓建设、村"两委"组织协调具体事务，围绕提升人居环境、美化村容村貌、改善基础设施、打造特色产业，形成了自上而下齐抓共管的良好工作局面。建立农村网格机制，充分发挥村级队伍作用，广泛组织党员、团员、民兵、网格长、网格员、楼栋长、单元长、志愿者等各类群体参与基层治理，制定任务清晰、分工精准的台账式清单，推行网格员一员五角色、一岗十职责、一管九清单的全域全业全网格治理模式，有效预防了安全事故和治安案件的发生。同时，通过网格公示牌、社会治理等制度上墙，不断健全综合服务体系，充分整合社会管理和社会服务资源，形成社会管理和社会服务的合力。

（二）聚焦特色农业，助力产业发展

发展绿色农业，以农业企业、合作社、家庭农场等新型农业经营主体为依托，推广农业新技术、新品种，促进农药、化肥减量增效。加强秸秆综合利用，基本实现了全区秸秆综合利用率 100%。发展质量农业，组织农产品质量安全监管员、村级协管员开展专题培训，分层次对农业农村局监管人员、镇监管员、村级协管员和农产品质量安全追溯单位进行培训，宣讲农产品质量安全监管相关法律法规、当前农产品质量安全监管形势任务和"治违禁、控药残、促提升"三年行动工作要求，开展网格化监管主要职责、省级农产品质量监管追溯平台使用方法、农产品生产管控技术和安全用药培训。发展品牌农业，打好有机绿色农业牌，支持农业生产

经营主体积极申报绿色食品、区域农产品品牌和注册商标，叫响特色农产品品牌。发展科技农业，加强校企合作，指导生态农业观光园在原有农业技术基础上，与河北科技师范学院落地了校企合作以及科技特派员项目，育种、栽培、植保、农业休闲领域的多名专家亲临园区指导。促进新型经营主体发展，以省、市级示范性农民合作社、家庭农场创建活动为契机，在强化指导、规范经营的基础上，着力打造一批管理规范、制度完善、典型性强、带动作用明显的示范性农民合作社、家庭农场。

（三）加强乡村治理，培育乡风文明

推进移风易俗工作，在全区各村建立完善红白理事会、村民议事会、道德评议会、禁赌禁毒会，修订村规民约，发动群众开展乡风评议，引导群众自我教育、自我管理、自我服务、自我提高。针对村两委干部举办了移风易俗工作培训班，宣传、引导、帮助群众树立"喜事新办、丧事简办"的意识。注重挖掘在精神扶贫工作中涌现的好典型，用身边人、身边事教育群众，潜移默化地启发群众自觉革除陈规陋习、主动践行文明新风。抓好先进典型选树，围绕崇德向善、诚实守信、遵纪守法、勤劳致富、扶贫济困等内容，深入开展"十星级文明农户""五好文明家庭""美丽庭院""最美家庭""脱贫带头人"等创建评选活动，开展好媳妇、好公婆、好妯娌评选表彰，建立功德榜、功德录、"小喇叭"，宣传好人好事，引导大家争做好人模范。在典型选树过程中，抓好逐级评选、宣传教育、展示推广等各个环节，引导农民群众传家训立家规扬家风，让传统美德在家庭中生根、在亲情中升华，让好的家风支撑起好的村风民风。

（四）打造特色亮点，促进转型升级

聚焦顶层设计，强化规划引领作用，坚持对集中连片村庄进行整体规划设计及专项设计，邀请中科院专家团队对农村污水治理、戴河生态提升进行研究论证，聘请天津中怡建筑设计公司对戴河镇费石庄、乔庄等村的村庄规划设计进行研究论证，在规划中融入北戴河特色。综合考虑镇村生态保护、产业特色、民俗文化和历史传承等因素，科学布局各镇产业，牛头崖镇重点发展休闲农业和农业特色产业；戴河镇重点发展生态休闲农业和艺术村落、特色民宿；海滨镇重点发展乡村旅游、休闲渔业和高端民宿，形成城乡互补、协调发展的格局。积极争取国家和省、市资金支持，同时配套区级资金，鼓励乡村自筹。及时整合利用各类涉农资金，优先集中应

用于农村垃圾治理、污水处理、厕所改造、村容村貌、乡村振兴示范区等重点项目，形成财政适当补助、镇村自筹、社会资金投入、受益村民投工投劳等多样化筹资筹劳渠道。建立特色带动机制，通过差异化打造、个性化塑造，从不同角度挖掘村庄特点，建设重点片区、重点村、特色街巷和重要节点。挖掘乡村文化内涵，深入实施农业农村资源与三产融合，着力打造四季游、美丽乡村游、文化游、研学游等多条精品路线，不断打造乡村旅游新亮点、新业态。运用市场化、产业化、价值化的手段，擦亮北戴河艺术村落品牌，重点打造西古城村、北戴河村、费石庄村的高端特色民宿区，将文旅活动、健康养生、绿色生态融入民宿发展中，建设生态宜居的休闲乡村。以戴河一线的北戴河村、集发梦想王国、西古城村、费石庄村为核心，打造"4A级景区＋艺术村落"生态休闲农业新模式，促进农业转型升级，提质增效。

三、实施乡村振兴战略存在的主要问题

（一）农业生产力水平提升相对缓慢

近几年的农业产业结构调整虽然取得了显著成效，粮食作物种植面积逐年调减，经济作物种植面积不断增加，但农业生产近几年来一直以小幅度增长，明显反映出由于传统农产品多，品种老化，名、优、新、特产品市场占有份额小，农产品总体的市场竞争力弱，虽市场开拓逐年有新的发展但拓宽有限，农产品销售难问题长时间存在，粮经作物产品市场的弱占有率不足以支撑农业生产的快速发展。

（二）产业化经营水平不高

农业生产经营比较粗放、科技含量相对较低，专业协会和信息网络还不健全，农业产业提质增效的速度缓慢。农业总体上除集发等农业龙头企业外，一部分还是属于粗放生产，加工能力低，产业化经营尚处在初级发展阶段。在农作物种植和畜产品养殖过程中，更多的追求数量的增长，不注重质量的提高，更忽视了品牌效应，盲目效仿和低水平发展，且多以零散种养为主，尚未形成规模效应和集约效应。与此同时，农产品加工大多停留在初级生产、加工阶段，精深加工很少，因而农产品科技含量低，附加值不高，竞争力较弱。此外，农户与加工或营销企业没有结成真正的利益共同体，合同不规范，订单履约率较低。

（三）农村合作经济组织功能作用有待增强

农村专业合作经济组织规模小、功能单一、结构分散，辐射力不强。推广型、农产品加工型和综合服务型专业组织协会还不健全，政府协调成立的多，农民自发组建的少，财政专项资金扶持力度还不够大。协会活动开展得不多，带动力不强。农村专业协会经工商、民政部门注册不多，法律地位不高。虽然国家和地方政府制定了一些相应的扶持政策，但其性质、地位和作用以及与其他经济组织、与地方政府的关系等问题没有明确的界定。

（四）农村劳动力素质有待进一步提高

在思想素质方面，存在"小富即安"和"等、靠、要"心理，不想或不愿意接受新思想和新知识，一味随大流，缺乏干大事创大业的主动性和雄心壮志；对新事物、新技术缺乏认识，从而阻碍了接受新事物、学习使用新科技的能力。在技能素养方面，具有一技之长的人还比较少，导致种地只能粗放经营不能集约经营，打工则只能以粗放工形式，严重地制约了农民的增收。在道德素质方面，赡养父母、尊老爱幼等传统美德有滑坡趋势，关心集体、热心公益等集体主义观念也存在逐步淡化倾向，赌博、封建迷信等不良社会风气有抬头的趋势。

四、优化建议

（一）纵览全局，坚持党的领导为核心

要充分发挥党组织总揽全局、协调各方的作用，解决部分基层党组织"软、弱、涣、散"问题，增强农村基层党组织在乡村治理中的战斗堡垒作用和农村党员的先锋模范作用。同时，注重加强农村党员干部教育管理，通过远程教育网络终端及开展常态化教育培训工作，切实提高农村党员干部的治理能力和水平。

（二）多措并举，提升农业发展质量

在稳定粮食生产面积，确保粮食产量不下降的前提下，坚持"小而优"的发展

思路，推动特色农业发展。一是持续推进农业面源污染防治。二是以新型农业经营主体为依托，以项目建设为抓手，推进生态休闲农业发展；加大农产品质量安全监管力度，确保全年不发生农产品质量安全事件；落实上级稳定生猪产能政策，做好生猪稳产保供工作；持续推进畜禽粪污资源化利用；强化动物调运检疫监管，做好重大动物疫病防控工作；加大农业综合执法力度，严厉打击农业农村领域违法行为。

（三）加强创新，助推农村经济发展

一是加大对家庭农场、农民合作社、农业产业化龙头企业等新型农业经营主体支持力度，开展省级农民合作社规范化建设试点，引导新型农业经营主体发展。二是培育打造农业产业化联合体，推进"农业龙头企+家庭农场业""农民合作社+家庭农场"等联合发展模式，引导其通过土地流转、股份合作、托管服务、订单农业等方式，促进适度规模经营发展。三是深化农村集体产权制度改革成果，积极做好农村集体资产管理应用平台建设。四是发展壮大新型农村集体经济，充分发挥村集体经济组织管理职能，大力发展农村服务型经济，做大做强优势特色产业，保障农村集体经济组织合法权益。

（四）紧盯重点，推进美丽乡村建设

谋划开展农村人居环境整治提升项目建设。实施污水管网建设项目；推进农村垃圾分类设施建设项目，为各村配备分类垃圾桶和运输车辆等；持续开展美丽乡村建设，杜绝治理方式照搬照抄、不顾实际等情况，必须因村制宜，精准施策，科学把握村庄的差异性，深挖乡村特色文化亮点，通过科学合理的模式，打造各具特色的美丽乡村。

（五）坚持不懈，巩固扶贫脱贫成果

对照上级各项工作目标和整改要求，逐项总结经验，查找问题，充分发挥各部门的职能作用，不断强化资金、项目、人员等要素的支持保障，重点投向、集中攻坚、补齐短板。确保脱贫户收入稳定，各项帮扶政策继续延续。继续落实好"两不愁三保障"的要求，谋划2023年产业帮扶项目。健全防贫监测和帮扶机制，强化村级防贫网格化管理制度，完善防贫监测部门筛查预警机制，全方位破解"防范返贫、新增致贫"难题，持续打好防贫和防返贫工作的持久战，确保全区范围内不发

生规模性返贫。

（六）深入推进乡村振兴示范区建设

以北戴河村为核心，辐射周边苏庄、朱庄、费石庄、乔庄、西古城、崔各庄等村，发展农村新产业新业态，结合村庄优势布局休闲农业和乡村旅游项目，打造北戴河艺术村落片区、丁陆河美丽渔村片区等一批休闲农业和乡村旅游示范点。充分了解村民的诉求和意见，提升村民参与的积极性，保障基层民众的知情权、话语权，配套高效的沟通联系、反馈办理制度，从而为建设美丽乡村营造良好的人文氛围和稳定和谐的社会环境，确保乡村振兴战略有序推进。

井陉县：机制创新谋发展
全域推进促振兴

井陉县位于河北省会石家庄西部，总面积 1381 平方公里，山场面积 139 万亩，是石家庄市唯一的纯山区县，下辖 10 镇 7 乡 321 个行政村，人口 25 万人，总耕地面积 34.62 万亩。2022 年，全县 GDP 完成 119.4 亿元，全部财政收入完成 18.1 亿元、一般公共预算收入完成 11.5 亿元，农村居民人均可支配收入 18266 元。2021 年以来，井陉县委、县政府立足实际，在充分调研基础上，以实现高质量发展为主线，以增加农民收入为核心，以壮大村级集体经济为突破口，创新机制、破解难题。有效发挥县委书记一线总指挥作用，坚持把全面推进乡村振兴战略作为新时代"三农"工作总抓手，坚持党建主领、政府主导、市场主推、群众主体，聚焦关键难点问题，科学布局、明确载体、压实责任，统筹推动巩固拓展脱贫攻坚成果同乡村振兴有效衔接，全域化推进乡村振兴，走出了一条环境美、产业兴、百姓富的纯山区县特色乡村振兴之路。

一、各级发力扛实重任，组织建设促活力

一是抓顶层设计。在县委十一届二次全会上，县委书记刘丽香将 2022 年确定为乡村振兴提升年，确立了建成"天路旅游经济带、绵蔓河湿地旅游经济带"和"多个产业发展中心"的总体战略，全面布局乡村振兴七大行动，让各级干部眼中有希望、脚下有路径，目标清晰、步伐坚定地往前

走。二是抓组织建设。将乡村振兴战略考核作为基层党建考核重点工作，制定《壮大集体经济攻坚台账》《基层党建工作任务清单》《农村党组织为民办实事任务清单》。年初，要求乡镇党委书记在党建述职评议会上专项述职，年末以"一年了，书记的承诺兑现了吗"为主题，开展考评"要账"，发挥最大效益，激发村集体自身造血能力，让广大党员干部"练心志、长才干、强担当"。同时，推动各级领导干部每天拿出半天时间盯在一线，定期调度、驻场督导、提级研究。加强包联帮扶，实行县领导包联乡镇、乡镇党委书记包村、职能部门结对帮扶责任制，75 个县直单位与 133 个重点攻坚村结对帮扶，从资金、技术、项目等方面给予重点倾斜，形成由上而下形成推动乡村振兴的强大合力，实现齐抓共管的工作格局。三是抓考核激励。所有项目全部台账式推进，责任明确到人，对科级干部用好"红黑榜""擂台赛"等考核办法，在全省率先对村支书创新"ABCD"四档考核管理办法并在全市推广，通过考评分级、动态管理、奖惩结合等方式，构建"1+4"综合考评体系，2023 年 2 月对连续 A 档的 45 名村书记所在村，重点倾斜运转经费 130 余万元，培育了市级乡村振兴、基层治理先进村 15 个。同时，坚决调整了 13 名 D 档村书记，让有功之人戴红花、获表彰，无为之人受鞭策、让位子，探索出了一条山区县全面推进基层党建工作的新路径。在项目建设方面，对按时完成项目建设的"店小二"给予提拔重用。选树"十大好支书""十大乡村振兴带头人"给予褒奖，汇聚了干事创业、实干实效的正能量。目前全县 321 个村集体收入全部达到 5 万元以上，10 万元以上村由 102 个增加至 253 个，占比达 79%。

二、六条渠道引来活水，破局开路促发展

一是县级财政加大投入。2021 年以来本级财政用于乡村振兴领域资金总计 2.62 亿元，"三农"实际支出同比增加 51.2%。加大土地出让收益用于农业农村规模，2022 年度全县土地出让收益用于农业农村的比例达到 44.6%。二是争取上级转移支付。全力争取农林水部门专项资金，2021 年以来争取上级资金 2.33 亿元，用于推进农村人居环境整治提升、落实耕地地力保护等促产增收工作；整合教科文、城交建等多部门财政涉农资金 715.16 万元，足额保障农村民生事业资金需求。三是引入市场投资主体。系统挖掘资源禀赋、产业基础等乡村振兴产业招商八大优势，出台《优化营商环境黄金十五条》，先后引入中农联·冀西（井陉）智慧云仓城、稻香村乡村振兴产业园、太行天路红土岭生态民宿等 21 个优质乡村振兴产业项目，累计吸引社会资金 51.66 亿元。四是创新政府企业合作。实施了全省首个总投资 10.59 亿

元的乡村振兴 PPP 项目，通过公开招标方式与大型国企中铁十二局合作，政企分别按照 5% 和 95% 的比例进行资金筹集，县政府通过跨年度财政预算和 1.56 万亩连翘基地经营权，在破解基础设施建设收益率低问题的基础上，让企业获得合理投资回报。五是积极包装专项债券。精心包装一批符合国家投资政策和发展方向的高质量专项债券项目，累计争取专项债券 14.03 亿元，其中绵蔓河经济带专项债券 9.88 亿元、苍岩山乡村振兴项目专项债券 2.8 亿元、花椒种植国家债券 1.12 亿元、"实在井陉"区域公用品牌专项债券 2300 万元等。六是积极组织银企对接。通过银企对接系列面对面活动，为洪河漂流、龙泉湖假日酒店、割髭岭粉条厂、卧虎岭生态园、鲟鱼产业园等多个项目主体累计争取银行贷款 6900 余万元，缓解了项目建设的资金周转压力，共建了互信、共赢、稳定的新型银企合作关系。

真刀真枪地干，离不开真金白银的投。面对投入缺口，深挖市场激活力，全力拓宽资源、资金、资本的转化渠道，将市场思维贯穿始终。在以 850 兆瓦光伏换来 13 亿元科技实体项目投资的基础上，突出以林场换市场，与大型国企中铁十二局合作实施了总投资 10.59 亿元的乡村振兴 PPP 项目，以 1.56 万亩连翘让企业获得合理投资回报；突出以风景换钱景，围绕苍岩山、绵蔓河等优势文旅资源包装专项债 14.03 亿元，筑巢引凤撬动社会开发，极大激活了商业价值；突出以资源换资金，以全生命周期绿色矿山的政策市场预期，招引德龙钢铁自愿捐资 3.36 亿元，加上 1 亿元土地出让收益，打捆充实乡村振兴基金；突出以政策换投资，以 1：10 的比例撬动 21 个优质乡村振兴产业项目，落地投资 51.6 亿元，为乡村振兴带来强劲动能，使井陉这样一个欠发达纯山区县的乡村面貌实现脱胎换骨式的转变。

三、问计于民直击痛点，基础建设促民生

一是针对农民参与难：干什么、群众说了算。2021 年召开"访民生、听民情、解民意"乡村振兴夜谈会 54 场，县级领导带头深入到全县 321 个村，三级干部和党员代表、基层能人、农村乡贤"同坐一条板凳"，逐村议定街巷硬化、污水处理等民生实事 883 项，目前已全部完工；县域内 321 个村庄，有 60% 的村内街巷得到了改善、24% 的村庄给水管网得到了更新、77% 的村庄亮化得到了提升、14% 的村庄拥有了新的村民活动中心、44% 的村庄利用清拆得到了活动广场公园、9 条生命通道线的完善。23 个富民产业配套工程有利于更好地吸收社会资本，17 条县乡联通路的完善，推动线路周边村庄旅游运输业的大力发展，深化了内通外连。2022 年召开"乡村振兴·一老一小文教卫夜谈会"38 场，财政挤出 1 亿元资金实施民政养老事

业 9 项、基层卫生服务能力提升 4 项、教育民生实事 4 类 38 项、繁荣社区农村文化 4 项等，截至 2022 年所有项目已经全部完工，让山区群众在家门口也能享受到更加优质的教育、医疗、文化等服务。召开"循历史文化根脉、建两山实践基地"夜谈会 15 场，优先选定 7 个古村落，集中打造古村落保护开发精品，包装打造了总投资 4.9 亿元的古村落保护利用 PPP 项目，目前正在进行社会资本方招标。二是针对产业起步开头难：迈出第一步、跟进有支持。配套 PPP 资金，按照 1∶4 的投资比例，累计为朱会沟村窑洞山庄、张家峪村花椒基地、焦家垴村糙小米基地、秀林镇神堂寨村卧虎岭庄园、石棋峪连翘基地、陉旺健饼（井陉）种植专业合作社等 18 个产业项目，配套资金 7865 万元，实施道路桥梁、美丽乡村、基础设施建设等 20 余项。配套政策资金，投入产业项目 5350 万元，扶持帮助吴家窑窨王醋、周家坑红薯深加工、冶里高粱加工等 17 个项目做大做强，同时将本金列入村集体固定资产中，项目资产收益再以分红形式反哺脱贫户。围绕苍岳公司苍岩山升 5A 项目，配套债券资金 3.5 亿元，一体化推进周边 8 个美丽乡村创建。三是针对招商引资难：栽好梧桐树、引得凤凰来。畅通路网，2022 年以来实施 208 项 309.75 公里干线公路大中修和农村公路建设项目，打通了陶瓷路、金水路、王后路、吴王线、梨岩路、平赞高速连接线等县域公路，缩短时空距离、聚集人流物流、拉高升值空间、促进产业吸附。完善基础，投资 4.5 亿元对陶瓷水镇进行古建修复、水面拓宽、商街打造、陶瓷文化中心建设、业态培养等，仅用 150 天就实现陶瓷文化街的盛装开街。精心打造了一个陶瓷文化中心、一个记载千年井陉瓷文化的窑址群、一座品味人生的开放式茶楼、一个中西合璧风格网红咖啡馆、一道展现井陉特色饮食文化的小吃街、一条纳入省会半小时交通圈的陶瓷路。盘活资源，投资 2.1 亿元修建了"井陉太行天路"，吸引康旅等知名企业开发特色小镇；投资 9.88 亿元打造绵蔓河旅游湿地经济带，全面提升洛阳、威河西等 6 个特色精品村"基础设施＋公共服务及沿河生态环境"，贯通了全长 26 公里的滨水晚樱马拉松赛道，带动了鲟鱼产业园、大自然学校、乡村振兴会客厅等一大批项目接踵落地。

村村有四好农村路、村村有主街道、村村有小广场、村村有规范化党建活动场所，多项基础设施建设的改造提升，实实在在地改善了群众的生活环境；真金白银的配套资金真真切切地激发了企业的创业热情。问计于民，问需于民，将民生所需和发展所求放在首位，把每一笔钱都花在"刀刃"上，实现资金效用的最大化。

四、三位一体融合发展，绿色经济促振兴

一是贯通产加销一条龙。以首批 12 个区域品牌子产品创建为抓手，因地制宜调

优种植结构，大力发展以 30 万亩连翘和 5 万亩花椒为代表的生态、绿色农业，以 800 亩莲藕和 790 余亩油菜、高粱及 500 余亩苜蓿等为代表的观光、休闲农业，以 1600 余亩水果玉米、水果萝卜、章丘大葱、水稻等为代表的采摘、设施农业，力争用 1~2 年时间建成更多高附加值农田。加快推进南峪花椒加工厂、割髭岭粉条厂、稻香村、药香花谷等农产品精深加工项目发展，依托中农联·冀西（井陉）智慧云仓城项目提升农产品加工配送、冷链物流、批发展销等能力，推动生产与加工、产品与市场、企业与农户协同发展，实现农产品多元化开发、多层次利用、多环节增值。加强商超对接，推动鲟鱼、苹果、高山有机蔬菜等优质产品打入省会专柜，开展县级领导代言、短视频、网络直播、电商销售等活动，提升品牌公信力、品牌溢价能力和产品销售量。二是推动农文旅一体化。聚焦三产融合，干出乡村产业大发展。坚持农文商旅融合、产供销一体推进，"年味井陉"系列活动有序推进，富民强村效应不断凸显。借助第二轮乡村振兴 PPP 项目，首批提升"天路"沿线狼窝、河应两个古村落，着力打造独具传统古村落特色的民宿经济。聚焦绵蔓河湿地经济带，重点成片连线打造 1.3 万亩高附加值经济作物，大力开发乡宿、乡游、乡食、乡购、乡娱等综合体验项目，打造精品乡村游，目前每周末到洛阳村旅游人数达 8000 人。全力做大做精南横口陶瓷水镇、小作玫瑰庄园、辛庄洪河漂流等一批乡镇"多中心"文旅项目，每月一主题开展一系列不同主题的文旅活动，让游客愿意来、留得住、能消费，从而形成农文旅良性、深度融合发展。三是激活村民企"一盘棋"。以南峪镇、辛庄乡为试点，积极探索多方参与、机制完善、互利共赢的新模式，突出"企业带村、能人带户、企业＋合作社＋农户"的产业发展新路径，鼓励引导村集体、农户利用资金、技术、土地、林地、房屋及农村集体资产等入股乡村发展合作社、驻村企业，加快推动资源变资产、资金变股金、农民变股东。

聚焦青山绿水，干出人居环境大改善。全域推进"厕所革命""五清三建一改"等 10 个专项行动，重点打造了以"陶瓷、湿地"为主题，樱花烂漫、群鸟于飞的绵蔓河湿地经济带，以及以"青山、古村落"为主题、串联 24 个古村落的天路旅游经济带两个乡村振兴示范区。聚焦优势产品，干出农业结构大调整。集中构建以 8 万亩花椒和 40 万亩连翘为特色，山地苹果、红薯、小杂粮等多点发力的现代农业产业体系，打造实现共同富裕的"摇钱树"。

丰南区：精品示范 全域提升 建设国家乡村振兴示范县

自从 2017 年党的十九大提出实施乡村振兴，特别是 2021 年进入"十四五"以来，丰南区持续推进产业振兴、文化振兴、人才振兴、生态振兴、组织振兴五大振兴，积极落实《中华人民共和国乡村振兴促进法》，把全面推进乡村振兴战略作为新时代"三农"工作总抓手。2021 年以来，先后制定、出台了《关于实现巩固拓展脱贫攻坚成果同乡村振兴有效衔接的实施意见》、两个年度关于全面推进乡村振兴实施意见等文件，每年召开全区农村工作会议，严格落实了三级党组抓乡村振兴，紧扣"创建国家乡村振兴示范县"工作主线，科学决策、高标站位、全民动员、苦干实干，严格按照"产业兴旺、生态宜居、乡风文明、治理有效、生活富裕"20 字总要求，开展顶层设计，坚持持续投入，进行大胆探索，做到一张蓝图绘到底，全力谱写了新时代乡村振兴新篇章。

一、主要措施和成效

（一）推行五个"一线工作法"，全民动员共建共享

推进乡村振兴，必须坚持党的领导。丰南区以基层党建为引领，把党的政治建设、思想建设、组织建设、作风建设、纪律建设融入其中，全面推行五个"一线工作法"，激励镇村干部撸起袖子加油干，赢得了民心民

意，汇集起民智民力。《坚持"四个引领"探索抓党建促乡村振兴》经验做法被《改革内参》刊发。一是班子建设在一线。将乡村振兴示范区打造成党建示范区，乡村振兴示范村争创红旗党支部，提升村争创五星党支部。各村建设党建示范一条街，串点成线，连线成片，形成"示范引领，辐射带动"的良性发展态势。充分发挥基层党组织的战斗堡垒作用，引导村"两委"干部在示范区创建工作中主动认领，亲力亲为。在党员干部的带动影响下，群众的思想观念也随之发生重大改变，主动参与创建。例如，对"五清三建一改"开始有抵触的村民，逐渐主动清理房前屋后，自拆自改自建，有的村民还把储存的砂石料捐献给村里，用于村庄工程建设。二是党员示范在一线。坚持一名党员就是一面旗帜，在党员队伍中开展争当"政治坚定标兵""疫情防控标兵""环境维护标兵""遵纪守法标兵""带头致富标兵""服务群众标兵""维护和谐标兵""文明素质标兵""勤俭节约标兵""无私奉献标兵"，示范村都成立了由党员牵头的突击小分队，自己动手建设家园，既节省了资金，又保证了质量，还增加了村民收入，实现了"一举三得"。三是作风检验在一线。形成了区、乡、村三级书记一起抓乡村振兴工作格局。在唐津运河省级乡村振兴示范区创建过程中，区主要领导每月进行一次现场办公，定期入村调研；区委、区政府分管领导每天入村踏查，发现解决具体问题；乡镇党委书记、镇长坐镇指挥、分包推进；相关区直单位各司其职，定标准、抓规范、增亮点；各村组建妇女志愿者、乡贤理事会，设立"好人榜"，凝聚起群众力量。先后涌现出一批群众模范，如王打斗村村民父子二人深夜冒雨抢险搭埝，避免了污水处理工程被淹风险。四是破解难点在一线。区、乡镇、村三级干部组织广大群众实施村庄清洁行动，"拆、清、改、治、建"齐抓并进，将唐山大地震后形成的临建、违建、危房和户外厕所全部拆除，房前屋后杂物、垃圾、畜禽养殖粪便全部清零，对傍水村进行治污，实施修缮提升工程，在空闲地建设小菜园、小果园、小游园，整个村庄实现了干干净净、整整齐齐。五是规划设计在一线。区、乡镇、村三级干部七赴浙江，深入学习"两山"理论，内化于心、外化于行。聘请天津大学规划设计研究院等三家单位进行规划设计，高标准制定了丰南区《乡村振兴战略规划》《现代农业、特色小镇、美丽乡村、乡村旅游"四位一体"规划》《唐津运河乡村振兴示范区规划》以及示范村、提升村规划，做到了全域规划、片区规划、示范村规划紧密融合、一脉相承，形成了"一带、一线、四区、两组团"的乡村振兴新格局，即沿205国道和唐津运河打造贯穿东西的百村示范带；沿丰碱路打造联通南北的百村示范线；高标准建设唐津运河流域文旅融合示范区、黄各庄产业发展示范区、大齐各庄红色文化示范区、胥各庄城郊融合示范区；提升钱营镇农旅结合组团和岔河镇田园风光组团水平，实现"点上出彩、线上成景、全面开花"。

（二）推进五个全覆盖，重塑田园生态美景

丰南区深入践行习近平生态文明思想，把大力改善农村人居环境作为提升农民幸福指数的关键抓手，把生态宜居作为乡村振兴的主要目标，坚持持续投入、创新机制，努力推进五个全覆盖，打造"城市品位、田园风光"的美丽乡村。2022年被成功列入国家乡村振兴示范县创建单位，《突出"五位一体"创建乡村振兴"国家样板"》被评为2022年度唐山市"十大改革创新经验"。一是垃圾处理全覆盖。全面实行"户清、村集、区运、区处理"的农村垃圾处理模式。建立区、镇、村、企四级监管机制，通过对车辆卫星定位、定期现场检查通报等措施，保障全域清洁。被评为2021年度全省村庄清洁行动先进县，并在全省会议做出典型发言。二是粪污处理全覆盖。大力推进无害化卫生厕所改造，累计完成109410座，新建公厕9座，全区卫生厕所普及率达82.3%。各乡镇确定了物业公司进行清掏服务，建立了区级智慧化监管中心，实现了全域覆盖、全过程监管，从而建立健全并规范运行了"专业收集、定点存储、集中处理、全程监管"的全域一体化农村粪污处理模式。2022年问题厕所摸排整改歼灭战顺利通过省级核查验收，并在全省总结大会上作经验性发言。三是污水管控全覆盖。城镇近郊村庄污水纳入城镇、园区污水处理厂集中处理；人口密集、经济发展条件较好的村庄，采取管网收集、终端处理模式；不具备集中收集处理、水量小的村庄，结合改厕采取联户联排管道收集或户用化粪池分散处理模式，实现了农村污水管控全域提升。四是道路提升全覆盖。在实现省、市提出"巷巷通""户户通"的基础上，实施农村破损街道"三个一百"提升工程，连续三年每年实施100万平方米，对新铺装水泥、沥青路面每平方米分别奖补80元、60元，到2021年底，农村道路完好率基本达到100%，2022年被评为"四好农村路"全国示范县。五是绿化美化全覆盖。坚持尊重农民意愿，以冀东风格为主，适当吸收浙派元素，对沿街墙体适度修整，结合当地盐碱的特点，对墙裙进行返碱处理，提高墙面的牢固性。村内空闲地，大的建成公园、广场，小的进行绿化或栽植果树、蔬菜，街道两旁种植乔、灌木，底部种植花草组合，基本实现了街边不长荒草、不见泥土，形成了"村在林中，院在绿中，人在景中"的乡村生态格局。

（三）实施"五动并进"，拓宽增收致富门路

坚持以农业供给侧结构性改革为主线，大力推进农村一二三产业融合发展，实

施"五动并进"，现代农业雏形显现，促进了农业增效、农民增收。一是园区推动。按照"一区四园"（丰南区现代农业园区下设惠丰蔬菜产业园、锦疆现代农业产业园、东部蔬菜产业园、农产品加工园）布局，实施现代农业园区崛起工程。建设了东部万亩蔬菜、西部惠丰生态两个省级现代农业园区和丰越水产现代农业、利民荣丰西疆现代农业、通威"渔光一体"现代渔业产业三个市级园区，五大园区科技引领百姓增收，全区发展设施农业10.5万亩，西红柿种植面积和产量均居全省第一位。二是龙头拉动。推动融通农发25万头生猪养殖、君乐宝乐源牧业1.5万头奶牛养殖、通威集团"蟹光一体"园区等在建项目竣工投产，加快推进投资2亿元的海大集团渔业养殖、投资2.1亿元的阡陌里农业综合体项目建设，保持农业项目建设全市领先。抢抓京津冀协同发展历史机遇，结合产业发展实际，不断提高农业项目招商引资的层次、质量和效益，引进一批亿元以上农业重点项目，推动全区一二三产业快速融合发展。三是大户带动。积极扶持能人大户，主动调整农业产业结构，集中资源大力发展特色产业。目前已发展规模以上大场大户1130户，流转土地20多万亩，近2万户农民实现租金、薪金并收。四是合作促动。全区建成规范农民专业合作社和协会1080家，培育形成了北方最大的泥鳅繁殖等一批特色产业基地。采取"合作社＋农户"的形式，如东田庄乡崔庄户村新建占地196亩的肉牛养殖园，肉牛存栏由原来的900头增加到2500多头，养殖园实行规范化管理、集约化养殖，养殖效益显著提升，每头牛纯收入8000元以上。五是特色联动。坚持一乡一业、一村一品，各类蔬菜、林果、水产、畜牧等专业村达到184个。例如，黄各庄产业发展示范区内的双坨村有耕地685亩，有近600亩用于棚菜种植，通过组建"贵东"蔬菜专业合作社、注册"双坨"品牌商标提高了产品知名度，并与其他村合建标准化蔬菜仓储冷储项目，引资100万元建设发展壮大集体经济项目，进一步延伸产业链条。打造东部后大棚菜、井屯蒜黄、大长春果蔬、大齐香菜、小王庄奶牛，西部南孙庄乡、东田庄乡辣椒和棉花，南部黑沿子镇、柳树瞿镇、尖字沽乡特色水产养殖等一批特色产业村、镇。

（四）推动"五个同步"，涵养和谐文明乡风

治理有效是乡村振兴的重要根基，乡风文明是乡村振兴的思想内涵。丰南区在学习借鉴新时代"枫桥经验"的基础上，以"五个同步"为抓手，持续提升基层治理水平。崔庄户村被评为国家级乡村治理示范村。一是村务管理同步。村内重大事务决策在"四议两公开"的基础上，采取村党组织动议→村"两委"商议→党员大会审议→重大事项报乡镇政府审核把关→村民代表会议或村民会议决议的"五步决

策法"进行。二是群众工作同步。创新实施了"两化"人民调解管理模式，按照调解队伍职业化、调解组织专业化的原则，整合7个工作平台，吸纳7个专业调委会，成立了区社会治理综合服务中心、乡镇"一厅两中心三室一家"的社会治理综合服务中心、村社会治理综合服务站，打造基层治理"一张网"。创新"八无"村居创建载体，全区创建率达到75.77%。落实了一村一法律顾问、一村一（辅）警全覆盖。三是文化建设同步。大力弘扬和践行社会主义核心价值观，挖掘和传承中华传统文化中的优秀思想元素，通过打造文化示范街、主题公园、文化礼堂以及创作村歌，用以教化群众、淳化民风，实现村庄文化建设与美丽乡村互促共融。孔家庄村的党建文化布局"红船映两山"文化雕塑、"习语一条街"，寓意村"两委"一班人在感悟"红船精神"，领会"两山"理论的基础上，发扬敢于创新、勇于奋斗、乐于奉献的精神，凝聚党群力量，为乡村振兴作出新贡献。四是美丽庭院建设同步。坚持面子、里子一起抓，充分发挥妇女"半边天"的作用，积极创新"美丽庭院＋"理念，以家庭"小美"聚合乡村"大美"，让美丽乡村形魂兼备。全区75%的庭院达到美丽庭院标准，50%以上庭院建成精品美丽庭院。王秀红等5户家庭被评为全国最美家庭，张少菊等9户家庭被评为全省最美家庭，王玉洁等5户家庭被评为全省"十佳"美丽庭院。孔家庄村"田妈妈"乡味小院，以"美丽庭院＋美丽经济"为主题，区妇联全程参与品牌创建、卖点提炼、氛围打造、产品包装、线上线下销售一系列过程，并帮助直播带货，全力打响"田妈妈"这一妇女居家创业品牌。五是脱贫攻坚同步。坚定贯彻落实"五包一"帮扶包联和省内区域性结对帮扶政治任务，克服财政紧张的巨大压力，按时拨付3000万元资金对口支持承德市围场县（1878万元）和保定市阜平县（1122万元）发展，开展对接交流会4次，举办线上线下招聘活动7场，发布就业信息6173条，线上销售、线下采购对口帮扶县农副产品，有效宣传带动了特色农产品销售。出台了《关于健全防止返贫动态监测和帮扶机制的工作方案》，开展二轮防贫监测集中排查活动，共组织乡镇干部519人、村干部735人、乡村医生177人、网格员2645人，对全区15个乡镇113039户420919人进行了全覆盖排查，防贫监测对象排查和帮扶始终保持零遗漏。丰南区连续三年在全省脱贫攻坚成效考核中位列"好"的等次，始终保持全市第一。并在2022年代表唐山顺利迎接了中央和省一号文件落实情况督查、省巩固和拓展脱贫攻坚成果评估。

（五）突出五个"农业＋"模式，让农业更有奔头

丰南区牢固树立新发展理念，坚持走工业反哺农业、城乡融合发展之路。一是

突出"农业＋科技"提升创新驱动能力。自 2021 年被确定为全国农业科技现代化先行县创建以来，建设了东部设施蔬菜、西部休闲采摘、南部水产养殖、北部辣椒种植、中部丰越泥鳅等五大市级以上农业园区，建成蔬菜和小麦两个国家级首席专家工作站。丰南现代农业园区被评为第一批省级现代农业示范园区。中海万弘集团开展速生高抗凡纳滨对虾河北品系选育，培育的"唐丰一号"是丰南独有的南美白对虾种业品种亲虾品牌，弥补了全省短板，获评国家级水产健康养殖和生态养殖示范区。丰越水产公司建成全省唯一福瑞鲤国家级新品种繁育基地。海森电子自主研发农田垄间行走机器人，智能化控制水平全国领先，带动 10 万亩基地实现"精准喷灌"。二是突出"农业＋文旅"提升农旅融合水平。依托休闲农业资源，引入唐山文旅集团、凯歌儿实业等企业，实施唐津运河丰南全域旅游示范带项目，打造"都市乡村、田园城市"的城郊型乡村振兴示范样板。目前，规模休闲农业企业达到 19 家，其中省五星级企业 3 家、四星级企业 3 家。鑫湖农业生态园、施尔得美食文化园分别被列为河北省秋季休闲体验精品线路、国家 AAA 级景区，东田庄乡和崔庄户村分别入选第三批全国乡村旅游重点乡和省级乡村旅游重点村。三是突出"农业＋流通"，抵御市场风险能力快速提升。引导各类市场主体在产地建设冷藏保鲜设施，基本实现产地预冷、分拣分级、初加工、集散配送、产地直销等功能。2022 年以来新建保鲜库 6 家，全区田头蔬菜、水果保鲜库达 105 座，库容量为 3 万余吨，水产品冷冻加工企业 63 家，年加工水产品能力 1.2 万余吨。依托邮乐购、聚民惠等电商平台和手机微商，推进优质特色农产品流通，扩大电商进村覆盖面，建设县级运营中心 1 处、仓储中心 1 处、支局掌柜之家 8 处，以及 225 家村邮乐购店，形成以城区为中心、乡镇为重点、村为基础的农村流通体系，促进网货下乡和农产品进城的双向流通。四是突出"农业＋碳汇"，推进农业绿色低碳发展。推进碳汇乡村建设，全区农作物秸秆综合利用率达到 99.04%，畜禽规模场设施配建率 100%，资源化利用率达到 95%，主要农作物测土配方施肥覆盖率 95% 以上，统防统治覆盖率达到 52% 以上，绿色防控覆盖率达到 53% 以上，地膜回收率 83.2%。在全省率先实现农产品"持证上岗"，成果被中国食品安全网、《河北经济日报》宣传报道，丰南被评为河北省食品安全工作先进集体。五是突出"农业＋富民"，让农民共享发展成果。2022 年农村居民人均可支配收入达到 23940 元，同比增长 6.5%，位列全市前两名；第一产业增加值完成 57.8 亿元，增速 5% 以上；第一产业固投预计完成 12 亿元以上，增速 10% 以上。深化农村改革，实行"四包一"帮扶机制（一名区领导联村、一名乡镇班子成员包村、一个区直部门驻村、一个重点企业帮扶），制定落实一村一增收方案，实现村集体经济收入 10 万元以上村达到 100%。全区村集体经济收入总额达 5.14 亿元。

二、当前存在的制约因素

虽然丰南区在推进乡村振兴战略上措施得力，步伐较快，成效明显，但限于自身条件，还存在一些不足和制约因素，限制了乡村振兴战略的快速全面推进。一是三个发展不均衡。乡镇与乡镇之间的工作推进不平衡。各乡镇之间由于经济发展水平不齐，个别条件较差的乡镇和经济较好的乡镇差距较大。乡镇内村与村之间的提升不平衡。因为村庄区位、村集体经济、基础设施水平以及村民的积极性等原因，同在一个乡镇，村与村之间也存在较大差异。村内街道之间的打造不平衡。由于有的村经济基础薄弱，改造提升主要依靠上级扶持资金，这就造成资金缺口较大，只能对主街道或部分区域进行改造提升，也就形成了主街道提升，副街道老旧的现象。二是对照中央 20 字要求有差距。产业发展上，特色品牌农产品少，如西红柿虽然产量居全省第一位，但目前看只有产量优势，品质和品种缺少特色，在落实省市关于加快农业结构调整相关要求上，还有很多工作要做。另外，农业产业化龙头企业总量少，带动辐射能力强的企业更少，真正实现"产业兴旺"还需要下很大功夫。村集体收入上，收入 30 万元以下的村占 60%；30 万元以上的村占 40%；其中 50 万元以上的村占 32%。村集体收入来源主要是以资源发包和入股分红为主，其中依赖资源发包的村占 66%，真正靠产业壮大村集体经济的少之又少，对农民群众致富的拉动作用不明显。农村环境上，普遍存在"重建设轻管理"等问题，建后管护没有做到常态、长效。三是对照先进地区有差距。缺乏内涵式发展，没有形成投入与发展的自我良性循环。

三、优化举措

2023 年，丰南区积极申请国债资金，发挥 15 个乡镇乡村振兴公司融资投资功能，重点破解资金难题，实现乡镇之间、村之间的平衡发展。依据国家乡村振兴示范县创建三年方案，需重点做好以下工作。

（一）建好三个示范区

一是巩固提升南孙庄乡村振兴示范区。与唐山文旅集团合作，巩固提升南孙庄镇乡村振兴示范区建设成果，加快构建起"一核、两环、三带、六区、多村"格局，加快实施惠丰现代农业园区改造提升工程，年内完成1100亩公共基础设施建设和智能化棚室建设任务。二是全面推进东田庄乡村振兴示范区。与唐山凯歌实业集团合作，投资3.5亿元，以农旅全面融合为路径，以运河文化为核心，构建"一核、三带、四区、一环"布局，打造集农、旅、人、文、景互促共生的特色小镇。三是启动建设黑沿子乡村振兴示范区。拟分期分批争取政府专项债券12.5亿元，吸引社会资本投资，实施农产品存储保鲜冷链物流设施工程、乡村污水处理工程、智慧农业和数字乡村建设工程、农村人居环境整治工程等。

（二）坚持好三个底线

一是坚持好粮食安全底线。增强粮食储备，落实粮食安全政治责任，稳定粮食播种面积56.3万亩，总产4.7亿斤以上，推进大豆玉米带状复合种植1.2万亩。积极争取地方政府债券资金，实施王兰庄镇农业灌溉及地表水综合利用工程，大新庄片区水资源配置工程，城乡饮用水、地表水一体化建设工程等水利项目，持续推进陡河堤防治理、西排干综合治理工程。二是坚持好不发生规模性返贫底线。巩固拓展脱贫攻坚成果，严格落实"四个不摘"要求，聚焦"两不愁三保障"，稳定落实教育、医疗、住房、饮水、产业、就业、社保、小额信贷等各项兜底政策。加强防返贫动态监测，优化工作规程，认真完成省后评估反馈意见的整改任务，确保整体工作持续保持"好"的档次。三是坚持好耕地"非农化""非粮化"底线。严格落实耕地保护制度，坚决遏制"非农化"，防止"非粮化"，从严查处各类违法违规占用耕地或改变耕地用途行为，坚决守住90.4万亩耕地保护"红线"。

（三）打赢六大攻坚战

一是打赢产业转型攻坚战。不断提高农业项目招商引资的层次、质量和效益，引进华联集团进行全国统一挂牌销售，积极申请全国鲜活农产品产地冷藏保鲜设施建设试点县项目。办好中央电视台农业农村中心乡村振兴观察点，至少拍摄10期专题节目，向全国推广典型经验和成功范例，增强乡村振兴品牌影响力。实现全区101个集体经济组织年收入低于20万元的村全部清零。积极争取全国农民专业合作社质量提升整县推进试点，加快推动适度规模经营，实现土地流转率达到30%以上。二是打赢科技兴农攻坚战。加强与河北省农科院合作，成立5个专家团队，培育壮大海森电子、丰越水产、中海万弘等科技型农业龙头企业，新建鑫湖果蔬、壹谷粒、聚鑫育苗等市级以上创新驿站 3 个，创建国家数字农业试点县。高标准规划占地 1000 亩的南部现代渔业园区，引进海南省海壹水产苗种有限公司等一批大型水产育苗企业。巩固和提升国家农产品质量安全市创建成果，落实承诺达标"合格证"制度，培育绿色农产品 7 个以上，成立丰南农业科技推广研究院。三是打赢农旅融合攻坚战。编制契合农业产业规划的全域旅游发展规划，在沿河、沿海两个重点区域打造亮点示范工程。完成河头老街文化景区二期工程，把河头老街项目打造成唐山夜经济标杆示范项目。依托国家地理标志产品"黑沿子毛蚶"和市非物质文化遗产"渔民号子"等品牌和文化，谋划推进黑沿子沿海风情小镇建设。四是打赢低碳农业攻坚战。推进投资 22.6 亿元占地 1 万亩的通威"蟹光一体"精品园建设，装机规模达到 500 兆瓦，年发电 6.2 亿度，探索通威净水养蟹模式，实现"无污染、零排放"。加大地下水超采综合治理力度，新增高效节水灌溉面积 4.4 万亩，完成地下水压采年度任务。五是打赢人居环境提升攻坚战。实现问题厕所动态清零，年内完成市达整改提升任务 2425 座。开展农村黑臭水体常态化排查整治，做到存量清零、动态随清，建立生活垃圾全域保洁机制。实施农村公路省达民心工程 84.7 公里改造，完成国家级"四好农村路"考核验收，升级改造农村公路 19.926 公里。六是打赢乡村治理攻坚战。健全"五位一体"村级组织体系，完善网格化管理、精细化服务、信息化支撑的基层治理平台。组织开展乡村治理示范村镇、星级平安村创建活动，落实"四议两公开"决策机制。在有条件的村开展积分制等约束激励机制。深化"八五"普法，推进镇、村社会治理综合服务中心、站建设，科学划分基层网格，配齐配强村级网格员。

辛集市：谱写全面推进乡村振兴新篇章

党的十九大以来，特别是 2021 年以来，辛集市坚持以习近平新时代中国特色社会主义思想为指导，深入学习贯彻习近平关于"三农"工作重要指示批示精神，全面落实党的十九大和十九届历次全会以及党的二十大精神，严格按照中共中央、国务院全面推进乡村振兴决策部署和河北省委、省政府关于乡村振兴工作要求，强化责任担当，狠抓工作落实，牢牢守住保障国家粮食安全和不发生规模性返贫两条底线，扎实推进乡村发展、乡村建设、乡村治理等重点工作有效开展，乡村振兴和农业农村现代化迈出新步伐。

一、辛集市基本情况

辛集市地理位置优越，产业基础扎实，基础设施完备，基层治理有效，环境生态友好，居民收入较高，经过多年的打造，全面推进乡村振兴基础更加扎实。辛集市是国家出口鲜梨质量安全示范区、中国特色农产品优势区、中国梨果之乡，被评为首批国家小麦良种繁育基地县、全国农作物生产全程机械化示范县、全国畜牧业绿色发展示范县、首批国家畜禽养殖废弃物资源化利用试点县、首批国家"数字乡村"建设试点县、全国县级城市高质量发展百强县、农产品质量安全县、首批全国农业科技现代化先行县。全市现有耕地面积 82.71 万亩，永久基本农田 72.98 万亩。2022 年，全市农业总产值96.29亿元，增速3.4%。农村居民人均可支配收入23925元，增速6%。

二、乡村振兴工作推进成效

（一）争创了全国农业科技现代化先行县

经过积极争取，被农业农村部确定为全国第一批农业科技现代化先行县，经过一年的创建，取得了可喜成果。一是创建团队全部到位。与河北农业大学签订共建协议，河北农业大学安排5个专家团队，建立了3个专家工作站和示范展示基地，委派国家重点研发项目首席专家甄文超教授常驻辛集，负责先行县共建的沟通协调。二是农业科技有效应用。节水小麦育种技术取得突破，"马兰1号"在辛集市实打实收测产822.75公斤/亩，创辛集历史新高。打造了100亩无人农场示范点，形成在全省乃至全国具有引领作用的小麦—玉米一年两熟区田间作业"无人化"机械装备与技术解决方案。三是梨果技术推广示范。示范推广了光梨生产、滴灌节水等新技术，引进了一批新型加工包装设备，重点进行了品牌打造和市场推广。四是特色黑猪规模初显，深县黑猪保种核心群母猪由110头扩繁至160头。中国农业大学、河北省畜牧良种工作总站、辛集市正农牧业农业创新驿站三方就"宝蓄黑猪"杂交选育项目技术服务正式签约。五是循环农业效果明显。以博能盛诺生物质能源科技有限公司为核心，建成了年处理25万吨的养殖畜禽粪污处理中心，又谋划了年处理75万吨畜禽粪污的循环农业项目。

（二）种业振兴行动取得新成效

一是节水高产小麦种业取得新成果，郭进考团队培育的"马兰1号"小麦，在全省多地实现亩产超800公斤，在邢台市南和区金沙河种植基地实打实收测产中，亩产达到863.76公斤，创下河北省小麦单产历史新高。二是畜禽种业取得新进展，大力实施深县猪保种和育种创新能力提升工程，中国农业大学、河北畜牧总站与正农牧业正式签约，实施畜禽资源保护与种业工程项目，稳步推进深县猪新品系的选育，深县猪母猪群体目前扩增至500头左右。

（三）国家现代农业产业园创建进展顺利

一是编制完成总体规划。编制了《河北省辛集市国家现代农业产业园发展规划

(2023—2027 年)》和《河北省辛集市国家现代农业产业园创建方案（2023—2025 年)》。二是省级园区得到认定。2022 年 3 月，辛集市现代农业园区被省农业农村厅认定为第一批省级现代农业示范园区。三是项目建设迅速推进。无人农场项目已完成；种业提升工程项目和制种大县项目主体已完工，预计 2023 年 5 月投入使用；地表水灌溉正在施工中。2023 年完成高标准原种、原种基地建设项目，节水小麦新品种展示示范与试验项目，现代良种鉴定加工仓储建设项目，数字化繁种田建设项目等 4 个项目。

（四）粮食安全基础进一步巩固

辛集市原有耕地 77 万亩，现有耕地 82.71 万亩，增加 5.71 万亩；原有基本农田 65.6 万亩，现有基本农田 72.98 万亩，增加 7.48 万亩。大力实施高标准农田建设，2022 年建成高标准农田 5 万亩，全市已累计建成高标准农田 65.06 万亩，已建成高标准农田中永久基本农田面积为 56.85 万亩，占永久基本农田总面积的 78%，2023 年计划新建 1 万亩高标准农田，提升改造 2 万亩高标准农田，为粮食增产增收打下坚实基础。2022 年粮食作物面积 140.5 万亩、产量 66.31 万吨，其中小麦种植面积 70.64 万亩、总产量 34.14 万吨、亩均产量 483.3 公斤/亩；玉米种植面积 64.36 万亩、总产量 31.12 万吨、亩均产量 483.5 公斤/亩，种植面积、单产、总产连年增长。

（五）特色产业效益更加明显

一是蔬菜生产情况。蔬菜总播种面积 14 万亩，产量 74 万吨，产值 16.92 亿元。二是水果生产情况。种植面积 18 万亩，果品总产量 35 万吨，特别是黄冠梨种植面积 10.4 万亩，总产量 23.8 万吨，亩均产量 2.29 吨，产值 3.85 亿元，出口美国、加拿大、澳大利亚、欧盟以及东南亚等国家和地区。三是畜牧业生产情况。生猪存栏 42 万头，出栏 75 万头，能繁母猪存栏 4.8 万头，全年稳定在 4.19 万头以上；奶牛存栏 1.74 万头，生鲜乳产量 6.3 万吨；肉牛存栏 1.17 万头，出栏 2.75 万头；蛋鸡存栏 1330 万只。全市肉类产量 9.4 万吨，禽蛋产量 16.15 万吨。

（六）农业产业化取得长足发展

大力推进一二三产业融合发展。2022 年农产品加工业与农业总产值之比达到

8.2，休闲农业和乡村旅游综合收入达到 860 万元。辛集市现有省级龙头企业 18 家，市级重点龙头企业 41 家，市级农业产业化联合体 5 家。玉米深加工产业集群效应明显，带动作用突出，以河北德瑞淀粉、河北旭鑫油脂、河北惠典油脂、辛集市广益油脂、河北三佳食用植物油、河北宏润油脂为代表的玉米深加工企业，年产量 98 万吨，产值 37.72 亿元，推动了一二三产业融合发展。

（七）农业品牌效应进一步显现

辛集市农民合作社共 1473 家，家庭农场 576 家。截止到 2023 年 3 月，共认证绿色产品 11 个（黑马、辛菜园、辛恬、仚林佳园、乾和、翠王、泛爱农、束鹿老城里、通士营、辛久、旧诚云大集），认证面积 1.49 万亩。申报国家地理商标产品 1 个，即"辛集鸭梨"，"辛集黄冠梨"地理证明商标正在申报中。创建区域公用品牌 2 个，即"辛集黄冠梨"和"辛集深县猪"，全力打造"辛集黄冠梨"成为全省果品电商第一品牌；2023 年 2 月 15 日，举办"辛集深县猪区域公用品牌发布会"，推介"辛集深县猪"区域公用品牌建设成果，把"辛集深县猪"品牌打造成高品质、有口碑的农业"金字招牌"，增强优势特色产业市场竞争力和占有率。大力推介"马兰"系列品牌，扩大以"马兰"系列为代表的节水小麦品种的育、繁、推工作。

（八）农村人居环境更加宜居宜业

持续以农村"厕所革命"、农村生活污水无害化处理、农村生活垃圾治理、村容村貌环境整治等为重点，全面提升农村人居环境质量，大力推进农村人居环境整治提升。市财政每年安排专项资金 3500 余万元用于农村生活垃圾清运市场化服务，建立了城乡一体化生活垃圾转运处理体系，全市农村生活垃圾实现日产日清。农村生活垃圾市场化运作以来，累计清运农村生活垃圾 20.5 万吨。坚持以村庄清洁行动为抓手，突出"绿亮硬净美"，持续抓好村容村貌改善工作，全市行政村主街道全部硬化，全市农村重要场所全部亮化，2022 年完成省级"村庄清洁行动全域示范县"创建工作；2019 年以来累计组织农村人居环境整治提升观摩拉练 11 次，累计观摩村庄 177 个，在全市营造了后进赶先进、学比赶帮超的浓厚氛围，促进了农村整体面貌的提升。2022 年，以田家庄乡高铁沿线 6 个村庄为重点打造美丽乡村片区，其余每个乡镇创建 1 个美丽乡村，以点带面、点面结合，创建 21 个设施配套、功能完善、环境优美、宜居宜业宜游的省级美丽乡村。辛集市农村常住户数 106698

户，已完成农村厕所改造 72698 座。2023 年计划改造提升农村低标准户厕 3500 座。以博能盛诺和博能舜德生物质能源科技有限公司为龙头的一批循环农业项目，年可处理粪污 244 万吨，能够有效处理全市畜禽粪污，实现资源化利用全覆盖，为建设和美乡村提供了现实基础。

（九）基础设施和公共服务更加完善

农村公路建设全面达标，乡镇通三级及以上公路覆盖率达到 100%。按时完成农村供水工程，农村生活水源江水置换项目总投资 2.76 亿元，完成农村供水管网铺设、配水站改扩建等。217 个村的农村生活水源江水置换工程通过验收，涉及供水人口 35.51 万人。2022 年投资 1176 万元完成农村电网升级改造任务 100 公里；投资 1018 万元完成 10 千伏及以下线路电网改造任务 10.58 公里。投资近亿元，建设 5G 基站 657 座，基本实现重点区域、乡镇全覆盖。全市行政村光纤和 4G 网络覆盖率达到 100%，杆路及光缆总长 6963 公里，主城区和 300 个村庄的千兆网络全覆盖。不断提升乡村治理数字化水平，全市 344 个村、24 个社区全部设置一站式行政服务大厅，实现全市便民服务场所 100% 全覆盖，实现 100% 网上办理。完成全市 201 所中小学及教学点域网升级改造，为偏远乡镇学校增加智慧黑板教室、触控一体机教室等。投资 3675 万元，正在建设智慧医疗公共服务平台项目，项目完成后，将在全市建成标准规范、互联共享、协同发展的"互联网＋医疗"支撑保障体系。全市建成医共体 1 个，涵盖 15 个乡镇卫生院，构建起了基层首诊、双向转诊、急慢分治、上下联动机制；提升村卫生室和乡镇卫生院一体化管理水平，全年共落实村卫生室运行经费 242.9 万元，聘用村医 664 名。不断完善农村养老服务体系，全市 3 家敬老院共有床位 308 张，其中护理型床位 110 张，确保全市有意愿入住的特困老人全部实现集中供养。完成了 35 个社区日间照料站布局，将养老机构服务延伸至所有居住小区。

（十）乡村治理措施更有针对性

一是加强新一届乡镇党政领导班子、村（社区）"两委"班子建设和干部培训。完成 2022 年度村（社区）"两委"班子建设和干部培训。二是各乡镇、各街村全部完成了党组织领导下的自治、法治、德治相结合的乡村治理体系建设。三是组织、引导、服务农民群众工作得到有效开展。全市 344 个街村健全了红白理事会和乡贤理事会，修订了《红白理事会章程》，婚丧事大操大办、相互攀比、奢侈浪费等歪风邪气得到有效遏制。安排 5 家律师事务所对村（社区）进行划片分包，为全市 344 个行政村、24 个社区全部配齐配强法律顾问，实现了村（居）法律顾问全覆盖。全年村居法律顾问为群众提供法律咨询 500 余人次，提供法律意见建议 380 余条。四是规范了农村党组织管理。按照 A、B、C、D 四个档次，对农村党支部实行分档管理，落实相应奖惩措施。通过分档管理，倒逼农村党组织落实乡村治理责任，提升基层治理水平，提高服务群众本领。

（十一）农业农村优先发展得到有效保障

一是始终把农业农村作为一般公共预算优先保障领域，不断提高土地出让收益用于农业农村比例。2022 年，农业农村支出占土地出让收入之比为 14.08%，占土地出让收益之比为 38.03%，均达到规定要求。二是加大农村金融服务工作力度。认真开展"农村金融服务专员"试点工作，截至 2022 年底，辛集农商银行涉农贷款 768303 万元，较年初增长 71750 万元，涉农贷款增速 10.3%，高于各项贷款增速（6.59%）3.71 个百分点。三是广泛开展农业保险工作。太平洋保险辛集支公司 2022 年为承保区域内的种植户和养殖户提供保额 3.45 亿元；中华财险辛集支公司 2022 年度农险业务实现农业保险保费收入 2877.25 万元，承保农作物达到 31.64 万亩，承保牲畜达到 24.91 万头，为全市 3.75 万农户提供 5.88 亿元农业风险保障。四是稳步推进农村集体经营性建设用地改革。已起草完成集体经营性建设用地入市规则初稿，正在申报农村集体经营性建设用地使用权出让试点工作城市。五是农村集体经济、新型农业经营主体培育和社会化服务得到进一步壮大。集体经济年收入 5 万元以下的村已全部清零，集体经济年收入 10 万元以上的村占比已达到 50%。全市创建省级农民合作社规范化建设试点 2 家、省级示范家庭农场 12 家；农业生产托管服务组织数量 698 个，全年农业生产托管服务面积达到 205 万亩。

（十二）脱贫成果进一步得到巩固

一是持续开展监测帮扶。对全市 17.23 万户农户、53.96 万人进行集中排查，识别新增并录入系统防止返贫监测户共 26 户 71 人，及时开展帮扶。二是加强产业、就业帮扶力度。2022 年省市两级投入金 2566 万元，共实施 5 类 9 个帮扶项目，年可产生收益 154 万元；全市脱贫人口务工人数 1679 人，完成任务的 104.9%。三是开展"万企兴万村"行动。共有 394 家企业包联 323 个村，开展产业帮扶、就业帮扶、教育帮扶、消费帮扶、公益帮扶等多种形式的"村企共建"活动，共为帮扶对象安排就业 105 人，帮扶增收 1855.6 元，投入修建房屋、美化庭院、改厕、资助等公益帮扶资金 135.52 万元，惠及脱贫户 2651 户，受帮扶人口 5536 人。2022 年脱贫人口人均可支配收入 14936 元，同比增长 17.6%。

三、存在短板与不足

一是土地资源禀赋不足。辛集市乡村产业虽然基础较好，但是资源禀赋不足，特别是土地资源十分紧缺。辛集市地处平原，耕地资源丰富，现有耕地 82.71 万亩，基本农田 72.98 万亩，是粮食生产大市，承担了国家粮食安全的重要职责，但是设施农业用地十分紧缺，发展特色种植、养殖、设施农业的空间十分有限，现有的粮食、养殖、梨果、蔬菜种植面积难以增加，发展高效农业的空间有限，第一产业增加值和固投增长困难。

二是特色种植不成规模。由于先期规划引领不足，许多特色种植不成规模，虽然种类众多，但大部分都是小而散。以林果为例，鼎盛时期面积接近 40 万亩，由于农村劳动力短缺，部分果农砍伐果树改种小麦玉米，目前全市林果仅剩 18 万余亩，而且比较分散，全市 344 个村中有 317 个村种有梨树，百亩园、千亩方、万亩片难以形成，集约化、规模化经营难以实现。

三是产业发展仍有短板。辛集市农产品加工业虽然发达，但是多为产品初加工，主要为玉米加工和面粉加工，精深加工企业较少，产品附加值较低。在产业链条上还有缺口，没有中央厨房项目。设施农业存在短板，多为传统的冷棚、温室，科技含量较低，没有 100 亩以上的现代化温室。

四是农村集体经济相对薄弱。辛集市共有 344 个村，虽然 2022 年村集体收入全部超 5 万元以上，10 万元以上村达到了 50%，达到了省要求的目标，但是 5 万元出头不足 6 万的不稳定村仍有 17 个，虽然占比较低，但稍微出现风险，就会滑到 5 万元以下，需采取有效措施，进一步壮大农村集体经济。

四、优化举措

（一）千方百计壮大集体经济

计划采取五种方式促进村集体增收。一是加大土地流转力度。由村委会流转土地，自我经营或与相关农业企业合作经营获得收益。二是争取壮大集体经济项目。利用财政补助资金发展产业项目获得收益。三是建设村级屋顶光伏电站。利用村委会、学校、卫生室等公共房屋屋顶，或由村委会租用农户屋顶发展光伏，经测算每平方每年可产生 100 元收益，收益期可达 20 年以上。四是规范流转发包合同。经摸底，现有单价 200 元以下集体土地发包合同 223 个，涉及 14 个乡镇 56 个村，合同金额 214.93 万元，个别合同期限长达 30 年，最低价格每亩地 1.5 元，每棵树 1 元，明显不合理，需要乡村两级加大整改力度，废止出现合规合同，重新进行发包增加收入。五是发挥金融助农促增收。由金融机构为农村集体提供低息贷款，发展收益稳定、符合实际的产业或资产收益类项目，促进村集体经济增收。

（二）尽快补齐农业产业短板

一是有序调整种植业结构。加大规划引领，采取土地流转等措施，把特色种植从分散零散种植向成方连片规模化引导。二是加快引进中央厨房项目。加快与同福集团、北京聚力合等公司对接，支持牡丹园面业建设中央厨房项目。三是持续与华润江中集团对接。成立梨产业研究院，利用河北农业大学和江中集团技术力量，开发功能性梨产品，争取江中集团投资建厂。四是加快发展现代设施农业。加紧与山东地主网、京鹍科技等现代农业公司对接，建设 1~2 座单体面积 100 亩以上的现代化智能温室，真正提升设施农业整体水平。

（三）积极争创国家现代农业园

继续跑部进厅，争取农业农村部支持，加速推进国家现代农业产业园创建工作。加大支持力度，采取倾斜政策，全力支持节水高产小麦发展，推动大地种业上市。一是争取种业发展相关政策资金支持。申请创建国家现代农业产业园，促进节水小麦种业产业化快速发展。申请农机深耕深翻作业、高标准农田提档升级等相关项目，加强农业基础设施建设，逐步扩大小麦繁种基地面积，提升产业规模。在节水小麦良种补贴方面，给予政策支持。将"马兰 1 号"列入良种补贴范围，促进种业利润提升，助力企业发展。协助大地种业兼并重组。协调省内优势种业或相关企业，进行合并重组，实现快速扩张，达到上市标准。二是争取省地方金融监督管理局业务支持。安排专家顾问，帮助大地种业公司进行上市分析，对政策把握、企业优劣势、上市路径、发展方向等方面进行专业指导。协调增加大地种业公司银行授信额度 1.6 亿元。三是加快推进重点项目建设。加快办理项目占地手续。在完成制种大县项目、种业提升工程占地组卷工作基础上，推动征地、招拍挂、不动产证办理等。明确节水小麦科创中心占地性质和面积，为下一步科创中心确定设计方案提供决策依据。督促种业提升工程设备尽快到位，抓紧安装调试，建成国内最先进的小麦加工流水线。抓紧对大地种业研发中心进行内外装修，实现小麦种质资源库、育种创新研究中心、数字化控制室、种检分析室四大功能。通过项目建设，进一步切实提升辛集小麦种业加工能力。

宁晋县：特色产业赋新能 乡村振兴显实效

近年来，宁晋县围绕农村一二三产业融合发展，聚焦重点产业，聚集资源要素，培养发展新动能，现代乡村产业体系渐趋完备，形成了以粮食生产与深加工为主，畜牧业、食用菌、梨果、农机装备制造为辅的五大农业主导产业。先后荣获了全国粮食生产先进县、全国小麦绿色高产高效创建示范县、全国畜牧大县、全国牛奶生产50强县、全国食用菌行业优秀基地县、全国主要农作物生产全程机械化示范县、全国农产品质量安全县、全国农村创新创业典型县、全国农业科技现代化先行县共建单位、全国农民合作社质量提升整县推进试点县、全国农作物病虫害绿色防控整建制推进县、全国农业综合行政执法示范窗口等国家级荣誉。2022年，农村居民人均可支配收入达2.0536万元。

一、主要成效

（一）农产品加工业规模化发展

深入推进实施农产品加工业项目，加快提升农产品加工业发展水平，促进农业产业化高质量发展，形成了宁晋县玉米深加工产业集群和宁晋县食品（饼干）产业集群两大集群，宁晋县玉米深加工产业集群以玉锋实业集团有限公司、河北宁达饲料有限公司为龙头年消化玉米达 600 余万吨，主要产品有淀粉、葡萄糖、维生素 B$_{12}$、玉米油、果葡糖浆、饲料，产值超 100 亿元；宁晋县食品（饼干）产业集群以河北喜和圣面业有限公司、河北华威食品有限公司、河北龙飞翔面粉有限公司为龙头，主要产品为有机石磨面粉、绿色超级特精粉、面粉、饼干、糕点等，产值超 30 亿元。截至 2023 年 3 月，全县规上农产品加工企业 45 家，其中产值超亿元企业 12 家，位居全市前列。

（二）乡村特色产业强势发展

一是羊肚菌种植水平领先。全县发展羊肚菌种植近 5000 亩，种植面积、亩均单产、栽培技术全国领先，成为全国最大的人工设施羊肚菌栽培基地。"宁晋羊肚菌"获评河北省"区域公用品牌""河北省气候好产品"，宁晋县获评"河北省羊肚菌特优区""北方羊肚菌种植基地县"等称号。二是"宁晋鸭梨"产业壮大。"宁晋鸭梨"是河北省重点推介品牌，被评为"地理标志保护产品"。现有果品种植面积 10.7 万亩，其中梨果产业 9.3 万亩，产量常年保持在 27 万吨左右，年产值达 5 亿元以上。三是形成工笔画、草莓等"一乡一业"发展格局，成立了羊肚菌产业协会、果品产业协会、奶业协会，培养一批特色村镇，创立国家级"一村一品"示范村 2 个，中国美丽休闲乡村 1 个，换马店镇、河渠镇获批国家级农业产业强镇示范建设。

（三）乡村休闲旅游业迅速发展

以美丽乡村建设发展农村休闲旅游，依托现有资源，以乡村旅游作为突破口，做大做强县域旅游产业，打造了黄儿营西村"红色生态旅游"、小河庄村"乡村景观旅游"、泥坑酒文化体验等景点，根据"建点、连线、成片"思路，推动农旅融合，着重建设了泥坑酒文化旅游产业园、黄儿营新时代教育实践基地、小刘村草莓采摘园、讲理人家农业生态示范园等休闲农业片区，打造了"非遗展示＋酿酒体验＋自调酒体验＋白酒品鉴＋特色美食＋绿色采摘"乡村旅游线路，并入选了全省 57 条"春观花"系列休闲农业与乡村旅游线路，每年休闲农业接待游客 120 万人次，营业收入近 1300 万元。

（四）农产品品牌影响力不断拓展

一是创建一批农产品地理标志。探究建立"1 个公用品牌＋N 个地域特色产品＋

N 个产业经营主体"模式，不断提高"安宁晋福""瘿有晋有""宁晋鸭梨""宁晋羊肚菌"等具有地方特色与区域比较优势的区域公用品牌。二是培养一批"二品一标"。实施农产品认证登记发展规划，推行"合格证"制度，积极推进蔬菜、果品、水产品和鲜禽蛋生产经营主体正确开具和使用农产品合格证工作，开具纸质合格证 4800 多份、电子合格证 1140 个，获评"二品一标"共 10 家企业 31 个产品。三是打造一批知名商标。现有中国驰名商标 1 个（玉星）、河北省著名商标 14 个、河北省名牌产品 7 个。开展绿色农产品认证，培育食用淀粉、平菇、超级特精粉等绿色食品 7 个，培育小麦、石磨面粉等有机食品 7 个，打造了"贵盛典、霍家园、冀天丰、福森、盛吉顺"等省、市级著名商标和品牌产品，已认证绿色食品企业 6 家、有机产品企业 4 家，涉及食用菌、面粉、玉米油、梨果等 20 个产品，极大提高了农产品的质量和美誉度，增强了宁晋农业品牌的影响力和市场的占有率。

（五）农业新主体新业态发展壮大

一是新型经营主体队伍不断壮大。现有市级以上农业产业化龙头企业 55 家，其中国家级 2 家、省级 15 家，省级示范农业产业化联合体 4 家，登记注册的农民合作社 1417 家，国家级农民合作社示范社 7 家、省级示范社 6 家、市级示范社 40 家，家庭农场 1005 家，省级示范家庭农场 14 家、市级示范家庭农场 14 家，2021 年宁晋县被评为"全国农民合作社质量提升整县推进试点县"。二是农村电商发展迅速。通过发展农村电商产业、扶持"电商达人"、打造"淘宝村"等方式，充分发挥电商辐射带动作用，发展网店 500 余家、年交易额超 4 亿元，成功申报了国家级电子商务进农村综合示范县项目，建立了县、乡、村三级物流配送机制，集电商产品研发、电商物流配送、电商培训、电商创业孵化和电商扶贫于一体，实现城乡电商服务一体化发展。先后 8 个村被评为"淘宝村"、3 个乡镇被评为"淘宝镇"。

二、存在问题

从宁晋县乡村产业不断发展的形势上，能够看到宁晋亮点众多、特色突出、效果良好，在邢襄之地的农村产业领域起到了良好带头作用，为燕赵大地的乡村振兴产业提供一个可看、可用、可复制、可推广的县域发展模式，但是对标全省乃至全国先进地域发展典型，还存在一些不足。

（一）产业链条还不尽完善

与农业现代化相适应的社会化服务体系发展不充分，仓储、冷链、物流、信息咨询等服务较为缺乏。多数农业企业科技创新能力不强，工艺水平落后，产业精深加工环节薄弱，技术含量和附加值较低。农村地区物流经营成本高，影响农村电商发展。对乡村旅游、休闲农业等新产业新业态发展的统筹规划不够，个别地方一哄而上、可持续性较差、同质化问题突出。例如，苏家庄镇是梨果种植仓储大镇，该镇毕家寨村梨果仓储大户对仓储冷链扶持政策知之甚少，发展多为自主经营，缺少资金政策扶持。

（二）产业融合发展还不够

一是产业发展层次比较低。特色产业分布零散，集中连片的基地少，没有形成规模和产业体系。产业基地的专业化、精细化、标准化建设水平不高，部分产业基地还处在比较原始的粗放式经营，农产品加工业仍处于爬坡过坎关键期，农业龙头企业体量偏小，没有实现集群发展、形成规模效应，原字号农产品仍占较大比重。二是一二三产业融合程度不够深。乡村产业体量大的不多，与第二、第三产业融合程度低、层次浅、链条短、附加值不高，尤其是农民群众对乡村旅游、农村电商等新业态人才的匮乏，在一定程度上阻碍了三产融合发展的进程。

（三）产业品牌知名度还不够

农业产业规模不够大，规模农业整体实力不够强，品种不够多，也不优，品牌不够响、名声也不够远，品牌效应还没有真正做大做强，为农业增效、给农民增收成效不够显著。例如，宁晋梨果产业种植历史悠久，品质逐年提升，但是缺乏品牌打造，知名度低，相比威县"威梨"和赵州"雪花梨"，声誉度还远远不够。又如，宁晋县喜和圣面业和金沙河面业相比，品牌不够响亮、品种不够丰富，市场占有率也就相形见绌。总体上看，宁晋县在全省、全国叫得响、具有竞争力的强势品牌少，多数品牌偏重于商标的识别与促销功能，品牌差异化与独占性不突出，品牌影响力有限，区域公用品牌少，指导带动作用没有充分发挥，有的经营主体品牌意识不够强，品牌质量管控有待强化。

三、重点举措

针对存在的不足和短板，宁晋县有针对性制定有效措施，全力补短板、抓保障、强弱项、夯基础，有效推动各项工作全面提升。

（一）产业链延伸上实现突破

产业招商。明确蔬菜、梨果、乳业、方便食品、休闲食品等主导产业与发展定位，增进产业前延后伸、横向配套、上承市场、下接要素，补齐补强初加工、精深加工、冷链物流等供应链、配套链，构建紧密关联、高度依存的全产业链。龙头招商。围绕上下游产业链，支持玉峰实业集团、华威食品、喜和圣面业、宁达饲料等产业龙头以商招商。依托区域优势资源、产业特色，以抓项目就是抓发展为指导，抓好、抓实、抓落地，以保姆式招商举措，盯落地、保投产，形成上下联动、社会齐动的农业招商氛围。突出集群成链，延长产业链，提高价值链，以一二三产业融合发展为路径，全面提高乡村产业发展水平。

（二）产业融合发展上实现突破

主体融合。和河北农业大学、省农林科学院等高校合作实施产学研工程，探究发展"产业联盟＋龙头企业＋特色园区＋小农户"多主体参加、产业关联度高、辐射带动力强的大型产业化联合体。发展以产业园区为单元，园区内龙头企业和基地农民合作社与农户分工明确、优势互补、风险共担、利益共享的中型产业化联合体。发展以龙头企业为指导，农民合作社与家庭农场跟进，广大小农户参加，采取订单生产、股份合作的小型产业化联合体。载体融合。持续推动现代农业示范区转型升级为现代农业产业园，形成国家、省、市现代农业产业园梯队。九河省级现代农业示范区、北河庄省级现代农业示范区争创国家级现代农业产业园；纪昌庄、四芝兰、东汪、耿庄桥、北鱼、小河庄市级现代农业示范区争创省级现代农业产业园。继续争创国家级农业产业强镇，培养市级农业产业特色镇。业态融合。发展多类型融合业态。发挥区位优势，引导经营主体以加工流通带动业态融合，发展"中央厨房＋冷链配送＋物流终端"等新型加工业态。以功能扩大带动业态融合，推动农业和文化、旅游、教育、康养等产业融合，发展创意农业、功能农业等。以信息技术带动业态融合，增进农业和信息产业融合，发展数字农业、智慧农业等。

（三）做优农产品品牌实现新突破

标准化是品牌农产品的根本确保。实施"品质革命"，推动农业标准化，从播种、收获、加工、包装上市执行严格的标准。推动规模经营主体按标准规范生产，建立生产台账记录，实现农业生产标准化、可追溯。品牌化是提高农产品价值链的重要方式。探究建立"1 个公用品牌＋N 个地域特色产品＋N 个产业经营主体"模式，通过区域公用品的指导作用，建立公用品和产业品牌相互融合的品牌体系。规范品牌授权管理，建立品牌目录，开展农产品质量安全监测、监督，强化农产品品质评价，保证品牌含金量。加大品牌营销推介，不断提高"安宁晋福""瘿有晋有"等区域公用品牌在全省乃至全国的影响力与美誉度。

（四）产业发展要素保障上要突破

资金保障。强化和金融机构合作，探究金融服务新模式。就"一乡一业"全产业链创立融资需求，和省市县农担合作，借助金融机构的专业力量助推"一乡一业"全产业链的打造。探究设立农业产业化发展基金，采取"产业＋基金""基地＋基金"等模式，通过股权投资、债权投资、增值服务、市场培养等方式，形成多渠道、多形式、多层级的农业投融资渠道，撬动更多金融及社会资本投入农业产业化与现代农业领域。土地保障。探究以出租、合作等方式盘活利用空闲农房院落及宅基地发展乡村产业；优先将县域土地指标用于乡村振兴产业用地，积极整合农村建设用地，在乡村产业发展用地上给予最大支持。人才保障。率先在乡镇配备"农业科技副镇长"、在农村配备"农业科技联络员"，聚焦农业产业特色集群，提高农业科技含金量，积极聘请农业发展顾问制定产业发展规划，为产业发展出谋划策。与乡镇建立"三农"干部交流任职机制，同时加大农业技术专业人才招引力度，鼓励农业技术人才、农业专业大学生充实到农村农业生产一线，为实施乡村振兴战略奠定扎实的人才队伍基础。加快建设知识型、本领型、创新型农业经营者队伍。加大乡村企业家、乡村能人培训力度，培养一批"田秀才""土专家""乡创客"等乡土人才。举办农业新型经营主体轮训班，强化交流和互联，提高农业产业的互补性和紧密度。

（五）拓展市场上实现新突破

一是引导持续企业加大品牌建设力度，提高产品知名度，充分利用现代宣传渠道，组织企业参加各类展销会、推介会，用足"互联网＋"拓展产品销售范围，提高市场占有率，加大与中国农业大学、河北农业大学等科研院校合作，依托院校科技成果，提升产品升级换代频次。二是发挥宁晋"淘宝村"的自身网络销售优势，提升自主创新发展能力，拓展乡村产业领域的网络销售竞争力，积极推广农业区域共享品牌，组织企业参加中国国际农产品交易会等大型展会，不断提升农产品的知名度和美誉度，提高农业市场竞争力。引导企业通过微信、抖音、快手等新媒体进行宣传推广，形成有一定影响力的网络品牌。

怀来县：多点发力助推乡村全面振兴

党的十九大以来，怀来县坚决落实中央、省市关于农村工作的决策部署，牢牢守住保障国家粮食安全和不发生规模性返贫两条底线，充分发挥农村基层党组织领导作用，扎实有序做好产业发展、乡村建设、乡村治理等重点工作，全面推进实施乡村振兴战略取得显著成效。

一、怀来县推进乡村振兴的主要措施和成效

近年来，怀来县高度重视"三农"工作，坚持农业农村优先发展，按照产业兴旺、生态宜居、乡风文明、治理有效、生活富裕的总要求，切实加大实施乡村振兴战略工作力度，农村经济持续发展，农民收入不断增加，农村各项社会事业取得长足发展。

（一）高效推进乡村产业发展

2022年，怀来县按照"生态第一、创新引领、跨越赶超"的总体发展要求，以及国家示范区"设施化、园区化、融合化、绿色化、数字化"的发展思路，构架"一心、两园、三区"功能布局，成功创建以葡萄为主导产业的土木现代农业示范园区；全县全域列入农业农村部、财政部、国家

发展改革委 2022 年"农业现代化示范区"创建名单。第一产业固定资产投资3753 万元，增速26.5%。农业招商签约引资10.85 亿元，项目投资额2.35 亿元；第一产业增加值248814 万元，增速6.7%；农业加工业总产值10.5713 亿元。2022 年全县共接待乡村旅游91.98 万人次，实现旅游综合收入7.8 亿元。农村居民人均可支配收入24765 元，增速7.3%。全县有 14 家市级以上龙头企业，其中国家级龙头企业 1 家、省级龙头企业 3 家、市级龙头企业 10 家；培育市级以上示范社 20 家，其中国家示范社 5 家、省级示范社 4 家、市级示范社 11 家；培育市级家庭农场 3 家、县级家庭农场 8 家。

怀来县坚持藏粮于地、藏粮于技战略，严格落实耕地保护制度，强化粮食生产功能区建设，2022 年全县粮、油、菜种植面积分别为 28.62 万亩、0.72 万亩、2.9 万亩，产量分别为 11 万吨、0.12 万吨、8 万吨；累计建设高标准农田 9.74 万亩。全面落实地力保护补贴和种粮补贴等政策，为 53896 户农户补贴种粮资金 1219 万元，为 67219 户农户拨付耕地地力保护补贴项目资金 3804 万元，为 1690 户农户发放农机补贴 418.765 万元。截至 2022 年底，怀来县现有规模养殖场共计 39 家，奶牛、肉牛、生猪、肉羊、蛋鸡、肉鸡存栏分别达到 1.0239 万头、2.1 万头、11.97 万头、10.14 万只、130.89 万羽、185 万羽，肉、蛋、奶产量分别达到 4.82 万吨、1.53 万吨、5.9 万吨。怀来县农牧业生产正常、农产品供应充足，为全力抓好粮食生产和重要农产品供给提供强劲支撑。

（二）扎实稳妥抓好乡村建设

1. 大力提升农村人居环境

共完成户厕改造 23163 座、公共厕所 269 座。农村生活污水无害化处理完成 167 个村，农村黑臭水体和坑塘水系治理已实现清零目标。生活垃圾焚烧处理县级覆盖率 100%。处理积存建筑垃圾 750000 立方米。创建省级森林乡村 13 个，269 个村的村庄绿化率已全部达标；公共区域照明达标村庄 269 个；全县共创建美丽庭院示范户 51012 户；建设小菜园、小果园、小游园或停车场 264 处。完成"多规合一"实用性村庄规划编制的村庄数 39 个，有风貌村庄规划的村庄 140 个。

2. 建设完善农村基础设施

完成自来水安全达标人口 27.8587 万人，入户数 108326 户；完成电网升级改造村 248 个，电网升级改造里程数 258.56 公里；乡镇通三级以上公路的村庄 269 个，已全部完成主街道硬化，其中完成村内干道、巷道硬化的村庄数 215 个；覆盖广播电视信号村庄 269 个，建立 5G 基站 244 个。农村公共服务设施建设情况。全县普惠性幼儿园在园幼儿占比达到 84.2%，农村幼儿园覆盖率达到 100%；全县城乡居民养老保险参保人数 160516 人，参保率达到 95.2%；全县乡镇卫生院覆盖率和村卫生室标准化建设覆盖率达到 100%。村级综合服务站已实现全覆盖，可办理事项数 36 件，兼职工作人员 558 人；综合性文化服务中心 266 个，覆盖率 99%，全部符合综合性文化服务中心"五个一"标准；体育健身器材 2541 件；111 个村庄设有快递服务网点，121 个村庄设有电商服务网点，128 个村庄设有金融服务网点，269 个村庄设有商品超市。

（三）步步深入加强乡村治理

全县 17 个乡镇 279 个村，已实现村党组织领导下，村民委员会、村民代表会议、村务监督委员会、村经济合作组织、村和谐促进会协调联动的"六位一体"组织架构全覆盖，村级能够有序规范运转。怀来县设立 1 个县级新时代文明实践中心、17 个乡镇新时代文明实践所、297 个街村和社区新时代文明实践站，乡镇街村全面铺开，并为每个实践站确定 1 名文明实践员负责日常工作，持续推进农村移风易俗活动，开展典型选树活动和特色志愿服务活动，提高群众生活精神动力。县级以上文明镇 14 个，占比 82%；县级以上文明村 205 个，占比 73.5%。怀来县 279 个行政村中，符合五星级平安村条件的有 27 个，符合四星级平安村条件的有 29 个。

在全县已完成农村承包地确权任务基础上，完善农村承包地"三权分置"制度，指导乡镇村全面推行使用农业农村部统一制定的土地流转合同文本，规范加强土地流转合同签订和备案制度、流转主体资格审查制度。怀来宅基地使用权应登记 58105 宗，已登记 58105 宗，宅基地使用权登记数据上报省级登记数据库 58105 宗，存量数据整合汇交完成率 100%。怀来县村级集体经济收入 5 万元以下的村全部清零，农村集体经济年收入 10 万元以上的村有 260 个，占比 93.2%。对所辖村现任村党组织书记任期进行经济责任审计，共完成 279 个村，审计资金额 171451.54 万元。

（四）持续强化乡村振兴人才支撑

一是切实做好高素质农民培育工作。依托中央农业广播电视学校怀来县分校、畜牧站、农机中心、怀来县技校等培训基地，开展高素质农民培训工作。2020 年以来累计举办培训 15 期，分别涉及葡萄、蔬菜、蛋鸡、生猪养殖等产业，培训高素质农民 730 人。二是努力提高基层农技人员水平。按照省市培训任务，精心遴选参训学员，参加基层农技人员知识更新培训。培训内容涉及乡村振兴、特色优势产业集群、农业高质量发展等方面，累计遴选参训学员 100 余人。三是积极创建农业科技创新驿站。依托河北农业大学、河北北方学院、河北省农林科学院、中国医学科学院药用植物研究所、张家口市农科院等多所科研院校，聘请多位专家教授组成专家团队开展驿站创建工作，涉及设施葡萄、酿酒葡萄、鲜食葡萄、设施蔬菜、蛋鸡养殖、生猪养殖、中草药等产业。目前共创建农业科技创新驿站 7 个，其中省级驿站 3 个，分别为怀来县惠农设施葡萄种植专业合作社、酿酒葡萄中粮长城桑干酒庄（怀来）有限公司、张家口谷养康科技有限公司，县级驿站 4 个；现有科技人员 71 人，引进培育推广新品种 15 项，研发引进推广新技术 13 项。

（五）坚持党对"三农"工作的全面领导

怀来县委、县政府认真学习习近平总书记在中央农村工作会议上的重要讲话，按照中央、省、市对"三农"工作的安排部署，成立由县委书记任组长的县委农村（乡村振兴）工作领导小组，建立县委书记抓乡村振兴责任清单，将乡村振兴战略实绩考核纳入领导班子和县委管理领导干部实绩考核范围，形成了县委书记、县长定期专题研究，主管领导协调负责，包联乡镇县领导一线指导，职能部门分工协作，督导组督导检查，乡村两级具体落实的责任体系，确保责任层层压实，工作层层到位。定期召开县委常委会、政府常务会、领导小组会和各类调度会、工作部署会，重点围绕项目建设、乡村振兴、产业发展、资金保障等逐项进行细化优化，扎实推进乡村振兴工作有序开展。逐年制定怀来县关于做好全面推进乡村振兴重点工作的实施方案、怀来县推进乡村振兴战略实绩考核实施意见、乡镇党委书记抓乡村振兴任务清单等方案，明确县直各部门和各乡镇的任务职责，推动各项工作落实见效，并切实加强各项任务指标的督导考核。

二、存在的主要问题和制约因素

近年来，虽然在乡村发展方面取得了显著成绩，但同时也不能回避发展中存在的不平衡、不充分的矛盾问题，这些问题将给乡村振兴带来发展阻力和困难。

（一）产业发展有待加强

一是利益链接机制不够紧密。葡萄主导产业中基地、农户和企业之间风险共担、利益共享的有效链接机制不够完善，葡萄酒企业受营销方式及市场环境影响造成葡萄酒销售不佳，导致收购价格下降，影响果农种植葡萄的积极性。二是产业科技支撑能力不强。农产品加工企业已形成一定规模，但仍有很大进步空间，需在科技创新、挖掘深加工项目、延伸产业链上继续努力。

（二）乡村人力资源较为短缺

基层农技队伍和实用人才队伍不足，年龄结构、专业结构、梯次结构不合理，缺乏引领新技术的团队，致使乡村发展人力资源难以保障。缺乏人才引进激励机制，返乡大学毕业生服务基层薪酬待遇低、上升空间不足，导致不能安心工作，人才流失问题难以解决。

（三）群众精神文明意识不强

相对城镇而言，农村文化活动形式较少、整体建设水平存在差距，村民的文明意识相对缺乏，群众文明素养、文明习惯、文明意识亟待提高。群众思想认识不到位，传统的生产模式和生活观念根深蒂固，粗放的农业生产方式有待改进，环境保护意识有待提高。

（四）农村基础设施建设投入仍需加大

近年来尽管对农村建设投入力度逐年增加，工作力度不断加大，但农村基础设施不完善、基础建设成本较高、困难较重，大部分村庄的基础设施建设还相对落后，农村道路、供排水和教育、卫生、文化等基础条件依然是农村发展短板，与乡村全面振兴还有差距。受生活习惯、生态意识和环保意识等影响，农村人居环境整治仍然面临较大困难，主要表现为说一说、动一动、扫一扫、清一清的现象依然存在，村规民约执行难、保持环境清洁常态化难。

三、建议与优化举措

（一）加强党的领导，坚持农业农村优先发展

充分认识深入实施乡村振兴战略的重要意义，发挥党领导的政治优势，进一步

压实责任，完善机制，强化考核，把实施乡村振兴战略作为共同意志、共同行动，做到认识统一、步调一致，把农业农村优先发展原则体现到各个方面，真正做到在干部配备上优先考虑，在要素配置上优先满足，在资金投入上优先保障，在公共服务上优先安排，确保党在农村工作中始终总揽全局、协调各方，为乡村振兴提供坚强有力的政治保障。统筹整合各类要素和政策，推动资源力量下沉，强化对乡村组织振兴的支持和引导。加强乡镇领导班子和干部队伍建设，加强"三农"工作队伍培养，调动广大基层党员干部干事创业的积极性，提高干部队伍思想建设，选优配强工作力量，提升乡镇干部整体能力水平。

（二）高质高效建设项目，夯实产业发展基础

按照农业农村实际需求筹谋农业项目，不断补短板、强弱项，实施农业基础培强、设施农业扩容、养殖集群示范和深加工企业培优四大工程。一是壮大农业基础，以培强现代农业基础为目标，在高效节水灌溉、高标准农田、农田水利等三方面下功夫。二是发展设施农业，聚焦葡萄、番茄、黄瓜、辣椒等主导种植产业优势，推进设施农业规模调大，放大市场优势，推进设施农业园区建设，补齐园区建设短板，打造设施农业核心区。有计划推进日光温室大棚建设，扩大设施蔬菜瓜果规模。三是推行养殖集群。推进林麝养殖龙头化、奶牛养殖基地化、蛋肉鸡养殖智能化三个特色养殖业串珠成线、连块成带、集群成链。四是深加工农产品，依托怀来农产品优势，打造特色鲜明的精深加工产业，推进生产基地标准化、科技化，围绕八棱海棠、仓储保鲜、紫皮大蒜、熟食加工引进建设项目，推进农特产品深加工再上新台阶。

（三）培强树优葡萄产业，持续巩固支柱地位

瞄准种植基地、酒庄酒企、品牌产区等方向，继续强化葡萄支柱产业地位，打造"中国葡萄酒第一县"。一是葡萄种植增效益，推进葡萄种植基地化、设施化和园区化建设。强化政策与社会资金投入，新建一批、改造一批葡萄种植基地，合理布局葡萄良种繁育，支持智能化滴灌项目，建设"生产＋加工＋科技"现代农业产业园区。二是精准引入酒水行业龙头企业，支持高端酒庄争创 A 级旅游景区。构建葡萄质量安全全过程追溯体系，不断完善全产业链标准体系，督促推动领跑企业参与制定标准。三是申请有机葡萄认证，强化注册商标管理，创建精品品牌，积极支持葡萄酒企业申请注册申报"怀来产区葡萄酒"国家地理标志产品，支持企业自主

研发葡萄酒明星新品和大单品，举办葡萄酒文化节庆活动，组织参加国内外知名葡萄酒展会、参与权威大赛评比。

（四）促进"三农"持续稳定，积蓄农业发展势能

要在全面搞经济、抓项目的同时，结合实际发展需求，创造性把常规工作抓出亮点、做出特点。一是抓实粮食安全重点工作，牢守永久基本农田红线，不折不扣完成粮食种植面积和产量任务。通过严防耕地闲置、推广新技良种、精细普查耕地、培育新型经营主体等措施确保粮食稳产保供，菜篮子产品充足供给。二是积蓄农村改革发展动能，结合发展规划，持续推进农村改革。盘活集体资产。不断挖掘乡村潜力，发展壮大村集体经济。放活耕地经营权，推进适度规模经营。立足实际，推进承包地"三权分置"出新成果。推进宅基地改革。进一步探索盘活利用农村闲置宅基地模式，打造样板。打造特色示范点，以松蓬寺项目、坊口村项目为示范，衔接美丽乡村、特色小镇、乡村产业发展等规划，促推闲置农宅利用成规模。三是坚决守住防止返贫致贫底线。全面落实防返贫动态监测和精准帮扶责任，加大对扶贫政策落实情况的监督，动态监测必须到位，乡村两级要配齐补齐防返贫监测站、网格员工作力量，逐村完善台账。帮扶措施必须达效，对符合条件的特殊群体简化程序发放补贴，依托社会力量点对点帮扶；对有劳动力的农户，要抓好产业、就业两件事，把政策用活用好。严格按照审查工作程序谨慎消除监测户返贫风险，对重点户单独审核验收，严格按照政策履行退出程序。

（五）强化基础设施建设，提高乡村生产生活水平

一是高标准推进农村基础设施建设。结合村庄布局优化，把农村道路交通、农田水利、供水供电、通信网络、污水处理等方面基础设施建设实施方案与"重点村""特色村"打造相衔接。二是高质量推进农村社会事业发展。瞄准城乡基本公共服务均等化目标，形成推动义务教育、医疗卫生、就业服务、社会保障、农村养老等服务进村的实施办法。建立教育、卫生人才在县城与乡镇、村（居）之间定期流动机制，提高在镇村工作人才的待遇。三是注重乡村环境的长期维护。开展好官厅水库湿地公园及周边保护和建设，做好建成区资产管养维护，实施完成湿地保护修复项目，重点是加大破坏环境行为的检查和打击力度。推动乡村环境整治发展模式实现全覆盖，人居环境整治常态化落实垃圾收集转运处理机制、网格化清扫机制；继续深化"厕所革命"，建立健全维修管护长效机制；推进村庄绿化率达标和美丽

庭院建设，争创省级宜居宜业和美乡村；对生态脆弱区域开展绿化作业，创建省级森林乡村；乡镇要进一步增强基础设施、公共服务和产业承载能力。

（六）提升乡村治理水平，夯实农村基层基础

一是宣传推广典型亮点。结合中心工作，选取典型事迹以及模范人物进行表彰宣传。对挖掘来的典型乡镇、部门、新型经营主体，要进行扶持、引导，达到抓一点带一片的目的。及时抓好典型经验的总结转化、解剖分析，形成思路，汇总做法，把典型的经验变成可在全县推广复制。二是完善自治机制。引导村民提升自我管理、自我教育、自我服务、自我约束的能力，促进村民自治。开展农村道德宣讲活动，传承发扬农村优秀传统文化。三是培育特色文明乡风。制定农村健康、科普、法治等文化活动实施方案，加快推进公共数字文化建设，加快推进运动健身设施建设。在全县范围内广泛开展文明村镇创评活动，提升乡村文明水平。

（七）持续育才引才，强化乡村振兴人才支撑

一是注重本土人才培养。依托科教股、农广校、成教中心、职业院校等教育平台，立足现有农村人才资源，开展系统培训。尽快制定新型职业农民培育计划，重点围绕家庭农场主、合作社领办人及有创业计划的大学毕业生、退伍返乡军人等分类开展线上、线下融合培训。二是注重专业人才培育。加大专业人才队伍建设力度。鼓励引导合作社、农场等新型经营主体引入温室大棚种植模式，吸引、吸收更多群众参与种植，推广种植技术、培养技术人才、扎实推广基础。三是依照葡萄产业优势，靶向人才培养引进，在果农、酒师、精英人才三个层面开展工作，聘请国内外专家开展新技术培训，推进实训一批种植师、酿酒师、侍酒师、销售师等工程，张家口市葡萄酒产业人才联盟主动吸收更多成员加入，聘请葡萄及葡萄酒领域知名专家担任专家委员会委员，深化与院校、学会对接合作，建立专家资源库。

后　记

近年来，河北省社会科学院紧紧围绕中央和省委"三农"决策部署，扎实开展理论和应用对策研究，取得积极成效。2019 年，河北省社会科学院实施哲学社会科学创新工程，启动"河北省乡村振兴发展报告重大研究专项"，成立工作组和课题组，深入开展河北省实施乡村振兴战略研究，力争形成高质量研究成果，为省委、省政府农业农村发展决策提供有力支撑。

《河北省乡村振兴发展报告（2023）》一书是继《河北省乡村振兴发展报告（2019）》《河北省乡村振兴发展报告（2020—2021）》《河北省乡村振兴发展报告（2022）》后第四部系统展示河北省乡村振兴总体形势与发展趋势的学术著作，是河北省社会科学院与河北省委农办、省农业农村厅共同开展的智库合作课题的最终成果。智库合作课题工作组组长为康振海、刘宝岐，负责课题设计、思路拟订和书稿审订；副组长彭建强、高一雷，负责重大研究专项的总体协调、督导调度和书稿修改。各章撰稿人为：总报告，张波、张瑞涛；分报告一，陈建伟；分报告二，耿卫新、李海瑛；分报告三，李军、李云霞、郝雷；分报告四，魏宣利；分报告五，时方艳；分报告六，刘雪影；分报告七，时润哲；分报告八，赵然芬；分报告九，闫永路；典型县调研报告，分别由阜平县、盐山县、隆化县、定州市、魏县、冀州区、固安县、北戴河区、井陉县、丰南区、辛集市、宁晋县、怀来县党委农办供稿，赵然芬、张元峰整理。

在课题研究和书稿撰写中，参阅了大量的相关文献和资料，在此向作者表示感谢。同时，也感谢在研究工作中提供帮助的各部门及相关领导和专家，感谢经济科学出版社及时编辑出版此书。限于理论水平与实践经验，本书难免存在疏漏与不足之处，诚恳希望得到广大读者的批评指正。